中原记忆丛书

豫风楚韵

信阳

总主编 赵素萍
执行主编 苏长青
本册主编 曹新博

河南科学技术出版社
·郑州·

图书在版编目(CIP)数据

豫风楚韵：信阳 / 曹新博主编. — 郑州：河南科学技术出版社，2018.9

（记忆中原丛书 / 赵素萍主编）

ISBN 978-7-5349-9189-9

Ⅰ. ①豫… Ⅱ. ①曹… Ⅲ. ①文化史－信阳 Ⅳ. ①K296.13

中国版本图书馆CIP数据核字(2018)第068178号

出版发行： 河南科学技术出版社

地址：郑州市经五路66号　　邮编：450002

电话：（0371）65737028　65788613

网址：www.hnstp.cn

策划编辑： 李喜婷　汪林中　冯俊杰

责任编辑： 汪林中　姚翔宇

责任校对： 朱　超

责任印制： 张　巍

书籍设计： 赵　钧

排　　版： 蔡　凤

印　　刷： 河南博雅彩印有限公司

经　　销： 全国新华书店

开　　本： 787 mm × 1092 mm　1/16　**印张：** 15.75　**字数：** 237千字

版　　次： 2018年9月第1版　　2018年9月第1次印刷

定　　价： 118.00元

《记忆中原丛书》编委会

总　主　编：赵素萍

执 行 主 编：苏长青

执行副主编：张新斌

编　委：（按姓氏笔画排序）

卫绍生　王　庆　王　耀　王士祥

王守国　田　凯　刘　颖　苏长青

李志强　李宏伟　杨彦玲　汪林中

宋丽萍　张克宣　张宝明　张得水

张新斌　林疆燕　赵　钢　赵素萍

姜继鼎　耿相新　夏挽群　徐明亮

高李丽　郭元军　郭孟良　韩国河

程健君　戴庞海

不忘本来　开创未来

《诗经·小雅·吉日》曰："瞻彼中原，其祁孔有。"

中原，本意为天下至中的原野，后来逐渐演化为泛指黄河中下游地区，也称中土、中州、华夏。在某些特定的语境中，中原又是"中国"的代名词。

中原文化是中原地区，主要是河南省的物质文化和精神文化的总称。中原文化是中华文化的母体和主干，在漫长的中国历史中长期居于正统、主流地位，中原文化一定程度上代表着中国传统文化。

河南人爱说"中"。一个"中"字，尽显中原文化的正大气象和源远流长。

中原这块沃土，不仅是东亚现代人类的主要起源地，而且自上古时期就形成了发达的农业文明，并率先跨过了"文明的门槛"。

从夏代到北宋的3000多年间，先后有22个朝代、200多位帝王在河南建都。全国十大古都河南有其四。河南曾长期是全国政治、经济、军事、文化的中心，中国古代创造发明的中心，向全国和世界传播交流文明的中心。

中华文明丰富的文化景观、文化遗存、历史文物、文化典籍和艺术珍品在中原大地比比皆是，使河南如同一座浩瀚的历史博物馆，一本看得见、摸得着的中国历史文化教科书。河南的馆藏文物、国家历史文化名城和全国重点文物保护单位数量，均居全国前列。甲骨文在这里发现，四大发明与河南关系密切，连接东西享誉世界的丝绸之路从这里起步。

水有源，树有根，人有姓。河南是中国姓氏的重要发源地，依人口数量排名的100个大姓中，有70余个起源于河南。中华传统文化通过姓氏家族延续传承，跟随姓氏漂洋过海。"贵姓""仙乡何处"的寻常问候常常引起游子无限的乡思乡愁，也成为近年来河南根亲文化的"重头戏"。

天下名人，中州过半。在《二十四史》中，立传的名人共5700余人，仅汉、唐、宋、明四个朝代，河南籍名人就达912人。在耳熟能详的文化圣人当中，出生于河南或长期在河南活动的近30位。谋圣姜太公、道圣老子、墨圣墨子、商圣范蠡、医圣张仲景、科圣张衡、字圣许慎、诗圣杜甫、画圣吴道子、律圣朱载堉，等等，都是中华文化发展史上的不朽丰碑。

中原文化门类齐全，博大精深。文学星空，河南人星光璀璨；武术杂技，少林太极称双雄；婚丧嫁娶，人生礼仪在斯；梆弦声里，地方戏风靡大河南北。洋洋洒洒，中原书风千载传承；丹青妙手，河南画苑代有佳作……

中原文化之于中华文化，就内容讲，是最基础、最基本的部分；就特点讲，是最具代表性的部分；就历史发展过程讲，是最具贯穿性的部分；就地域讲，是最具影响力的部分。中原文化具有根源性、原创性、包容性、开放性等诸多特质，开放与包容使得中原文化具有绵绵不绝的生命力与创造力。

中原地处“天地之中”、华夏腹地，九州通衢的独特地理位置决定了中原文化始终处于与外部文化的交流融合当中，这种交流与融合影响到中原文化的方方面面。

早在新石器时代，中原文化便成为推动中国境内各种文化交汇的强大动力，加快了中华文明的进程。

夏、商、周三代是中国历史上的重要时期，其时中原和周边地区交流融合、相互促进，奠定了中华文明形成和发展的基础。汉代，中外贸易频繁，形成了后人熟知的丝绸之路，洛阳成为丝绸之路的东方起点。隋唐时期，洛阳是当时的国际性大都市之一，成为了东西方文化、贸易交流和传播的中心。以开封为中心的北宋文化，以丰厚的底蕴、深邃的思想、恢宏的气势、绚丽的色彩，把中原历史文化推向高峰。唐宋之际，中原文化通过丝绸之路、大运河及海上丝绸之路跨出国门，影响波及亚洲乃至世界。

古往今来，无数中原的思想家，用自己的思考深刻地影响着历史的进程，成为中国思想文化的主干，并对世界文化产生了很大影响。西方许多杰出人物如伏尔泰、狄德罗、托尔斯泰等都曾受到《道德经》的影响。而在中原的腹地嵩山脚下，儒、释、道“三教合流”，经过千百年的融汇发展，儒、释、道三种文化已经深深熔铸在我们民族的生命力、凝聚力和创造力之中。

中华文化革故鼎新、生生不息的生命力，源于中华文化与周边文化持续不断的碰撞和融合。

梁启超先生曾指出，中原的中国经过秦汉一统，成为中国的中国；中国的中国经由与印度、日本等接触，成为亚洲的中国；近世以来，中国进入世界舞台，与欧美竞争，而成为世界的中国。

从世界范围来看，不同文明之间的碰撞与交流成为世界历史发展的主要动力；从中国范围内来看，中原文化与周边文化的互动奠定了中华文化的根基；从中原范围内来看，以嵩山周围为核心的河洛文化与周边文化的融合助推中原文化茁壮成长。

八方风雨会中州。目前河南共有18个省辖市，每个市都有其独特的文化，尤其是一些与外省接壤的省辖市，更是中原文化与周边文化交流碰撞的前沿。南阳的“楚风汉韵”、信阳的“豫风楚韵”久负盛名，三门峡与秦晋文化的交汇，安阳、鹤壁与燕赵文化的融通，濮阳、商丘与齐鲁文化的交融，周口、驻马店与江淮文化的互动，焦作、济源与三晋文化的交流等，都形成了地域文化的独特小环境。这些区域文化之间的开合、融通铸就了中原文化的生命力。

冠八枢而奠中原，得中原者得天下。

中原文化，出彩千年！

习近平总书记提出，让中原更加出彩。

河南在全面建成小康社会的快车道上，始终不忘提升中原文化的整体实力和影响力。从“加快文化资源大省向文化强省跨越”，到“加快建设文化强省”，再到“加快构筑全国重要的文化高地”，这种渐次提升既契合党中央关于强化文化发展的新理念、新思想、新战略，又体现了河南省委对文化建设的高度重视。

从中原崛起到建设经济强省，博大精深的中原文化始终是河南最为倚重的资源之一；从华夏历史文明传承创新区到全球华人精神家园和心灵故乡的打造，中原文化已经、正在，而且还将要以更加丰富多彩的形式、手段被挖掘、整理，传承和创新。

党的十九大报告指出：推动中华优秀传统文化创造性转化、创新性发展，继承革命文化，发展社会主义先进文化，不忘本来、吸收外来、面向未来，更好地构筑中国精神、中国价值、中国力量，为人民提供精神指引。

多年来，依托厚重的中原文化，河南的文史研究、新闻出版、广播影视等部门进行了卓有成效的工作，取得了丰硕的成果。经过充分调研，中共河南省委宣传部决定组织全省各省辖市市委宣传部编纂大型精品文化普及读物“记忆中原”丛书，一套19卷，分为《品读中原》以及18个地市卷。丛书围绕中原文化精华这条主线，选择各地文化经典和精要，系统梳理河南地域文化特色，全面展示中原文化风貌，讲好中原故事，传播中华文化，凝聚中国力量。“记忆中原”丛书作为一种融媒体出版物，融合多种媒体形式，书籍与文创产品并重，文化与旅游资源嫁接，这种创新的出版方式是中原文化更加出彩的一种生动体现，也为中原更加出彩提供精神力量。

天下中原，老家河南。

中原是一座“文化的活态博物馆”。河南堪称全球华人的根亲文化圣地。与其在远处仰望，不如到中原走访。真诚希望读者朋友能从书中感受到中原文化的魅力，更期望朋友们以这套丛书为“路标”，到河南走走，回老家看看。厚重河南欢迎您，壮美中原欢迎您。

“记忆中原”丛书编委会

2018年7月

目录

谈古说今

要事回放

名人扫描

——人文信阳的历史风采 33

寻根问祖

——溯源信阳根亲文化 65

古城印象

——文化信阳的历史沧桑　93

考古探秘

——远古信阳的地下传奇　127

胜景掠影

——五彩信阳的锦绣山水　153

名品荟萃

——丰饶信阳的风物特产　183

“非遗”概览

——文明信阳的丰厚遗产　197

城市名片

——魅力信阳的金字招牌　225

本书音频资源列表

音频故事	来源	页码
红军第一架飞机诞生记	原创	12
刘邓挥泪斩连长	原创	14
子路问津	原创	22
王霁初与《八月桂花遍地开》	原创	25
息夫人三年不语	原创	34
优孟衣冠	原创	36
春申君上书退秦兵	原创	37
陈政、陈元光智取娘子寨	原创	40
“开门节度使”闽王王审知	原创	42
司马光砸缸	原创	44
马祖常不爱骑射爱诗文	原创	45
直言敢谏的何景明	原创	47
宋士杰告状	原创	49
吴焕先破家革命	原创	62
如福募款重修永济桥	原创	149
鸡公山的传说	原创	156
灵山垛住乌江口	原创	161
金刚台上妇女排	原创	166
灶王爷灶王奶奶的传说	原创	206
亡羊补牢	原创	207
信阳毛尖的传说	原创	228
石磨盘见证红军情	原创	229

本书视频资源列表

视频	来源	页码
豫风楚韵——信阳	原创	1
信阳楚国大墓	央视网《2017考古进行时　信阳楚国大墓》	9
桃花夫人倾国记	央视网《国宝档案　传奇——桃花夫人倾国记》	35

《史记》里记载的第一个清官：孙叔敖	央视网《鉴史问廉8千秋之评·<史记>里记载的第一个清官：孙叔敖》	37
芈月时代 春申君黄歇	央视网《档案·芈月时代 春申君黄歇》	38
开漳圣王	央视网《人文地理·闽台祖地 第一集 开漳圣王》	40
八闽人祖	央视网《人文地理·闽台祖地 第二集 八闽人祖》	42
司马相公何许人	央视网《百家讲坛·司马相公何许人》	43
京剧《宋士杰》精彩选播	央视网《空中剧院·京剧<宋士杰>精彩选播》	49
吴焕先：赤胆忠心，英勇善战	央视网《朝闻天下·纪念长征胜利80周年 英雄 吴焕先：赤胆忠心，英勇善战》	63
黄	原创	67
赖	原创	69
蒋	原创	71
罗	原创	72
潘	原创	73
廖	原创	75
孙	原创	78
白	原创	79
何家冲：长征出发地，桂花遍地香	央视网《河南新闻联播·红军走过的地方 何家冲：长征出发地，桂花遍地香》	115
河南新县篇	央视网《中国影像方志·河南新县篇》	121
侯堌堆钮钟镈钟	央视网《国宝档案·侯堌堆钮钟镈钟》	137
商代提梁卣与美酒	央视网《国宝档案·商代提梁卣与美酒》	144
“父丁”提梁卣与“父乙”角	央视网《国宝档案·“父丁”提梁卣与“父乙”角》	145
鸡公山总介绍篇	原创	154
鸡公山第一篇：风韵·仙山茶源	原创	154
鸡公山第二篇：风情·魅力洋山	原创	155
鸡公山第三篇：风云·民国故梦	原创	155
千年古刹灵山寺	原创	161

谈古说今

——厚重信阳的辉煌记忆

信阳，位于河南省南部、淮河上游，东与安徽毗邻，南与湖北接壤，为鄂豫皖“三省通衢”，扼两淮而控江汉，襟荆楚而屏中原，是江淮河汉之间的一颗明珠，素有“北国江南，江南北国”和“中国茶都”的美誉。信阳地理位置优越，为武汉经济圈、皖江城市带、中原经济区的接合部和《促进中部地区崛起“十三五”规划》中的京广、京九“两纵”经济带的腹地；信阳文化荟萃，荆楚文化、吴越文化、中原文化，以及闽粤赣台和海外华人寻根文化在此交融，创造了兼容四方气质而独具地方特色的淮上文化。

豫风楚韵——信阳

• 信义之城历史长 •

商周两代，信阳境内分布着申、息、弦、黄、蒋、蓼等10多个诸侯国。春秋战国时期，楚灭申、息等诸侯国，设置申、息、期思等县。秦时设义阳乡。信阳曾名“义阳”，976年，为避北宋皇帝赵光义讳，“义阳”改称“信阳”，沿用至今。“信”与“义”意同，信阳因“义”而兴，因“信”而盛。中华民国成立后，废州改县，信阳州、光州于1913年分别改为信阳县和潢川县。次年，豫南道改称汝阳道，治所在信阳，辖豫南地区27个县。1927年撤销汝阳道，改设信潢行政区，治所设在今潢川县，1929年撤销。1932年，省、县之间设置行政督察区，为省政府派出机构，河南省第九区行政督察专员公署驻潢川县城。1949年1月，该专员公署撤销。中华人民共和国成立初期，信阳分设信阳专区和潢川专区。1952年10月，潢川专区划入信阳专区。1998年，信阳撤地建市。

信阳是华夏文明的发祥地之一。淮河自西向东贯穿全境，境内主支流穿越南北，水泽纵横，加上气候温暖湿润，使信阳成为人类理想的繁衍生息之地。原始社会时期，这里就居住着炎黄、苗蛮等众多的部落，刀耕火种，筑巢架屋，创建自己的古老家园；传说中的黄帝、颛顼、皋陶的后裔都在信阳留下了活动的足迹。在距今8 000多年前，境内就出现了大规模的原始农业，人们已熟练使用精制的石铲、石

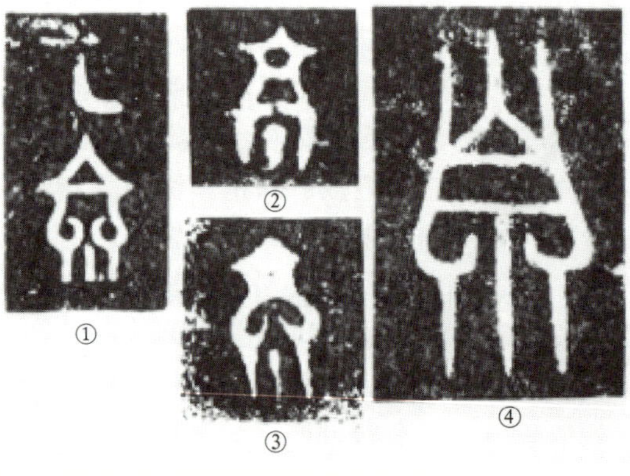

“息”字拓片——莽张天湖墓地出土“铜器”“息”字铭文拓片（①铜觚足内铭文 ②③铜戈内铭文 ④铜鼎腹内铭文）

斧、石磨从事耕作和生产加工，同时，以制陶业为主的手工业也从农业中分出，纺织业也有了相当程度的发展。根据目前已有的考古发现，信阳境内有裴李岗文化、仰韶文化、龙山文化和屈家岭文化等遗址20多处。中原的仰韶文化、龙山文化和南方的屈家岭文化，都在信阳得到体现和延续，信阳成为北方文化和南方文化交汇的地区。

夏、商、周三代是不同部族和文化相互融合的时期，也是中华文明开始形成的时期。夏王朝建立前后，中原地区的东夷部落纷纷南迁。其中，东夷部族中的黄夷族在夏王朝初期南迁到淮河流域的潢川定居下来。商王朝建立后，随着夏朝势力的基本消除和商王朝统治的逐渐稳定，商王朝同东夷各族的矛盾也逐渐显露出来，到商武丁时期矛盾加剧。于是，商王武丁派兵南征。被派到信阳的息族（此处的“族”是氏族，不是民族）军事奴隶主在今罗山莽张立息国镇守。商代的息国地处中原南部边缘地带，向北渡过淮河，即进入商王朝的中心——黄河中下游地区；向南通过大遂关、翻过大别山可达长江流域。由于息国所处的重要战略地位，息国同商王朝联系紧密，并与商王室通婚，这种状况前后延续了200年左右。息国由此成为商朝南方的一个具有战略意义的重要据点。周王朝建立后，信阳封国众多，最重要的有申（今信阳市浉河区、平桥区）、息（今息县）、赖（今息县包信镇）、黄（今潢川）、蓼（今固始）、江（今罗山高店乡）、蒋（今固始与淮滨交界处）、弦（今光山）等国，是周王朝竭力要控制和稳定的地区，也是战乱不断、豪杰并出的地区。其中西周时期，信阳是申伯的封邑。公元前771年，申伯杀周幽王，将自己的外甥宜臼扶上王位，是为周平王，中国历史由此有了西周和东周之分。

“楚塞三关隘，云峰入望重。何年戎马地，空有昔人踪。积水沉秋堞，长烟带古烽。乾坤当失据，饕餮任群凶。”（出自明代“前七子”之一的何景明《三关》）可见信阳战略地位之重要，是兵家必争之地。

战国时，“申息之师”所向披靡，助楚庄王称霸中原。南北朝时期，南朝的宋、齐、梁、陈与北朝的北魏以大别山为界，双方为争夺义阳三关（平靖关、武胜关、九里关）和信阳之地，其间一百多年，频发战争。其中黄门侍郎萧衍（南朝梁开国皇帝）列阵信阳贤首山上，击退北魏的主帅刘昶、王肃的进攻，立下赫赫战功，在贤首山至今留有“梁王垒”（萧衍扎营的地方）遗址；唐朝末年，黄巢、朱全忠各路兵马混战于信阳。南宋与金对峙时期，信阳成为抗金前线，信阳民众纷纷组织起来，抗击金兵，时任光州观察使的抗金名将韩世忠，与岳飞统领的信阳、南阳诸路军，一个在东，一个在西，形成以淮河为界的坚固防线，同金兵厮杀。元末，胡闰儿于1337年在信阳率先发动白莲教会众起义，战信阳，克汝宁，后有十余万农民加入起义军。明朝中期，高迎祥、张献忠与明将祖宽、左良玉大战于信阳。张献忠在攻信阳时受伤，而后投奔李自成。清咸丰年间（1851—1861），捻军和清兵在信阳战事不断，互有胜负，直到同治十三年（1874）才平息下来。民国初，北洋军、国民革命军激战于信阳，国民革命军最终成功占领信阳，于是信阳成为国民革命军北部的前沿阵地和二次北伐的前进基地。

2 000多年来，信阳名人荟萃，英才辈出。从《史记》到《清史稿》25部正史中，信阳籍立传的有50人，其中有号称中国古代第一循吏、将楚国治理得“上下和合，世俗盛美”的楚国令尹（楚国官名，相当于宰相）孙叔敖，他不仅是一代名相，还是著名的水利专家，他主持修建的中国古代大型渠系水利工程——期思陂（在今商城县一带），比西门豹所修引漳十二渠早二百多年，比都江堰和郑国渠早了三百年以上；有才华出众、魅力四射、力挽楚国晚期颓势的“战国四公子”之一、上海始祖春申君黄歇；有三国时期蜀国名相费祎、名将魏延；有唐代开漳圣王陈元光，闽王王审知；有宋代光山知县司马池，元代硕儒马祖常；等等。

明清时期，信阳经济已经得到相当的发展，粮食充裕，商业繁荣，经济的繁荣带动文化的昌盛。信阳有明代文坛领袖何景明；有清代儒相周祖培，内阁学士、《明史》总裁之一胡煦，著名文学家、教育家、回族学者蒋湘南，状元、植物学家吴其濬，以及现当代著名文学家王实味、赵清阁、杨纤如、王昌定、叶楠、白桦等。除此之外，一代宗师孔子、茶圣陆羽、文学家苏东坡、史学家司马光、思想家李贽，也都在信阳留下许多行迹、故事或诗篇。此外，明代替民女告状的宋士杰妇孺皆知，京剧《四进士》传唱一百多年，至今不衰。特别在明代，信阳被列为中都府直辖，朝廷里信阳籍官宦如云，张安仁仕至兵部尚书，熊翀为户部尚书，喻时为漕运总督。信阳城私家园林和风景园林鳞次栉比，美不胜收，丘园、锦湖堪比拙政园和西湖，成为今人无限遥想的历史风景。

信阳是华夏姓氏之根，当今汉姓100个大姓中，黄、赖、蒋、罗四姓起源于信阳；潘、廖、孙、白、曾、傅、沈姓主支或其中一支起源于信阳；申、息、江、奚、安、英、甄、娄、寝、期、弦、道姓或起源于信阳，或与信阳有关。

信阳地处江淮之间，是历代中原人大规模南迁的始发地、中转站和集散地，除西晋永嘉之乱、唐安史之乱和宋室南渡三次大的南迁外，在信阳，唐初光州固始籍将军陈元光率乡勇南下闽粤，平定蛮獠叛乱，在当地建章立制，开垦荒地，兴修水利，发展教育，之后家乡又有大量百姓南下定居，唐末固始人、闽王王审知带万千固始子弟入闽，再播迁至台湾地区、世界各地，故信阳享有“闽台祖地”“中原第一侨乡”之美称。

信阳在历史上受荆楚文化、吴越文化、中原文化的多重影响，文化丰富多样，是中国著名的歌舞之乡，民间艺术多姿多彩，有“信阳民歌”“大别山五句山歌”“罗山皮影戏”“光山花鼓戏”“商城火绫子”“新县山壁吹打乐”，以及“花篮戏”“地灯戏”“花伞舞”“花挑子”“板凳龙”“灶书”“舞龙”“打糍粑”等一大批国家级或省级、市级非物质文化遗产。红色经典歌曲《八月桂花遍地开》和《三大纪律八项注意》就是根据信阳民歌的曲调改编的。信阳典故和传说俯拾即是，如孙叔敖斩两头蛇、优孟衣冠、子路问津、亡羊补牢、三年不语、闻鸡起舞，以及司马光砸缸、杨八姐游春、宋士杰告状、苏学士深夜对对联，等等。

信阳民风淳朴，百姓热情好客。隋唐以前，信阳“倏南倏北，兴废不常”，唐宋以后，随着社会的稳定，信阳民风发生很大变化，“尚淳朴、好简约”成为主流。到了宋代，信阳人人“文质彬彬”，到处呈现出男务耕稼、女修织红的乡风景象。到现在，入冬腌制腊肴，拜年吃荷包蛋，端午放河灯，清晨（或午夜）迎亲、压新床等诸多婚丧、节庆的传统习俗、礼俗，在乡下仍到处可见。有客人到家，信阳人不论家境如何，都会给客人端上一盆热水洗手，冲上一杯热茶，拿出最好的食物，好烟好酒招待，正所谓“前门留客，后门借米”。信阳菜“素瘦荤肥”，集宫廷菜、官府菜、民间菜为一身，是著名的地方菜系。除此之外，信阳还有勺子馍、油酥火烧、高桩馍、空心挂面、麻里贡馓、贡面、石凉粉、大肠汤、绿豆丸子、胡辣汤、面炕鸡、面炕鱼、筒鲜鱼、蒸板鸭、熯鹅块、香稻丸、嫩头青萝卜等传统小吃、特产。

• 山青水秀飘茶香 •

信阳全境东西长约205千米，南北宽约142千米，总面积18 925平方千米，总人口860万，下辖罗山县、潢川县、固始县、息县、淮滨县、商城县、光山县、新县、浉河区、平桥区等8县2区（其中固始县自2014年1月1日起实行由省直接管理的体制）和羊山新区、上天梯非金属矿管理区、南湾湖风景区、鸡公山管理区、潢川经济技术开发区、信阳高新技术产业开发区6个管理区、开发区。居民以汉族为主，同时有回族、壮族、蒙古族等40多个兄弟民族。长期以来，各民族之间互相尊重，团结和睦，共同进步。

信阳处于暖温带向亚热带过渡区，气候温和，四季分明，山青水秀，风光旖旎，是一座山水绿城。我国四大避暑胜地之一、“云中公园”鸡公山，中原第一湖南湾湖，豫南名刹灵山寺、净居寺，温泉疗养胜地汤泉池，国家水利风景区香山湖，国家地质公园金刚台，国家森林公园黄柏山、金兰山、天目山，生态旅游胜地西九华山，以及蜿蜒百里、多姿多彩的淮河风光带等，是信阳灵秀山水最具特色的代表。

淮河湿地喜迎白天鹅

南湾湖风光　摄影：魏德忠

信阳是河南省年降水量最多的地方，水资源总量占全省总量的22%，人均占有水资源量是全省平均水平的近3倍；年光照2 000～2 200小时；无霜期平均为224天。信阳动植物品种丰富，有动物2 031种，其中国家一级保护鸟类15种；植物43科97种，其中国家重点保护的珍稀濒危植物有25科39种；动植物种类及国家级和省级保护动植物种类居全省之冠；水稻、茶叶、板栗、银杏等农产品产量位居河南之首。信阳始终坚持生态优先，把绿色理念、生态理念融入城市建设全过程，全市森林覆盖率达30.03%，高于全国平均水平12.9%。

信阳利用独特的自然禀赋，因地制宜建成一大批生态家园式的现代美丽乡村和有地域特色的传统文化乡村，延续传统，保护环境，一些村被确定为中国美丽乡村首批创建试点村，一些村被列入中国传统村落名录。以郝堂村、里罗城村、西河村为代表的一批“全国美丽宜居示范村”，如今已是中国“美丽乡村”的典范。在信阳市中心城区，还规划建设了贤山、龟山、震雷山、金牛山、龙飞山、羊山等“六山”公园，进一步促进了山、水、林、城一体融合发展，提升了“山水信阳，休闲茶都”的城市品牌。

信阳有“中国茶都”“中国茶城”之称，国饮绿茶——信阳毛尖，以“形美、色翠、香高、味浓”而饮誉海内外，是全国十大名茶之一。信阳茶区属于中国的江北茶区，是河南省内自然环境最好的区域之一，出产的信阳毛尖茶自然生成，品

西河村

茶山 摄影：陈军

质优秀，在全国茶业中有独特地位。信阳毛尖茶的栽培技术和采摘技术比较完整，在吸收六安瓜片和西湖龙井的传统炒制手法的基础上加以创新而形成的独特技艺，造就了信阳毛尖茶独特的风格和优异的品质。信阳毛尖的茶文化内容丰富多彩，包括饮茶习俗、茶诗词、茶歌、茶道、茶艺、禅茶，等等。

1992年春天，当时的中共信阳地委、行署决定：以融贯古今的茶叶为媒介，举办中国信阳茶叶节（后更名为“茶文化节”），以茶为媒，广交朋友，扩大开放，振兴信阳！从此，世界各地宾朋便围绕信阳人民的这片宝贝叶子相聚了。每年宾客云集，美国、德国、英国、日本等20多个国家的客商相约而来，洽谈合作，共谋发展，为信阳带来了巨大声誉、商机和丰厚的回报。在《2014中国茶叶区域公用品牌建设白皮书》中，信阳毛尖以52.15亿元的品牌价值位居“2014中国茶叶区域公用品牌价值十强”第三位，并荣获“最具带动力品牌”称号。目前正在建设的信阳国际茶城，按照规划，未来将是全球规模最大的国际性茶叶及茶关联产品交易聚散地，全部建成后，预计每年将创造交易额逾千亿元。

• 豫风楚韵淮上歌 •

春秋战国时期，随着宗法制的“崩坏”，区域文化在宗族藩篱的废墟上显现了它早期的规模。齐鲁文化、楚文化、吴越文化、巴蜀文化、秦文化、三晋文化各自大放异彩。楚文化的分布范围，大致包括今两湖及河南、安徽、江西的部分地区。在河南南部，从春秋早期到战国末期的五百余年间，楚文化的发展有一个明显的过程。

信阳地处河南南部，淮河穿境而过，少部分在淮北，受中原文化影响明显；大部分在淮南，受楚文化浸染极深。淮南淮北，来往流通，交融合和，使信阳在社会各个层面上至今仍展示出“豫风楚韵”的现实景观。究其原因，不仅因其曾是楚国极短暂的临时国都，更重要的是，自春秋中期，它已纳入楚国版图（前625年，信阳全境为楚国所辖），为楚所治并一直延续到楚被秦灭，受楚文化影响数百年。信阳对于楚国意义极为重要，在北御晋郑、东南防吴中立下汗马功劳。

信阳楚国大墓

公元前685年前后楚灭申、息之后，楚国的势力北进中原，先进入信阳，由此开始了楚文化与中原文化相互交流、相互融合的漫长过程。光山宝相寺黄国黄君孟夫妇合葬墓出土文物表明，当时的江淮间诸侯小国已经有着高度发达的青铜铸造业、丝织业及先进的玉雕工艺。楚国军事奴隶主在经营北方的过程中，不断模仿和吸收先进的中原文化，为楚文化的进一步发展奠定了基础。黄君孟夫妇墓中出土的大量黄国青铜器，极其典型地蕴含着中原文化和楚文化交流因素。例如，湖北战国楚墓出土的陶器和铜器组合是鼎、簠、壶或

黄君孟夫妇墓出土的匜

鼎、敦、壶，而信阳出土的同时期墓葬的陶器或铜器组合则是鼎、豆、壶、罐（中原文化为鼎、簋、盆等）。

春秋中期的楚国，继续向北征伐，当时的信阳地区已经是楚国的战略后方、后勤基地，为楚国提供了大量兵源。如《左传·成公六年》载："楚师还，晋师遂侵蔡。楚公子申、公子成以申、息之师救蔡，御诸桑隧（今确山县东）。"在信阳附近，经常发现春秋中晚期的小型武士墓，往往一座小型墓只陪葬一把剑，或者是一剑一戈。

固始北山口有一座春秋古城，经考证是楚国寝丘故城；信阳、桐柏出土的"番伯""番昶伯""昶伯"青铜器，以及罗振玉《贞松堂集古遗文》所录"番昶伯"青铜器等证明，番是分封在固始的姬姓诸侯国，所谓"番伯""番昶伯""昶伯"应是番国的分支，发展到信阳与桐柏之间，就像黄国被封在潢川隆古、其分支奚氏发展到罗山高店一样。楚灭番后，长期经营番国旧地的楚国贵族形成了以国为姓的沈尹氏，到春秋中晚期出现了沈尹戌、叶公子高这样的大人物。楚灭黄后，也形成了以国为姓的贵族集团，到战国时期出现了春申君黄歇这样的大人物。

吴越文化主要渗透在豫东南一带，集中表现为固始侯堌堆大墓发掘。春秋晚期，吴楚争霸，吴国势力扩展到豫东南。1978年在固始侯堌堆发掘一座"甲"字形大墓，墓内殉人尸17具，墓主为一30岁左右的女性，据铜器铭文考证，墓主为勾敔夫人，系宋景公之妹、吴太子夫差夫人。随葬有大批青铜器、玉器、木漆器、陶器、原始瓷器等，其精美程度令世人惊叹。该墓葬另有中国第一次出土的、也是中国最早的轿子，是目前所见最早的轿子实物。

战国时期，楚国农业已经落后，内政不稳，但依旧向外扩张。楚威王时期楚疆域北至中原，南到苍梧，东达海滨，西

楚城阳城址出土的铜剑

有黔中巫郡和滇池。在楚国广大境内，华夏、东夷与苗蛮诸文化相融合，形成了高度发达的楚文化。1957年发掘的信阳县长台关一号墓，就是这一时期楚文化的代表，其丰富的文物遗存震惊了世界。信阳地区楚文化到战国时期发展到顶峰，更加证明了中原文化、技术在其中所起的主导作用。信阳长台关楚墓中大量的乐器说明楚国拥有当时中国最发达、最先进的演奏乐器。楚国的歌舞也深刻地影响到了后来的汉代，汉代的乐器与歌曲多是楚文化的延续。信阳长台关出土的一套13枚编钟，是中国出土的第一套编钟，由它演奏的乐曲，不仅回荡在2 000多年前的信阳楚王城楚贵族的宫廷仪式与夜宴中，2 000多年后的1970年4月24日，由它演奏的《东方红》乐曲，随着我国第一颗人造地球卫星发射成功，回响在太空。楚文化，除了巫舞之俗、火图腾、凤凰图腾、屈原老子的文学哲学，在河南信阳出土的许多青铜器、漆器文物也都是楚文化影响的体现，比如，《汉书·地理志》中有楚地之俗“信巫鬼，重淫祀”，信阳长台关城阳城古墓出土的战国青铜剑，与楚人祭祀之时少司命手持青铜剑如出一辙，在墓壁的绘画中也有巫女和祭祀官的形象。

淮上风情

综观5 000年来中国历史文化的发展历程，秦岭、淮河一线，既是我国南北地理分界线，也是我国南北文化分界线。3 000多年前，北方的中原文化成为黄河流域的主流文化，南方的楚文化成为长江流域的主流文化，东南的吴越文化成为颇有影响的地域文化。我国这种多元的文化结构，尽管在秦汉时开始融合为以中原文化为主体的中国文化，但由于地理和历史的原因，各地的文化仍有个性特色和明显差异。信阳地处秦岭、淮河分界线的中段位置，无论是北方的中原文化，还是南方的楚文化、东南的吴越文化，都对信阳产生过重要的影响。信阳也因此在自身地域文化的基础上，形成了以中原文化为核心、兼收楚文化和吴越文化的区域文化特征。

信阳这种区域文化特征，无论在物质形态、精神层面还是行为方式上，都使信阳既有着中原文化的大气磅礴、包宇海内的深沉与厚重，也有着楚文化、吴越文化的细腻婉约、绚烂多姿的浪漫和灵性，进而形成了它独有的个性内涵和精神特质，那就是艰苦创业、自强不息的进取精神，锐意进取、不断开拓的创新精神，融会南北、海纳百川的开放精神，崇尚英勇、浪漫忧国的热情精神。

于是，信阳人把这种地理上处于中原、荆楚和吴越之间，受中原文化、楚文化和吴越文化影响的现象，形象地称为“楚头吴尾”“豫风楚韵”“淮上风情”。

• 革命红城入画廊 •

信阳是著名的大别山革命老区，是鄂豫皖苏区、豫鄂边敌后抗日根据地和大别山解放区的重要组成部分，是红军的摇篮、将军的故乡。

中国共产党创建初期即在这里开展了党的活动，并组织信阳铁路工人投入了京汉铁路大罢工。中共豫南地方党组织于1925年春建立，从此豫南人民在党的坚强领导下开展了轰轰烈烈的反帝爱国运动和如火如荼的农民运动，把大革命推向高潮。

土地革命时期，这里是中国工农红军诞生的摇篮之一，是鄂豫皖苏区首府所在地。豫南党组织在1927年秋至1928年春，开辟了四望山红色区域；1928年夏秋，在鄂豫边区开创了以光山柴山保为中心的革命根据地；1929年夏成功发动了商城起义，创建了河南省第一支红军部队——中国工农红军第十一军三十二师，开创了豫东南革命根据地。在这块红色的土地上，中国共产党相继建立了7个县级苏维埃政权。随着鄂豫皖革命根据地的发展壮大，中共中央鄂豫皖分局、鄂豫皖省委、鄂豫皖苏维埃政府设在新集（今新县县城），新集成为鄂豫皖苏区首府所在地。经过扩建整编，信阳地区相继成立了红一军、红四军、红二十五军、红四方面军、红二十八军等红军正规部队。红军主力长征后，信阳人民又坚持了三年艰苦卓绝的游

红军第一架飞机诞生记

李先念

陈少敏

击战争，使大别山革命红旗不倒。

抗日战争时期，坚持大别山革命斗争的红二十八军和豫南红军游击队，改编为新四军第四支队，开赴抗战前线。中共豫南党组织努力壮大抗日民族统一战线，掀起抗日救亡运动高潮，在豫南沦陷后迅速开辟了豫鄂边区的第一块敌后抗日根据地——四望山抗日根据地。李先念、陈少敏都先后从这里出发，联络鄂东、鄂中的党组织和抗日武装，并在此召开了具有历史意义的四望山会议，全面统一了豫鄂边区党的组织和所领导的抗日武装。豫南抗日根据地的军民在党的领导下英勇抗击日本帝国主义的侵略，不断粉碎敌、伪、顽的“扫荡”“清剿”，大力开展根据地建设，为豫鄂边敌后抗日根据地的巩固和扩大、为新四军第五师的发展壮大做出了突出的贡献。

抗日战争胜利后，豫南党组织领导全区军民配合中原军区部队与国民党展开了针锋相对的斗争，胜利完成了中原解放区的战略坚持任务。在全力支援中原部队胜利完成中原突围后，豫南党组织领导游击队，继续坚持大别山和桐柏山的革命斗争。1947年夏，刘伯承、邓小平挥师南下，千里跃进大别山，揭开了全国解放战争战略反攻的序幕，开始了重建大别山解放区的艰苦斗争。到1948年3月，先后建立了鄂豫、皖西、桐柏、江汉等根据地。刘邓大军挺进大别山后，信阳党政军组织迅速恢复重建，并广泛发动群众参军参战，支援前线，配合实施战略反攻，使解放区逐步巩固和发展，从根本上撼动了国民党的反动统治，加速了蒋家王朝的灭亡和人民解放战争的胜利。接着，豫南党政军组织全力以赴支援解放军渡江南下，同时，在解放区深入贯彻党的七届二中全会精神，剿灭残匪，巩固人民政权，为实现由革命战争向新民主主义建设的转变奠定了坚实的基础。

英勇的信阳人民在中国共产党的领导下，前仆后继，浴血奋战20多年，留下了可歌可泣的英雄事迹。信阳地区有100多万人参军、参战，30多万人英勇牺牲，以鲜血和生命赢得了“大别山红旗不倒”的荣誉，也诞生了一支支英勇善战的人民军队，涌现出一个个叱咤风云的将军。周恩来、刘少奇、邓小平、董必武、刘伯承、徐向前、徐海东、李先念、陈少敏、王震等老一辈无产阶级革命家，在这里留下光辉的足迹；许世友、李德生、万海峰、尤太忠、郑维山等百余名信阳籍将军从这里走向全国。1955年授衔时，信阳籍授少将以上军衔的68名，占河南省籍授衔将军106名的64%；1988年全国授衔上将17名，信阳籍的就占3名；1989年，中央军委正式确定的33位军事家中有9位在信阳战斗过。

刘邓挥泪斩连长

英雄书写了红色传奇和伟大历史，热血铸就了大别山精神，鼓舞和激励了一代代人高歌猛进，前仆后继，奋勇向前。作为红色革命圣地，信阳是全国12个重点红色旅游区之一，红色旅游景点遍布全境，70多个红色旅游项目正在实施，建成了以信阳鄂豫皖革命纪念馆、新县苏区首府系列景区为代表的13个红色景点，形成了以新县、商城、罗山、光山为核心的大别山红色旅游集群。

信阳是一座历史悠久、文化厚重的城市，更是一座活力四射、宜居宜业的魅力新城。自1998年6月信阳撤地设市以来，信阳人民在中共信阳市委、信阳市人民政府的领导下，挖掘信阳资源禀赋，坚持生态优先，奋力推进农业大市向农业强市跨越、工业小市向工业大市跨越、中等城市向区域性中心城市跨越；实施中心城区带动战略，加快开发新区，改造提升老区，统筹发展郊区，精心打造景区，在建设魅力信阳的道路上快步前进。

面对基础差、底子薄、难度大的状况，2007年起，信阳市委、市政府以开展“六城联创”活动为契机，掀起了“爱我家园、建美信阳”的热潮，使信阳天更蓝了，山更绿了，水更清了，环境更美了，人更文明了。2010年至今，信阳市中心城区绿化水平一直走在全省前列。为让宜居、宜业、宜游的信阳更具潜力和魅力，信阳市在2016年获得“全国绿化模范城市”荣誉称号后，又开始了创建“全国文明城市”的新的征程。

信阳人坚持走不以牺牲农业和粮食、生态和环境为代价的协调发展的路子，着力把信阳建成鄂豫皖三省交界区域性中心城市、全国重要的综合交通枢纽和现代物流枢纽、中部地区承接东南沿海产业转移的重要基地，努力创建中原经济区新型工业化示范市。信阳独特的区位优势和生态优势加快了经济发展的步伐。目前，信阳初步形成了以生态经济为支撑的现代产业体系，走上了企业集中布局、产业集聚发展、资源集约利用、功能集合构建、人口向城镇转移的生态宜居型城市发展道路。

近年来，信阳被确定为全国农村改革发展综合试验区和国家首批主体功能区建设试点示范市；《大别山革命老区振兴发展规划》获得国务院批复，信阳被确定为三个核心发展区域之一；《淮河生态经济带发展规划》上升到国家战略研究层面，信阳被列为淮河生态经济带三个核心城市之一；京广高铁贯通信阳，息淮固高速公路建成通车；出山店水库、明港机场开工建设，潢川民用机场被纳入国家“十三五”规划；淮河航运淮滨港吞吐能力显著增强；大气和水环境质量位居全省前列；科技、教育、文化、艺术事业长足进步，异彩纷呈……

信阳，人文荟萃，是一座历史名城；英雄辈出，是一座革命红城；物华天宝，是一座生态绿城；区位独特，是一座交通要城；跨越崛起，是一座宜居新城。信

宜居浉河

淮滨饮马港

阳现今是“国家卫生城市”“国家园林城市”“全国双拥模范城市”“中国优秀旅游城市”“国家级生态示范市”“中国休闲城市”“中国魅力城市”“中国创业之城”“中国最具幸福感城市”“全国最佳环保示范城市”“中国十大最美丽城市”“中国十大宜居城市”……

大山有别，水佳为淮。人言皆信，日升曰阳。

放眼望去，信阳这片古老而又年轻的土地，积淀深厚而又青春勃发，负重前行而又前程似锦。未来的信阳，将始终把发展作为第一要务，牢固树立和贯彻落实创新、协调、绿色、开放、共享的发展理念，我们将会看到一个闪烁华彩、魅力无限的实力信阳、生态信阳、活力信阳、诚信信阳、清风信阳，谱写大美信阳新的时代奇迹和锦绣华章。

要事回放

——精彩信阳的历史镜头

信阳地处江、淮之间，南有千里大别，北有长淮屏障，自古就有“中州锁钥”“楚豫咽喉”之誉，历来是兵家必争之地。信阳是楚国北扩的前沿，是南北朝、宋金对峙时期双方长期拉锯战的战场，也是中国共产党开展敌后战争的红色根据地，在20世纪上半叶掀起了波澜壮阔的新民主主义革命。中国朝代的历次更迭，中原大地的逐鹿争雄，在这里演绎出一幕幕生动多彩的话剧。

·楚灭申、息，首创县制·

据《左传》的有关记载，前687～前682年（楚文王三～八年），楚灭申；前684～前682年（楚文王六～八年）夏，楚灭息。《左传·哀公十七年》有如下一段记载："彭仲爽，申俘也，文王以为令尹，实县申、息。"这段文字记载了两件史实：一是楚灭申、息，在两地置县，是在春秋前期的楚文王时期；二是被楚军俘虏的原申国人彭仲爽，受任为楚之最高军政长官。在申、息二地创设"县制"，是楚文王的创举和伟大贡献。楚在申、息建县后，"灭国为县"成为基本战略。也就是说，楚国在新占领的广大地区，不再实行旧时的分封制，而以直属于楚王的地方政权——县邑代替之。至春秋末，楚县已增至20有余。

当时，县的行政首长（楚称"县尹"或"县公"）由楚王直接任免。据《左传》记载，春秋时期受任申县县尹（县公）的先后有彭宇、斗班、斗克、叔侯、子培、屈巫（即巫臣）、公子申、王子牟、史老、寿余等。受任息县县尹（县公）的先后有屈御寇、公子朱、公子成等。县尹基本不世袭，胜任则留，不胜任则免。

县邑代表国家向县民征收军赋（包括赋税和甲兵），用以组建直隶于楚王的地方兵团（即所谓"县师"）。"县师"常常由楚王直接调遣，参加楚国对外争霸战争。其中，尤以"申息之师"参战为多。元末明初理学家赵汸认为："楚以申息为经营中国之本，故三军二广不常出，而大抵用申息之师。"如前635年（楚成王三十七年），秦、晋攻伐鄀城，成王派申公斗克、息公屈御寇率"申息之师"戍守商密（鄀之别邑）；前634年（楚成王三十八年），申公叔侯率师远戍齐地；前632年（楚成王四十年），"申息之师"组成楚军的"左军"，参加了著名的晋楚城濮之战；前618年（楚穆王八年），息公子边率师伐陈；前585年（楚共王六年），晋侵蔡，楚用"申息之师"救援蔡国，等等。以上史实依次参见《左传》的《僖公二十五年》《僖公二十六年》《僖公二十八年》《文公九年》《成公六年》。由申、息二县发端的楚县的不断发展壮大，从多方面凸显了县制的优越性。

据前已知，申、息二县是中国最古之县。息县从建县至今，近3 000年未易“息”称，成为中华千古第一县。

• 吴楚鸡父之战 •

春秋中期，番国（又作“潘国”，“番”通“潘”）已从今信阳市区一带迁至今河南固始县一带。此时的番国虽为楚国的附庸国，但番氏贵族却在楚国担任要职，楚大夫有番氏。如楚穆王为太子时，其师潘崇因帮助他夺得王位，官至太师，其后的番虺，《左传》称他为“师叔”“楚之崇”，是当时楚国最有名望的贵族之一。但是，随着时间的推移，番君在楚国的地位不断下降，被称为“子”。唐孔颖达《春秋左传正义·昭公十二年》载：“楚子狩于州来，次于颍尾，使荡侯、潘子、司马督、嚣尹午、陵尹喜帅师围徐以惧吴。”“潘子”即“潘国之君”，这里称其为“子”，并与楚国大夫等列，说明进入春秋晚期以后，番国地位进一步被削弱，已完全成为楚国的附庸国。

鸡父之战则是争夺州来（今安徽寿县北）的最后战役。据《左传·昭公二十三年》记载，前519年，吴伐州来，楚率顿、胡、沈、蔡、陈、许等国军队在鸡父（今固始县东南鸡备亭）会合，伐吴以救援州来。双方对峙于钟离（在今安徽凤阳县境内）。面对人多势众的七国联军，吴右军帅公子光仔细分析了对方的情况，他对吴王僚说：诸侯跟从楚国的虽多，但都是胁迫下参战的小国，且胡、沈两国的君主年少狂妄，陈大夫虽年富力强但生性顽钝，顿、许、蔡三国长期憎恨楚国。楚国的令尹又突然死去，他们士气涣散，新统帅地位低而部下的王宠多，政令不一，参战的七国不齐心。主帅位卑，没有严明的军纪和高度权威，不能统一部署与指挥，楚方是可以被打败的。同时，公子光又对吴军做出将会胜利的预测，他用简短有力的语言说，“作事威克其爱，虽小，必济”。公子光认为，吴军能够严明军纪，克服私情，虽然兵力弱小，必能胜利。后来战争发展果然不出公子光所料。

接着，公子光采取了如下策略：一是出其不意，突然进攻。吴军选择了当时为兵家所忌的月末的二十九日发动进攻，目的是攻其不备，而且是不列阵而战。二是攻敌之瑕。“瑕”是对“坚”而言。首先攻击联军方面军帅素质很差的胡、沈、陈三国军队，将其击败，造成联军全线动摇。三是释俘传递信息。当胡、沈、陈三国军队被吴军战败，吴军便将矛头指向另外三小国军队和楚军，“舍胡、沈之囚使奔许与蔡、顿，曰：‘吾君死矣。’师噪而从之，三国奔，楚师大奔”。

总的说来，鸡父之战吴军在知彼知己的前提下制定出克敌制胜的策略，打败楚军成为胜利者，此战成为历史上以小胜大、以弱胜强的典型战例。

吴楚鸡父之战后，州来从此“为吴有，楚之藩篱撤而入郢之祸兆矣”。吴国10多年后攻入楚国郢都，威震诸侯，进入霸国之林。其间吴国太子夫差攻占番国。据《左传·定公六年》载：“（前505）四月己丑，吴大子终累败楚舟师，获潘子臣、小帷子及大夫七人。”又据《史记·吴太伯世家》载：“（吴王阖闾）十一年（前496），吴王使太子夫差伐楚，取番，楚恐而去郢徙都。”吴国这次伐楚俘获了楚之附庸国潘国之君，夺取了番地、番都，番国灭亡，楚国因此迁都，以避吴患。根据吴伐楚路线分析，当时的番国当在今河南省固始县一带。

• 孔子负函行 •

孔子周游列国，先来到卫国，政治主张得不到采纳，10个月后来到陈国、宋国和郑国，几经挫折，到了蔡国，一住就是3年。楚昭王闻讯，特派使者要聘请孔子到负函（时为楚国都城，位于今信阳平桥区长台关城阳城址）。消息传到陈、蔡，两国派兵将孔子团团围住，连续七天，孔子师徒几乎断炊。在楚军的援助下，孔子一行才到了负函。这一年孔子60岁。

楚国有一位叫沈诸梁的大夫，他的采邑在叶，人称叶公，这时正驻守在负函。叶公是当时颇有贤名的政治家，在负函，他向孔子求教治国的方略。

孔子说：“吾公治理负函，事事公开，慎刑罚，薄赋税，万民称颂，奉若神明。真乃可敬！”叶公谦逊地说：“夫子过奖了。梁不过遇事公开，听论无私，以直道对待百姓，故而负函民众皆率直无私。有一少年，其父攘羊，羊主查究，少年率直出面作证，证明羊为其父攘窃，并已入市脱售。少年直躬无私，人人称誉。”孔子说：“吾党之直者，并非如此。持躬顺乎天理，合乎人情。父为子隐恶，子为父隐恶，虽不求直，直在其中矣。古训：‘子不言父过。’子证父攘羊，违反天理人情，虽直不足取。”

叶公听后，很不以为然。停了一会，他又问道：“梁自知才智不足，不敢入朝为官。请问为政之道，应该若何？”孔子回答：“为政者当正心修身，施惠于民，使近者悦服、远者来归。譬如北辰，高挂天空，众星环绕。居上位者能以德为政，便可不动而化民，不言而民信，无为而国治；所守虽简而能御繁，所处虽静而能制动，所务虽寡而能服众。尧、舜、禹、汤、文、武，能得天下，无不如此。”叶公忙解释说：“梁仅为一县之主，德薄力微，绝无得天下之野心。只因吴、楚结怨，国社覆亡，幸而天不灭楚，有申包胥借得秦师，挽回天意，昭王才得以复国。然而楚府库中之珍宝、兵甲等被吴军掳掠一空，元气至今未复。梁身为大夫，名为将军，常患吴兵再临，危巢遇风，故隐忧在怀，不顾冒昧，敢向夫子求教，专为图存，绝无他意。夫子在鲁，官为司寇，兼摄相事。敢问该怎样掌刑执法呢？”

孔子回答说：“掌刑执法，民命所托，非同儿戏，力诫者有五。一诫不枉法。冤狱皆由枉法而成。遇有冤狱，细心审察，力为昭雪。二诫不徇私。若有徇私，则说项求情者纷纷而来，如何应付？不徇私，执法如山，王孙将相犯法与庶民同罪，说项求情者自绝。三诫不纳贿。纳贿即为贪财，为官吏之大忌。不纳贿就是清廉自爱，秉公治狱，人民则爱戴若父母。四诫慎刑。慎刑，就是谨慎用刑，不可屈打成招。不慎刑，就是滥用刑罚，使无辜百姓备受刑罚之苦，与心何忍？五诫耿直。耿直，就是忠耿率直，铁面无私，哪怕公侯将相犯了法，也要奏请君命治罪。不耿直，则有权有势者犯了罪，不敢直奏，使他们逍遥法外，则天下必乱。此五诫乃掌刑执法之金科玉律。”

经过这次畅谈，叶公更加敬佩孔子了，但他却不能完全理解孔子。第二天一早，子路独自在庭院内散步赏花，叶公走上前去问道：“孔夫子究竟是一个什么样的人呢？子路追随孔子大半生，然而叶公的问话却也给他出了一个大难题。孔子回到卧室，见子路在凝神冥思，这是30多年

子路问津

来朝夕相处所不曾见到的，感到很奇怪，便问子路发生了什么事情。子路如实地告诉了夫子。孔子听后微笑着说：“由啊，你为何不告诉他：‘孔丘为人，学而不厌，诲人不倦；发愤忘食，乐以忘忧，不知老之将至。’如此而已！”

由于当时楚国的实权派令尹子西强烈反对楚昭王“以书社地七百里封孔子”，不久楚昭王又“卒于城父”，再加上中原文化和楚文化的差异，孔子一行在楚地遭到言辞激烈的反对和措辞委婉的讽刺，此行毫无收获。南望荆楚大地的绵绵群山，带着壮志未酬、政治抱负不能实现的无限失落，孔子师徒无奈地从楚地负函返回卫国去了。

在这次负函之行中，孔子通过具体的案例，阐明了公平、率直、磊落在治理国家中的重要性。历史学家把孔子的这次负函行和对叶公阐明的治国理念看作儒家学说形成过程中一个极其重要的事件。

• 许杨重修鸿隙陂 •

鸿隙陂是位于今淮河支流东汝河与南汝河之间（今河南省正阳县和息县一带）的古代大型蓄水灌溉工程。据《水经注》记载，陂水自淮河分出，经鸿隙陂蓄积调节，与淮河支流慎水上的各小池塘汇合后，再回归淮河。这一地区土地广袤，河流众多，种植粮食作物有得天独厚的条件。

汉武帝以前，由于没有得到治理，鸿隙陂一带水患不断。汉武帝即位后，为保证国家有充足的粮食而实现自己开疆拓土、平定匈奴的雄图大略，下令兴建鸿隙陂，引淮河水灌溉淮河和汝河之间的土地，使淮河北岸的农业生产得到迅速恢复和发展。

汉成帝永始元年至元延四年（前16～前9），东、南汝河之间洪涝成灾，鸿隙陂也因无钱而失修，翟方进启奏汉成帝，罢毁了鸿隙坡。

西汉末年大旱，百姓要求恢复鸿隙陂。东汉建武十三年（37），南阳人邓晨任汝南太守，举荐水利专家许杨为汝南都水掾，主持修复鸿隙陂。许杨，字伟君，汝南平舆（今平舆县北）人，汉光武帝时著名水利专家，年少时好术数，王莽辅政时，召为郎，迁酒泉都尉。及王莽代汉，乃变姓易名，以巫医为业。许杨率领当地百姓，依据地势的高低，起塘四百多里，数年时间才完工。这座湮没几十年的灌溉工程的恢复，使百姓得到了好处，周围有田数千顷，连年丰收，并且可以种植水稻，他们对此感恩不尽，汝南郡成了当时富饶的鱼米之乡，“汝土以殷，鱼稻之饶，流衍它郡”（《后汉书·李王邓来列传》）。鸿隙陂恢复蓄水，要淹没原来被豪强占去的陂田，这就触犯了当地豪强的利益，于是他们便散布谣言，说许杨在修复工程中贪污受贿。邓晨相信了，并一度将许杨逮捕入狱。劳动人民见到许杨受屈，便说通了狱卒，将许杨身上的镣铐打开，同时扬言“神明知道许杨无罪，所以刑具自动解开”。邓晨又信以为真，旋即释放了许杨。这也是水利史上的一段佳话。后来许杨病逝，邓晨为他建庙立祀，百姓感佩他的功绩，均前往拜祭。

北魏时鸿隙陂还存在，唐元和八年（813）成书的《元和郡县图志》记载，当时已废。鸿隙陂作为两汉时代的著名水利工程，凝聚了汝南郡百姓辛勤的汗水和智慧。它的兴建与重修，对当时汝南郡农业的发展及两汉经济的繁荣起到了积极作用。

• 慧思、智顗创立天台宗 •

天台宗是中国最早出现的佛教宗派，标志着佛教中国化的开始。天台宗慧思、智顗在光山大苏山的修行、开悟，形成了天台宗的基本思想。

天台宗三祖（初祖为龙树、二祖为慧文）慧思大师历尽艰险，于北齐天保五年（554）年初到达光州大苏山（在今光山县西南），结庵而住，三月二十五日在大苏山摩崖刻石记之。不久他修齐光寺，带领徒众在大苏山开荒种茶，辟池种莲，在光州游历达14年之久，受大众之请，讲说《般若经》和《法华经》，创建了将《般若经》的中观学说与《法华经》的实相理论相结合的思想体系。同时，他还严格实修止观、定慧双开，为天台宗的建立创造了条件。

天台四祖智顗大师祖籍河南颍川（今河南许昌），后迁荆州华容（今湖北潜江西南），为天台宗的实际创立者，系在大苏山“毕业”的高僧。南朝陈天嘉元年（560），他来到大苏山，拜慧思为师，修行“法华三昧”，寂然大悟。南朝陈太建七年（575），智顗率弟子慧辩等20余人入天台山（在今浙江东部）建草庵，研习经典，讲学修辞9年，人称“天台大师”。智顗在研究师祖慧文、老师慧思学说的基础上，进一步发展形成了以“一念三千”和“三谛圆融”为中心的独立学派，它集合南北各家义学与辉观并加以整理和发展，终成一家之言，从而创立中国佛教第一大宗——天台宗。

天台宗藤牵海内外，名僧遍天涯，究其根底，其祖庭虽在天台山，其学说奠定基础却根植于光山大苏山。唐神龙年间（705—707），道岸禅师为弘扬佛法、给家乡增色，选择在大苏山建寺，始名净居寺，显然有追念前贤慧思、智顗，并为天台寻根的目的。这就是净居寺成为海内外佛教天台宗寻根探祖之地的由来。

商城起义

商城，地处大别山中段，鄂、豫、皖三省交界处，是个富庶的鱼米之乡。在这壮丽的山乡，共产党早就播下了革命的火种。1923年，在北京上学的共产党员吴靖宇回到老家商城城关，在城内一小任教，组织“读书会”，宣传马列主义，1925年春建立了商城特支。随着斗争的需要，又在城关成立了中共商城县委，广泛地发动群众，建立农协会、学生会等革命团体，领导商城地区的革命斗争。商城党组织遵照河南省委整顿组织、积蓄力量的指示打入农村，等待时机发动起义。

1927年“四一二”政变发生后，中国共产党在武汉召开“八七”会议，决定武装反抗国民党反动派。在“八七”会议精神指引下，1928年2月，河南省委决定在潢川成立南五县特委，加强对潢川、商城、固始、息县、光山农民暴动的领导，提出了发动包括商城南乡的农民暴动，先实现商城、固始两县的割据，联络湖北黄安、罗田暴动势力等部署。之后，商城县委根据省委的指示，开始进行暴动的准备工作。商南区委委员、区委书记周维炯等40余名党员利用地主豪绅扩充民团的机会，

王霁初与《八月桂花遍地开》

商城起义旧址之一——丁家埠

成功打入民团。到第二年春天，有半数民团被打入其内部的党员掌握。

1929年5月初黄（安）麻（城）起义后，鄂东特委派红十一军军长兼三十一师师长吴光浩等到商城指挥起义，但遭到反动民团的袭击，吴光浩不幸牺牲。商城起义计划随时有暴露的危险。在此情况下，专门为组织起义而成立的商（城）罗（田）麻（城）特委决定，5月6日立夏节午夜，以周维炯所在的丁家埠为主发动起义。会议结束后，周维炯连夜返回丁家埠，趁民团聚赌的机会，召开支部大会，传达起义决定，研究行动方案。

周维炯画像

丁家埠濒临史河东岸，水陆交通十分方便，商业发达，市场繁荣，街东火神庙住着杨晋阶民团的一个主力中队30余人。立夏节商城有设宴准备夏收的习俗。6日立夏节那天，恰好轮到周维炯担任“值星”班长。周维炯以整顿内务为名，带领团丁把枪支弹药集中挂在中间屋的墙上，以便收缴。晚上聚餐之前，集合点名时，党员田继美故意迟到，被“罚”站三根香的岗，掌握了警戒。宴会开始，党员分坐于各张桌子，频频向队副和不可靠的团丁“敬酒”。当队副和不可靠的团丁喝得酩酊大醉呼呼大睡时，周维炯见时机已到，便下令动手。党员们迅速收缴了墙上的枪支，逮捕了队副，一枪未放取得了成功。与此同时，商城南部十余处农民和士兵同时举行武装起义，消灭了杨晋阶民团中队，歼灭郑其玉和柯寿恒民团一部，基本上控制了栗子关、长岭关和松子关以北，挥旗山以南的广大地区。

起义成功后，5月9日～10日，各路起义队伍会师斑竹园，成立中国工农红军第十一军三十二师，周维炯任师长，建立革命政权——商城县临时办事处，徐其虚任主任。商城起义是鄂豫皖边区三大工农武装起义之一，它创建了河南省第一支红军部队红三十二师，后来成为红一军、红四军和红四方面军的重要组成部分，形成以商城县南溪、吴家店为中心，纵横六七十里的豫东南革命根据地，成为后来鄂豫皖革命根据地的重要组成部分，标志着河南的革命斗争进入了工农武装割据、建立工农政权、开展土地革命的崭新历史阶段。

• 鄂豫皖边区苏维埃政府成立 •

土地革命时期，鄂豫皖边区党组织以黄麻、商城、六霍三大起义的成果为基础，创建了以新集（今新县县城）为首府、以大别山为中心的鄂豫皖革命根据地，这是仅次于中央苏区的第二大革命根据地。

1930年6月，鄂豫皖边区第一次工农兵代表大会在光山南部的王家湾（今属新县）召开。来自鄂东北、豫东南、皖西的苏维埃代表和平汉铁路工人代表200多人参加了会议。与会代表按照大会议程讨论了政治报告、扩大红军和地方武装、开展土地革命等重要问题，并通过了相应的决议。大会通过民主选举产生了鄂豫皖边区苏维埃政府，甘元景为主席。这次会议标志着鄂豫皖革命根据地正式形成。

1931年1月下旬，红四军发起围攻光山县新集的战斗，数次强攻不下，遂决定采用坑道爆破的方法，开辟地下攻击道路。2月11日，红四军第十师发起攻坚战，将新集城墙炸出了一个丈余宽的缺口，经过3个小时的战斗，红军歼灭了城内的黄（安）、麻（城）、光（山）等县地主武装1 000余人。解放新集，使红军积累了攻坚战的经验，锻炼和提高了战斗素质。此后，鄂豫皖苏区首府正式迁入光山县新集镇。

1932年6月红四方面军连续取得四大战役的胜利，以粉碎敌人的第三次“围剿”为标志，鄂豫皖革命根据地的发展达到鼎盛。至1932年，根据地发展到面积4万平方千米、人口350余万，主力红军4.5万人，建立30多个县市红色政权。

• 红二十五军开始长征 •

红二十五军成立于1931年10月，是在鄂豫皖革命根据地诞生的一支光荣的红军主力部队，参加过商潢、苏家埠和潢光等战役。我国著名的军事家和战将旷继勋、吴焕先、徐海东等，都指挥过这支英雄的部队。

1932年10月，红四方面军在国民党发动的第四次“围剿”斗争中失败，被迫转移后，留在鄂豫皖革命根据地坚持斗争的红二十五军面临极大困难。1934年6月，军委副主席周恩来决定派程子华到鄂豫皖边区，行前交给程子华《关于组织抗日先遣队的通知》和《致鄂豫皖省委训令》等文件。6月11日，鄂豫皖省委在光山县花山寨举行第十四次常务会，讨论中央文件和程子华传达的周恩来的口头指示，研究了红二十五军的战略转移问题。会议决定：执行中央指示，立即率红二十五军实施战略转移，为发展红军和开创新苏区而斗争。会议还通过了《中国工农红军北上抗日第二先遣队出发宣言》，号召全国同胞不分政治倾向，团结起来一致抗日。

11月16日，红二十五军在鄂豫皖省委率领下，高举“中国工农红军北上抗日第二先遣队”的旗帜，由罗山何家冲出发，向西挺进，开始长征。这是继当年10月中央红军离开瑞金开始长征之后的又一壮举，是中国工农红军长征的重要组成部分。

红二十五军开始长征之后，穿过平汉铁路，经桐柏山和伏牛山区，挺进到陕南商洛地区，创建了鄂豫陕革命根据地。1935年7月16日，红二十五军为配合中央红军主力顺利完成北上任务，西进甘肃，北上陕北。1935年9月15日，红二十五军先期到达陕甘地区，顺利完成长征。红二十五

红一军与红十五军团部分领导同志合影。前排左起：王首道、杨尚昆、聂荣臻、徐海东；后排左起：罗瑞卿、程子华、陈光、邓小平。

军与红二十六军、红二十七军合并为红十五军团后，以劳山战役和榆林桥战斗的胜利巩固和扩大了陕甘革命根据地，为党中央和中央红军主力长征到达陕北进一步奠定了坚实的基础。

• 李先念创建豫鄂边敌后抗日根据地 •

四望山位于信阳西南45千米处，是信阳（今信阳市平桥区）、桐柏、应山（今湖北广水）、随县四县的交界处。它的北面是豫中平原，南面是鄂中平原，衔大别山、桐柏山之首尾，这里山高林密，沟壑纵横，易守难攻。占据这一地区，不仅可直接扼住平汉铁路的咽喉，威胁华中重镇武汉，牵制日军，还可以为我党我军挺进武汉外围敌后扫平道路，建立中原抗战的前沿阵地和桥头堡。抗日战争全面爆发后，李先念肩负着重要使命，来到四望山地区，创建豫鄂边敌后抗日根据地。

1937年9月，中共河南省委重建后，一直在豫南地区大力发展抗日武装，具有良好的群众基础。信阳沦陷后不久，豫南特委和信阳挺进队迅速开辟了以四望山为中心的敌后游击根据地。

1939年1月17日，新四军豫鄂独立游击支队由竹沟两个连组成，在李先念率领下，从中共中央中原局所在地确山县竹沟

1940年初，李先念（左一）率新四军豫鄂挺进纵队南下。

镇出发赴信阳。1月20日，李先念到达四望山北麓的黄龙寺，与豫南特委及信阳挺进队会师。李先念向豫南党政军干部传达了中共六届六中全会的精神及中原局关于发展抗日武装、保证党对部队的绝对领导的一系列指示。此后，李先念一方面指挥部队向敌后出击，先后歼灭伪军甘润民部、伏击日军装甲车、诱歼日军通信兵、打赢余家店战斗，打出了新四军的威风；另一方面与分散在各地的党组织和抗日武装联络，相继与信罗边、应山等地的党组织和抗日武装取得联系，并在灵山寺主持召开了著名的灵山寺会议。从此豫鄂边区各地党组织和抗日武装汇集在李先念周围，由独立分散活动走向协调统一行动。

在李先念的统一指挥下，整编组建的新四军豫鄂独立游击支队向鄂中、豫南敌后做战略展开，广泛而勇敢地开展机动灵活的游击战，在朱堂店、新街等地对日军作战告捷，在汉阳、应梦、孝感等地大量歼灭伪军，打出了军威，激励了群众，开创了豫鄂边区敌后抗战新局面。

从1939年1月李先念率部南下豫鄂边区至1940年年底，在武汉外围开辟敌后抗日战场的近两年中，由李先念统率的豫鄂边区抗日人民武装迅速发展壮大，新四军豫鄂独立游击支队改建为新四军豫鄂挺进纵队，发展成为拥有1.5万人的强大游击兵团，民兵达10万人，还有14万余人参加了抗日群众团体。

1941年新四军第五师组建，李先念任师长，在抗战后期，发展为以新四军第五师为主力的正规军5万余人、民兵30万余人、纵横豫鄂皖湘赣的游击兵团，以四望山为中心，先后建立信南、信罗边、信应随、信随桐等县级抗日民主政权8个。方圆近6 000平方千米的敌后抗日根据地，既是新四军第五师诞生成长的摇篮，也是其开展武汉外围作战的后勤保障基地。

• 中原突围 •

1946年5月10日，国共双方代表就中原地区停止武装冲突签订了《汉口协议》，但国民党军队的进攻并未停止。至当年6月，国民党军已将中原军区部队6万余人包围在以宣化店为中心、方圆不足百里的罗山、光山、商城、经扶（今新县）、礼山之间的狭长地带，中原解放区的面积只及原来的十分之一。党中央指示中原军区随时做好突围准备。为了避免内战，中共中央多次与国民党谈判，表示愿意让出中原解放区，将部队转移至其他解放区去。但蒋介石一意孤行，不断加紧调动部队，至6月下旬，蒋介石用于包围中原军区的兵力已增至10个整编师（相当于军）约30万人。6月26日拂晓，国民党军队进攻宣化店，致使全面内战爆发，先后占领鄂中、襄西、鄂东、鄂南、豫中、豫西等地，企图消灭中原军区的部队，打通国民党军向华东、华北和东北进军的通道。中原军区6万余人兵分三路突围，拉开了解放战争的序幕。

突围方案的要点是主力向西突围，经伏牛山北渡黄河到太岳，万一不成，即在武当山、伏牛山、秦岭打游击，必要时转甘南创建根据地，或到陕甘宁边区会师；鄂东、鄂中两军区部队留当地打游击，万一立足不住，鄂东部队向皖东突围，鄂中部队转入武当山打游击。其具体部署是先由皮定均率一纵队一旅向东行动，造成主力东进态势，以迷惑敌人，转移敌人的视线。中原解放军的主力则分为南北两路向西突围，其中李先念、郑位三、王震等率中原局、中原军区直属队和二纵队主力为北路，王树声率一纵队（缺第一旅）为南路。张体学率鄂东军区部队挺进大别山腹地，牵制敌人兵力。黄林率河南军区部队在平汉路西侧掩护北路主力突围作战。王海山率二纵队十五旅大部随一纵队行动。罗厚福所率江汉军区部队留少数武装坚持原地斗争，其余部队进入襄河以西地区。至7月31日止，各路部队均跳出了敌人的包围圈。

中原军区的斗争和中原突围具有重要的意义。在中原突围以前，国民党反动派妄想消灭中原地区的解放军，不惜分散兵力，调动大量军队围困中原军区，这就迫使中原地区的解放军在武汉外围地区战略坚持十个多月。这一斗争牵制了国民党军三十万人，使其不能长驱直入进攻华北、华东解放区，从而为解放军部署巩固华北、争取东北的战略全局，完成由民族解放战争向人民解放战争的战略转变，争取了最宝贵的时间。其后，中原解放军突出重围，转入外线作战，执行战略牵制任务，历经五省，转战两年，打乱了国民党反动派发动全面内战的战略部署。它调动了程潜、刘峙、胡宗南三部力量，又先后牵制了国民党军32个整编旅，迫使蒋介石、胡宗南推迟了进攻华北、延安的时间，从而为内线兄弟部队粉碎国民党军的全面进攻、夺取自卫战争胜利创造了有利条件，起了重要的战略作用。

• 王大湾会议 •

1947年8月7日夜，晋冀鲁豫野战军在刘伯承、邓小平的指挥下，集结4个纵队13个旅10余万雄兵，炸掉缴获的汽车、大炮，分左、中、右三路平行推进，挥戈南下，沿途跨越陇海铁路，迅速通过黄泛区，冒着敌机的轰炸，冲过层层拦堵，经过20天的连续急行军，于27日全部渡过淮河进入大别山，将敌主力19个旅甩在淮河以北地区，胜利完成千里跃进的任务。

进入大别山后，开始有几仗打得不够理想，主要因为处于无后方作战，缺乏重型火炮，加上北方籍战士对山地、水田地带作战不习惯，出现了叫苦、埋怨等负面情绪，影响了战斗和军民关系。当时敌军上百万人已将我军10余万人团团包围，如再不打胜仗、打开局面，我军处境将十分危险。在这个关键时刻，1947年9月27日至29日，中共中央中原局和晋冀鲁豫野战军司令部在光山县砖桥镇文氏祠召开旅以上高级干部会议，史称“王大湾会议”。

纵队和旅的指挥员集合后看到刘伯承、邓小平到来，向他们举手敬礼。按照惯例，敬礼后就要握手，站在最前面的几个人习惯性地伸出了手。邓小平还礼的手没有放下，在空中一摆："握什么手，不握手了，今天要开一个不握手的会！"大家这才发现，刘伯承、邓小平的脸色凝重，没有平常惯有的笑容。邓小平在会上说，越在困难的时候，我们高级干部越要以身作则，鼓励部队坚决勇敢地歼灭敌人。要牢固树立起以大别山为家的思想，坚决克服怕打硬仗、纪律松弛等右倾情绪。这是关系到我们在大别山能否站住脚跟的大问题。刘伯承说，我们千里跃进大别山，威逼南京、武汉，蒋介石当然会派重兵来攻我们。他来得越多越好，来得多了，我们担子重了，其他解放区担子就会减轻。要看全局，要按邓小平同志的要求办，一定要打好仗，把群众发动起来，在大别山立脚生根。在会上，邓小平还强调部队必须认真执行三大纪律、八项注意，他指出："毛主席在井冈山建军之初规定的三大纪律、八项注意，绝不是什么简单的规定，而是党的路线和政策的体现，能否坚决执行，关系到我们在大别山能否站得住脚。"

王大湾会议是刘邓大军挺进大别山区后召开的第一次重要会议。这次会议对于重建大别山根据地、打破蒋介石的总体战略起到了极为重要的作用，它使部队的思想认识达到了高度的统一，坚定了坚持大别山斗争的信心，进一步明确了战略展开的基本任务，增强了广大指战员克服困难、战胜敌人的斗志，被称为解放战争时期的"古田会议"。至1947年11月下旬，刘邓大军解放县城23座，歼敌3万余人，建立33个民主政权，在大别山站住了脚，在国民党统治的心腹地区插进了一把尖刀。

名人扫描

——人文信阳的历史风采

信阳人杰地灵，历代英才辈出。豫风楚韵的文化、得天独厚的环境使信阳人既有南方人的热情、睿智，又有北方人的豪爽与坚韧，兼收并蓄，铸就了信阳人恢宏大度的个性。从《史记》到《清史稿》25部正史中，信阳籍的50人有传，还有正史虽然没修传，但十分知名的，如明代侠士宋士杰。还有根亲人物，如开漳圣王陈元光、闽王王审知，仅中国台湾、东南亚为陈元光修的庙就有200多座，为弘扬华夏文化做出了巨大贡献。历史上周宣王、南朝梁武帝、唐太宗、宋太祖、明太祖都曾在信阳一带活动过，周平王、后赵皇帝石鉴、南朝梁武帝三位帝王发迹于信阳，有6位信阳籍或出生在信阳的宰相。10多位无产阶级革命家曾经在这里战斗过，100多位共和国将领诞生在这里。千百年来，淮河儿女自强不息，顽强拼搏，创造出灿烂的文化。

• 人面桃花息夫人 •

息夫人，即息妫，约出生于前701年，陈国（今河南淮阳）人，系春秋陈国国君的次女，因嫁给息国（今息县西南）国君息侯，史称息夫人，其事迹在《左传》《吕氏春秋》《史记》等中都有记载。她天生丽质、面若桃花，被后人称为“桃花夫人”，却因美丽的外貌卷入春秋时期息、蔡、楚三国之间的斗争中，身世浮沉，命运坎坷。

息夫人初到息国时，息国的国力已衰弱不振。本来就胸无大志、沉湎酒色的息侯，自得息夫人之后，更是歌舞饮宴、疏于政事。息夫人见息侯如此，劝息侯勤于朝政、亲贤士、远群小。息侯听了夫人的劝导，倒也跃跃欲试，使息国慢慢地走上了自强的道路。

息夫人像

前684年，息夫人在回陈国省亲的途中路过蔡国，被蔡哀侯以款待妻妹为由强拦下来，在宴席上遭到蔡侯的调戏和侵扰。息夫人盛怒之下回到息国，将此事告诉息侯。息侯岂肯善罢甘休？他与楚文王密谋图蔡，让楚国出兵侵息，骗蔡侯出兵相救，楚国乘其后方空虚进行突袭，在莘地大败蔡国并俘虏了蔡侯。蔡哀侯极力向楚文王称赞息夫人的美貌，以诱使好色的楚文王用武力攻灭息国。楚文王果然中计，暗带兵甲入息，将息国灭亡，并劫持息夫人入楚。

被楚文王俘虏后，息夫人从不主动开口，说话少而又少，常常以泪洗面。楚文王问她原因，她说：“吾一妇人，而事二夫，纵弗能死，其又奚言？”（《左传·庄公十四年》）为破解息妫的心结、

息夫人三年不语

赢得息妫的理解，楚文王于前680年秋再次发兵攻蔡，大败蔡国并羁押了蔡哀侯，间接地为息夫人报了国破家亡身辱之仇。随着时间的推移，她终于艰难地活了下来，她与文王有了两个儿子——堵敖和成王（熊恽）。前675年，文王为国而战死于征途。文王死后，楚国上层统治集团内部，围绕拥立堵敖还是拥立成王的问题，出现两大派别并展开激烈的争斗。先是堵敖继位，不到三年被杀，年幼的成王继位。丧子之痛非但没有击倒息夫人，反而让她更加理智和坚强。她用她全部的母爱和智慧，忍辱负重，辅佐儿子，用了近十年的时间，最终战胜荒淫败政、一直对息妫图谋不轨的令尹子元，使清正廉洁的子文得以出任令尹，楚国由此走上了更加强盛的道路。在此基础上，楚成王经过20多年的征战，代齐桓公而起，成为春秋时期号令中原的第二代霸主。

央视网

桃花夫人倾国记

悲戚多灾、坚忍少言的息夫人，因其重情重义的德操，受到后人广泛的同情和称许。唐人在汉阳城外桃花洞上修建了一座桃花夫人庙，又称息夫人庙。清诗人邓汉仪有《题息夫人庙》：“楚宫慵扫眉黛新，只自无言对暮春。千古艰难唯一死，伤心岂独息夫人。”当然，对息夫人也少不了负面或否定的声音，那多是出于旧时道德家之口。息县旧志中撰写了她的生平。1984年6月，在息县县委招待所出土了清同治年间（1862—1874）的息夫人辩证碑。

在息县西南4千米淮河故道北岸有息国故城，1963年6月20日被河南省政府列为省级文物保护单位。息县城关还新建有息夫人塑像，以示对她的纪念。

• 中华第一循吏孙叔敖 •

孙叔敖（约前650—前593），姓芳，名敖，字孙叔，一字艾猎，春秋时楚国期思邑（今淮滨县期思镇）人。楚庄王时，由前令尹虞丘推荐，孙叔敖担任令尹。孙叔敖施教导民，健全法制，发展农业，兴修水利，使楚国迅速富强起来。《韩诗外传》中说：“叔敖治楚，三年而楚国霸。”司马迁《史记·循吏列传》将孙叔敖列为第一。

农耕时代，农业的发展与国力直接相

孙叔敖像

关。孙叔敖特别重视兴修水利，尤其是治理水患。据《淮南子·人间训》记载，他“决期思之水，而灌雩娄之野”，主持修建了期思陂，使水稻种植面积激增。楚国“收九泽之利以殷润国家”“家富人喜，优赡乐业”（明嘉靖《固始县志》）。期思陂建于约前605年，为我国见于记载最早的水利工程，比魏国的西门豹渠早约200年，比都江堰和郑国渠早300多年。直到今天，期思陂的部分引水工程仍在发挥着灌溉作用。1958年修建的梅山水库中干渠，就是利用期思陂的旧渠道——清河渠（在固始县黎集镇一带）改建而成的。

优孟衣冠

南朝宋裴骃在《史记集解》中称“孙叔敖激沮水（湖北江陵以北），作云梦大泽池也”，是指孙叔敖引沮漳河水贯通江汉地区的大泽，后人称这项工程为云梦通渠（又称楚渠）。此渠不仅沟通江汉之间航运，且可灌溉两岸农田。孙叔敖注重兴修水利、发展农业的方针与实践，不仅为楚庄王争霸中原奠定了物质基础，而且也为我国水利建设树立了光辉的榜样。

孙叔敖为相期间，编修《仆区》（楚国刑书），并执法如山，不徇私情。据《说苑·至公》载，前令尹虞丘在推荐孙叔敖以后，退居为国老。一次，其家人犯法，孙叔敖按国法“执而戮之”。虞丘称赞他“奉国法而不党，施刑戮而不骫，可谓公平”。

在孙叔敖的治理下，楚国很快强盛起来，庄王十七年（前597）楚国与晋国发生矛盾，楚国在邲之战中大获全胜，取得霸主地位。

孙叔敖深受崇敬和爱戴，后人为其建庙、立碑、题词、赋诗，以志纪念。东汉延熹三年（160），固始县令段光就其故祠，立石铭碑。宋代知县张孜为孙叔敖遗爱庙题诗云：“天资忠义恶嚣华，贵不骄矜富不奢。忧国焦心谁别马，爱人忘己特埋蛇。封潘名易夷齐比，相楚功难禹稷加。寂寂阴灵何所在，庙门空掩夕阳斜。”县境内东南有孙相公河，西北有孙叔敖遗爱庙。城内文庙、玉皇阁等处皆有歌颂他的碑文。期思古城西外侧，明万历七年（1579）重修楚相孙叔敖遗爱庙。据庙碑记载，楚相墓就在其附近。期思也曾盖有楚相孙公庙。清乾隆五十一年（1786）还刻了楚相孙叔敖碑，碑文长达千字。荀子、司马迁、郦道元、李贽等历代名人都写过孙叔敖的事迹，高度赞扬了他的政治、军事才能和科学技术知识。如今，在淮滨桂花岗经济开发区，建有孙叔敖塑像，他成了淮滨的骄傲和象征。

《史记》里记载的第一个清官：孙叔敖

• 春申君黄歇 •

黄歇（？—前238），即春申君，今河南省潢川县人，黄国贵族后裔，楚国大臣，“战国四君子”之一。他被奉为黄姓的始祖，堪称苏沪杭文明的开拓者。

黄歇早年四处游学，曾在信阳楚王城（古申国旧址）里专心苦读。前273年，在担任楚顷襄王左徒时，黄歇因善于辞令，处变不惊，被派出使秦国，在秦将白起攻取楚的巫、黔中、鄢郢等地的不利情势下，上书秦昭王，说服他停止伐楚，两国签订和约。楚顷襄王为取信于秦，以黄歇为太子傅，随同楚太子熊完作为人质入秦。在楚顷襄王病重时，黄歇舍命助太子熊完逃回楚国继承了王位，熊完即楚考烈王。

前262年，楚考烈王任黄歇为令尹，封他为春申君，赐他淮北12县作为封地。黄歇在楚为相25载，励精图治，功绩卓著。他联合魏国击败秦国，解赵国邯郸之围，后又北伐灭鲁，使楚迁都陈郢（今河南淮阳）后恢复元气，称雄诸侯。黄歇权倾一时，“虽名相国，实楚王也”，门下食客三千，与齐国孟尝君、赵国平原君、魏国信陵君并称为“战国四君子”。

黄歇为相的第15年（前248），楚国都城由陈郢迁到寿春（今安徽寿县），随着政治中心的北移，春申君的封地也由淮北12县改为吴地。黄歇在他改封的广大地域内，分设城邑，派族人管理，让他的门

春申君上书退秦兵

芈月时代 春申君黄歇

客协助负责开发事务。他将都邑设在吴都故址（今江苏苏州），大兴土木，使“故吴墟”得以重建。春申君在江东重视农田水利工程建设，开凿疏通的港浦河渠甚多，还带去了先进的冶铁、农业工具制造及纺织技术。2002年9月，上海申博成功的欢庆晚会上高唱的第一首歌《告慰春申君》，就是献给苏沪杭文明的开拓者黄歇的。

黄歇晚年中了奸诈小人李园的诡计，被李园刺杀。李园曾“使吏尽灭春申君之家”，但黄歇子孙众多，又分散各地，加之有故地、封地的黄氏族人掩护，因而虽受害者不少，幸存的也多。黄歇之后，黄姓名人荟萃，英才辈出，先后在各地形成望族，尤以江南为多。

潢川县隆古乡隆古村有黄国故城遗址，2006年被列为全国重点文物保护单位。春申君墓就位于黄国故城内，周围有黄宫遗址、天池、老龙埂水库等景点。1930年，吉鸿昌将军率部驻潢期间，曾在专署后院内的春申君墓地旁立墓碑。碑上除“春申君墓”四个醒目的大字外，还注明“春申君故居即在此。黄歇被杀后，其门客将其遗骸偷葬于故宅内”。之后多次有人对春申君墓地加以整修。原春申君墓碑现已残断，半截残断碑上的一段文字仍清晰可见。

后人为纪念春申君，把潢川北城称为春申镇。清乾隆《光州志》载：“光州内有黄歇宅”，“州境即在所赐十二县中，今州治其遗宅也”。在潢川出土的清乾隆七年（1742）九月“光州十景”的石刻中有《春申遗宅》一首，并注：“周东三里河北有春申君丹炉，在光州治后有春申君漆井。”由此可见，潢川不仅是春申君的封地，也是他的家乡。

另外，淮南市谢家集区李郢孜镇境内有春申君陵园。1979年10月，安徽省考古队对该墓进行了考察。1992年，谢家集区政府为黄歇墓立了碑。2000年，春申君陵园动工兴建，后正式对外开放；2002年11月被列为省级文物保护单位。

• 开漳圣王陈元光 •

陈元光（657—711），字廷炬，号龙湖，光州固始（今固始县）人。陈元光自幼博览群书，贯通子史，13岁时“领光州乡荐第一”。其祖父陈犊曾从唐高祖李渊起兵太原，功成授中郎将。其父陈政，固始人，功拜左玉钤卫翊府左郎将、归德将军。

唐初，泉州、潮州间“蛮獠啸乱”，唐总章二年（669），高宗皇帝命陈政为岭南行军总管，率首批将领123员、府兵3 600人（45姓），以及后续的58姓军校，在泉州、潮州平息蛮獠之乱，陈元光以鹰扬将军随父前往征讨。

陈元光像

陈政病逝后，陈元光代父领兵，从九龙山一直打到潮州，历经大小百余次战斗，终于平定了叛乱。陈元光领兵屯置于云霄山下，建宅于火田村，大力发展农桑和文化教育事业，实现了朝廷“靖寇患于炎荒，奠皇恩于绝域”的目标。

垂拱二年（686），陈元光上表请于泉、潮之间增置一州，变原来的七闽为八闽，并委派地方官吏加以治理，使“泰越百家，愈无罅隙”。在名相狄仁杰的支持下，朝廷采纳了陈元光的建议，正式设立漳州。陈元光在闽南实行一系列有利于民族融合、社会安定、经济文化发展的政策：在州内设36个堡，在四境立行台；对“诸蛮”民众采取招抚政策，在九龙江畔建立“唐化里”，让“诸蛮”自治并不向其征收田赋；鼓励下属与当地女子和亲通婚，他本人也娶了一房山越女子种氏为妾；军队实行且耕且守制度，安定地方秩序；打击豪强，厉行法治，开科选才，任用贤士，大力兴办庠序（学校）和书院；兴修水利，发展农工商经济，在漳江上游修滚水坝（称军坡），十余里长的渠道引水灌地千余亩，至今仍在发挥作用。

景云二年（711）十一月初五，广东流寇东诚复起于潮州一带，陈元光闻报，乃亲率轻骑讨之，不幸为贼所刃，以身殉职。次年，朝廷敕建祠庙，名陈将军祠。宋朝追赠“开漳圣王”。

云霄威惠庙

央视网

开漳圣王

陈政、陈元光智取娘子寨

陈元光在位25年，在他的治理下，争战不断、蛮荒落后的闽南地区被建设成为有一定经济文化水平的州郡。在长达150年的时间里，陈家五代治理漳州，四代人曾为刺史。从固始带去的数万人致力于闽粤地区的建设和开发，使蛮荒的东南沿海地区经济、社会安定发展，为大唐王朝实现多民族统一做出了重大贡献。

陈元光不仅在军事上、政治上、经济上颇有建树，而且精通诗文，留下《龙湖集》。《全唐诗》收有他的3首诗。虽然正史《旧唐书》《新唐书》对陈元光无一字之记载，但1 000多年来，人们没有忘记这位开发漳潮地区的功臣。与欧阳修同时代的吕涛在瞻仰了陈氏祠后深为感动，赋诗曰：“当年平贼立殊勋，时不旌贤事忍闻。唐史无人修列传，漳江有庙祀将军。”闽台地区和南洋诸国的华夏子孙都纪念他、崇敬他，对他顶礼膜拜。崇拜陈元光成为闽台地区第二大民间信仰。著名的如开漳祖庙——云霄威惠庙，位于漳江边的云霄城西门外，地属云陵镇享堂村，主祀“开漳圣王”陈元光。该庙宇建筑规模较大，坐西北朝东南，始建于唐嗣圣元年（684），古称陈将军祠，宋徽宗政和三年（1113）赐名威惠庙。现存建筑系明成化年间（1465—1487）里人吴永绥重建，历代屡有重修。云霄威惠庙1985年1月被公布为云霄县首批县级文物保护单位，2005年5月被公布为福建省第五批省级文物保护单位，是唯一被载入《中国旅游名胜大辞典》的开漳祖庙。

• 闽王王审知 •

王审知（862—925），字信通，因在本族同辈中排行第三十，又称三十郎，光州固始（今固始县）人，五代时闽国的创立者，在位17年，为福建政治、经济、文化的发展做出了重要贡献。

相传王审知少年时喜爱读书，甚有抱负。黄巢起义后，江淮一带响应者众多，王绪和刘行全起义后占领寿州城，队伍发展至万余人。唐光启元年（885），王审知随兄王审潮（后名王潮）、王审邽（三人时称“王家三龙”）带领固始五千乡勇投奔王绪起义军，南下福建。因王审知常骑白马，军士们称他“白马三郎”。入闽途中，王氏兄弟除掉残暴无能的王绪，王潮应众将所求任将军。经过八年苦战，王潮于景福二年（893）统一全闽，唐昭宗封王潮为福建观察使、王审知为副使。光化元年（898），王潮病重，没有让儿子（王潮共有4个儿子）继任，而是量才用人，命王审知料理军政大事。王潮死后，王审知继任福建观察使，兼威武军节度使，累迁检校太保，封琅邪郡王。

王审知像

在治闽期间，王审知吸收了唐末农民起义的教训，勤政爱民，鼓励生产，开荒垦田，轻徭薄赋，以保境息民为首策。他非常重视手工业和商业，鼓励当地发展多种经济，因地制宜发展制茶、纺织、冶金、铸造等，使这些行业发展达到了一个新水平，例如，他倡导农民在武夷山区种植茶树，官办、私营的焙茶场达1 000多处，生产的茶叶多用于向中原进贡和进行海外贸易。王审知还重视招徕外商，设立专门的商务与海外贸易机构——都货务，积极发展海运和海外贸易事业。经济的发展、工商贸易的繁荣，促进了港口建设和造船业的飞速发展，当时已能造载几百人的大海船，福州成为中国对外贸易的重要基地，泉州成为世界一流大港。福州城、泉州城一扩再扩，甘棠港扬名中外，福建的经济在历史上第一次得到比较全面的发展。

王审知十分重视文化教育的发展，在福州、泉州等地设立了招贤馆，接纳自中原来避乱的知识分子在本地办学。当时府有府学、县有县学、乡间有私塾，福州建立了高等学堂“四门学”。王审知还采取有力措施抢救地方文献，保存地方文化，使闽地日趋开明。

唐朝灭亡后，后梁太祖朱温于开平元年（907）加拜王审知为中书令，开平三年加封闽王，升福州为大都督府。当时各地群雄纷纷割据称王，部下劝他立闽国称帝，但他力排众议：“我宁为开门节度使，不做闭门天子。”他始终尊奉中原王朝为正统。他死后，次子王延钧称帝，国号闽，这就是历史上五代十国的闽国。

后人为纪念王审知的功绩，在闽粤台一带修建了大量的闽王祠、闽王庙。著名的福州闽王祠位于福建省福州市庆城路，是一座祠堂建筑，主祀王审知。它始建于五代时的946年，北宋时重修，现存建筑为明代所建。祠前竖立着高1.69丈、宽0.7丈的“恩赐琅邪郡王德政碑”，碑文记载了王审知的生平事迹。闽王祠内的历代碑刻于1961年被列为福建省第一批省级文物保护单位。1981年，福州市修复闽王祠后对外界开放。

福州闽王庙

“开门节度使”闽王王审知

八闽人祖

• 史学大家司马光 •

司马光像

司马光（1019—1086），字君实，号迂叟，又号涑水先生，祖籍山西省夏县涑水乡，出生于光山县官舍，北宋时期著名政治家、史学家、文学家，被奉为“儒家三圣”之一。

司马光自幼聪明过人，五六岁时，父兄就教他识字读书，到七八岁时，便能将《左传》中的故事原原本本地讲给大人听。宝元元年（1038），司马光中进士甲科，随后任华州判官，从此步入仕途，先后在陕西、江苏、河南、山东、山西等地做小官，虽然职微权轻、任期不长，但能体察民生疾苦。嘉祐六年（1061），他成为一名谏官，积极上书进言，大力提倡仁政，敢于激浊扬清。与此同时，他以史为鉴，立志整理古代史籍，编纂一部完整、系统的编年体通史。他首先编写《历年图》5卷，以《历年图》为脉络，写成《通志》8卷，为编纂《资治通鉴》打下了坚实的基础。宋英宗、宋神宗都给予司马光极大的支持，准许他选聘助手并组织专门的编写机构——书局。

熙宁三年（1070），因反对王安石变法，司马光被贬，出知永兴军，次年判西京御史台，书局不久之后也迁至洛阳。司马光迁居洛阳15年，专门从事《资治通鉴》的编纂。他审查助手对史料的取舍是否得当、考证是否精确、体例是否一致等，再进行删减、润色，付出了大量的心血。例如，范祖禹编写的唐史部分，一开始长达六七百卷，司马光用三四年时间进行修改，最后删定为81卷。由于他家屋子矮小，夏天在屋里读书编辑就好像坐在蒸笼里一般令人难受。司马光一面看书，一

央视网

司马相公何许人

面不断地摇着扇子，颗颗汗珠往下滴，把书都浸湿了。有时汗珠滴在稿纸上，把稿纸弄得一塌糊涂，他不得不重写。为了改善环境，他就请匠人在书房里挖了一个大深坑，再用砖砌成一间“地下室”，虽然不大，光线也不好，但却是冬暖夏凉、十分安静，他可以专心致志地编写《资治通鉴》。从治平三年（1066）奉命设书局开始，到元丰七年（1084）将《资治通鉴》献给宋神宗，司马光耗费19年的心血，书成之时，司马光“精疲力竭，牙齿所剩无几”。

《资治通鉴》上起周威烈王二十三年（前403）、下止后周世宗显德六年（959），横跨1362年历史，294卷，共300多万字。全书按朝代分为16纪，内容以政治、军事和民族关系为主，兼及经济、文化和历史人物评价，目的是通过对事关国家盛衰、民族兴亡的统治阶级政策的描述警示后人。宋神宗评价它“鉴于往事，有资于治道”，因而将书命名为“资治通鉴”。该书占有资料丰富，史料的真伪考辨详细，并且明治乱之道，卫儒避佛，反对迷信。《资治通鉴》为中国史学创立编年体，为后人编史提供了成功的经验。

司马光砸缸

《资治通鉴》善于叙事、长于剪裁、文字简洁、语言生动，能够将错综复杂的事件记叙得脉络清晰，人物塑造得栩栩如生。书中的一些名篇，如《赤壁之战》《淝水之战》《李愬雪夜入蔡州》和《张巡守雍丘》等，被选入高校文科教材和中学语文教材。

元丰八年，宋哲宗赵煦即位。鉴于新法的弊端日益显露，保守派人物被重新起用。次年闰二月，司马光任尚书左仆射（宰相）兼门下侍郎，主持朝政，废止全部新法，“欲以身殉社稷，躬亲庶务，不舍昼夜”。同年九月一日，司马光逝于东京（今河南开封），终年68岁，追赠太师，封温国公，谥文正，哲宗赐“忠清粹德”碑额。

司马光提出了不少治国主张，强调为政要得民心，要知人善任、虚心纳谏，崇尚务实，反对浮夸等。他政治思想比较保守，主张法制永远不变。在围绕变法的斗争中，他与王安石虽为政敌，但能友善相处，做到光明磊落，绝不暗中伤害。

在生活上，司马光素以节俭著称。司马光曾写了一篇论俭约的家书《训俭示康》，认为俭朴实质上是兴家繁国之基业，告诫儿子要节俭朴实，不要奢靡，其中的“以俭立名，以侈自败”“由俭入奢易，由奢入俭难”等已成为世人传诵的警句。某一年，不少地区遭受水旱灾害，百姓流离失所，宋仁宗却要大办元宵庆典。为此，他多次谏言，虽然未能阻止庆典，却体现了一位政治家应有的节用爱民的情怀。临终时，司马光还嘱咐家人将写有《布衾铭》的布衾盖在自己身上。司马光逝世时室内陈设萧然，唯枕间有《役书》一卷，吕公著为之题写挽词“漏残余一榻，曾不为黄金”。

司马光一生著述颇多，有《司马文正公集》传世，著作收入《四库全书》的就达16种457卷。

光山现保存有司马光故里、司马井、司马亭、涑水书院、司马光砸缸处、司马温公祠等遗址，“司马光砸缸救友”的故事被写进小学课本或启蒙课本，家喻户晓、人人皆知。

• 中原硕儒马祖常 •

马祖常（1279—1338），字伯庸，出生于河南光州（今潢川县城关镇）。马祖常祖先系雍古部人，居净州天山（今内蒙古自治区四子王旗），高祖锡里吉思是金代凤翔兵马判官，死后赠封恒州刺史，子孙按照“以官为姓”的惯例改姓马。父亲润，同知漳州路总管府事，曾任光州临军，始居光州。

据《元史》载，马祖常“七岁知学，得钱即以市书”，十岁的时候，他看到烛火烧屋，就知道脱下衣服“沃水以灭火”，当时的人称赞不已。少年时代，面对四川名儒张攃，马祖常敢于提出几十处疑问，很受张攃的器重。延祐初，元朝刚刚开始实行科举考试，由于天资聪颖，马祖常“乡贡、会试皆中第一，廷试为第二人”，以榜眼官授应奉翰林文字，拜监察御史。他为人正直，知无不言，革除时弊，荐贤举能，曾弹劾丞相铁木迭儿，使元仁宗震怒之下罢免了铁木迭儿。后来铁木迭儿恢复职位，就把马祖常贬为开平县尹。铁木迭儿死后，马祖常历任监察御史、礼部尚书、御史中丞、枢密副使等职。后至元四年（1338），马祖常在光州逝世，终年60岁，赠摅忠宣宪

马祖常不爱骑射爱诗文

协正功臣、河南行省右丞、上护军、魏郡公，谥文贞。

马祖常的文章“宏赡而精核，务去陈言，专以先秦两汉为法，而自成一家之言”。他曾编纂《英宗实录》，修改《皇图大训》《承华事略》，又编集《列后金鉴》《千秋记略》，其出色的文学成就，受到元文宗的赞叹：“中原硕儒，唯祖常！”

马祖常的诗“圆密清丽，大篇短章无不可传者”。元朝后至元年间（1335—1340），苏天爵撰《元文类》，录其诗20首、文20篇。明朝潘是仁编纂的《宋元名家诗选》，共收马祖常诗3卷（中华人民共和国成立初期，曾任文化部部长的郑振铎所编的《西谛书目》中，有此3卷诗）。到了清代，有人刊行他的文集。马祖常的诗文代表作《石田先生文集》15卷（诗赋5卷、文章10卷）被收入《四库全书》。《四库全书》的编纂者盛赞马祖常道：“其文精赡鸿丽，一洗柔曼卑冗之习。其诗才力富健，如《都门》《壮游》诸作，长篇巨制，回薄奔腾，具有不受羁靮之气。”

马祖常热爱家乡，在他的诗集中有大量歌咏家乡风物的佳作。如他写固始华岩寺：“贝叶翻经泽，沙墙应制诗。庭前双树好，长夏得风吹。”（《游华岩寺》）他写固始南岳庙：“山禽鸣独树，石壁渍荒苔。水浅沙痕乱，天低雁影回。”（《固始南岳行祠》）他还到过淮滨期思古城：“古城犹说汉期思，土蚀苔阶楚相祠。乞得寝丘人不夺，千年滭水入荒陂。”（《杂赋四首》其一）他对自己的出生地更是满怀深情：“自爱屋南芳树林，十朝暑雨翠沉沉。地清岂知无棲凤，烟合时复有鸣禽。读书草堂生曙彩，望野古城留夕阴。莫道楚乡风物陋，文章屈宋到如今。”（《偶成二首》其一）诗中既有对家乡景色的赞美，又有对志士同仁的

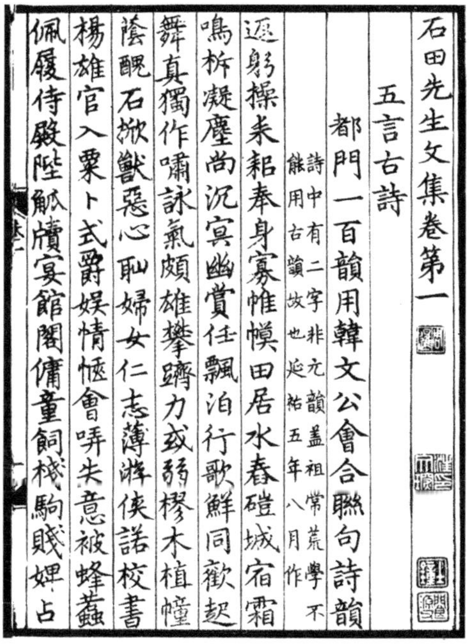
石田先生文集卷第一
五言古詩
都門一百韻用韓文公會合聯句詩韻
詩中有二字非元韻蓋祖常荒學不
能用古韻故也延祐五年八月作
逐影操耒耜奉身寡帷幙田居水舂碓城宿霜
鳴柝凝塵尚沉冥幽賞任飄泊行歌鮮同歡起
舞真獨作嘯詠氣頗雄攀躋力或弱樛木植幢
陰醜石掀獸惡心恥婦女仁志薄游俠諾校書
揚雄官入粟卜式爵娛情愜會呼失意被蜂蠆
佩履侍殿陛觚牘宴館閣傭童飼栈駒賤婢占

马祖常《石田先生文集》至元五年刊本书影

激励，更有对深厚的家乡文化的骄傲。

• 明朝文坛领袖何景明 •

何景明（1483—1521），字仲默，号白坡，又号大复山人，明信阳州（今信阳市浉河区飨堂村）人，明代文坛“前七子”“十才子”之一，是明代文坛领袖，也是信阳历史上最杰出的文人之一。

何景明降生时，其母李氏梦见太阳落到了自己的怀里，所以取名景明。他自幼刻苦好学，6岁可以对对联，8岁能作诗文，读书时可以达到过目不忘，有“神童”之称，15岁中举人，19岁中进士，授中书舍人。何景明官至陕西提学副使，后病故于家乡，年仅39岁。

《明史》记载：“景明志操耿介，尚节义，鄙荣利，与梦阳并有国士风。”何景明在朝中目睹宦官刘瑾坐大，朝臣顺之则昌、逆之则亡，官场贪赃枉法成风，民间怨声载道。他满怀激愤，仗义执言，上书兵部尚书许进说：“大臣宜操正义，以抑瑾权。”刘瑾得知后对他打击报复，革职上告诸官，何景明虽因病返乡，也被罢官。李梦阳被诬下狱，朝中大臣无人敢言，何景明不顾自己刚刚复职，抛开与李梦阳之间的学术争论，上书吏部尚书杨一清为他申辩，终于使李梦阳冤情大白，很快获释。正德九年（1514），何景明在上给明武宗的《应诏陈言治安疏》里，敢于揭露皇帝的四个错误：义子不当蓄、边军不当留、番僧不当宠、宦官不当任。在进职吏部员外郎时，大宦官钱宁拿一幅古画想请何景明题字，何景明说“此名笔，毋污人手”，放了一年多不予题字，最终退还。何景明为官清廉，作为皇帝的钦差大臣，出使滇南归来，不取地方官吏所献一金一物。

何景明与李梦阳诗词唱和，合力倡导改革文风，一时天下文人从者如流，时人尊二人为“七子”（即何景明、李梦阳、边贡、徐祯卿、康海、王九思、王廷相）之首。何景明主张文学创作应“舍法创新”，反对单纯做形式上的模仿，其诗文作品布局工整，语言流畅，文风俊逸，寓意深刻，传世著作有《大复集》38卷，辞赋32篇、诗歌1 560首、文章

直言敢谏的何景明

137篇。明代诗歌集《明诗别裁集》选何氏48首诗，为全集之冠。400多年来《大复集》的翻刻版本就有20多种。河南巡抚蔡汝楠曾为他在汝南天中山下立祠并亲撰碑文。开封禹王台五贤祠即专为李白、杜甫、高适、何景明、李梦阳而立。何景明著作被收入《四库全书》，他的著作在国外也有一定的影响。

何景明有才不能施展，与大多数中国封建时代文人一样，心中常积不平之气。“托身日月有光辉，举翼风云多会遇。可怜汉室盛衣冠，扬雄蓬巷独饥寒。终岁校书空闭阁，十年执戟不迁官。公孙射策取卿相，李广冯唐徒自叹。”（《入京篇》）“楚人当时不识玉，海客无心采明月。明珠暗投反按剑，白璧三献还遭刖。”（《田子行》）这两首诗深切地表现了诗人的愤怒、失望和悲哀。他的英年早逝，当与他长期怀才不遇有关。

何景明死后葬于信阳市西北3千米的浉河区飨堂村。墓前原有何大复先生祠（即何家飨堂），大门墙上书有“世科”二字，后堂供奉何氏历代祖宗，祠外道左有神道碑。墓在祠后，墓前设有明代万历二十五年（1597）青石透雕牌坊，横额书“天赐灵原”四字。墓前御祭有神道石刻仪仗，计有文吏、武士、狮子、马、猪、羊各一对。祠与飨堂早年毁于战火。碑与牌坊等在“文革”中被砸毁。现在墓地仅留圆形墓冢，高2米、周长约15米。冢上及周围有松柏、翠竹及石雕残块。2011年，信阳市政府、信阳师范学院及信阳何氏宗亲共同出资100多万元，重修了“景明园”。

• 平民状师宋士杰 •

宋士杰，约出生于明成化年间，明信阳州（今信阳市区）人。宋士杰不畏强权、行侠仗义的德行，在信阳民间广为流传，其本人则被誉为“状王”“状师”“民间侠客”。

宋士杰幼年家贫，虽苦读经书却未能进仕，正德年间（1506—1521）干过代书的营生。嘉靖初，他在南汝光道衙门当过刑房书吏的差事。宋士杰生性耿直，不善阿谀奉承，平素行侠好义，常代人书写状子，不收分文。道台老爷本来对宋士杰入衙门后没有银钱“孝敬”自己大为不满，又见他爱管闲事，经常据理力争、顶撞自己，便找个机会，以“办事傲上”和“包揽词讼”等罪名革掉他刑房书吏的差事。此后，宋士杰便在信阳州外小街开设饭店。当年宋士杰为民告状的道台衙门就是现在的信阳市委所在地，当时的衙门面朝南。宋士杰开的饭店就位于现在的信阳市油厂西端邻街。

明朝嘉靖十三（1534）至十四年间，山东博兴人顾铎（京剧《四进士》将顾铎改为顾读）到信阳任按察副使期间，河南上蔡县居民姚廷椿和妻子田氏为谋夺家产，设计毒死弟弟姚廷梅，又诬陷弟媳杨素贞与人通奸，串通其兄将她卖掉。买妻者杨春见素贞遭遇可怜，便扯碎婚书，与素贞结为兄妹，同去信阳州越衙上告。这事正被微服私访的河南巡按毛朋看到，当场给他们写了上告的诉状。义兄妹到了信阳后，遇到了一贯见义勇为、专爱打抱不平的宋士杰。宋士杰决计要替杨素贞申冤报仇。可是这件案子所牵涉的官吏位高权重，知县刘题贪杯受贿，江西巡按田伦（田氏的弟弟）密信行贿，信阳道台顾铎贪赃枉法，而且他们和毛朋是同年进士，四个人还是结义弟兄。但宋士杰不畏权势，抓住了案情的关键，敢于挺身而出作证，揭露田伦给顾铎写密信的原委，终于把刘题、顾铎、田伦三个地方官一齐告倒，使杨素贞的冤屈得以申雪。毛朋不徇私情、秉公办事，也获得了百姓的赞扬。

宋士杰卒于嘉靖中晚期，葬于信阳市西郊贤首山东南山坡。据资料记载，信阳城原有宋士杰旧居及宋士杰墓碑。因年代久远及“文革”破坏，其旧居及墓碑均已不存。但是，他的故事一直在民间流传，他身上所体现的侠肝义胆、见义勇为的信阳人精神，不断得到发扬光大。

宋士杰的事迹还被编成戏剧、电影200多部。与他有关的传统剧目主要有京剧《四进士》（一名《节义廉明》），周信芳、马连良均以此剧享有盛名。川剧、汉剧、徽剧、滇剧、同州梆子、晋剧都有此剧目。湘剧有《打痞》《公堂》，豫剧、河北梆子有《宋士杰告状》。1956年3月，上海电影制片厂摄制了周信芳主演的影片《宋士杰》。

京剧《宋士杰》精彩选播

宋士杰告状

易学大家胡煦

胡煦（1655—1736），字沧晓，号紫弦，光山县南向店老虎山人，清朝康熙、雍正、乾隆三朝重臣，乾隆帝师，是清初著名大学问家和书画家，代表作有《周易函书》《释经文》等。

胡煦自幼勤奋好学，博览群书，善写文章，康熙二十三年（1684）中举人，五十一年（1712）中进士，因博学多才屡被皇上召见，成为乾隆的老师，康熙夸其为“真苦心读书人也”，历任鸿胪寺卿、内阁学士、兵部右侍郎、协理左副都御史摄刑部右侍郎、兵部侍郎知贡举、礼部右侍郎等。乾隆元年（1736）荫封胡煦之子入国子监读书，同年胡煦病故于北京，乾隆皇帝赐金500两，以礼优葬。

胡煦为人正直忠厚，力谏朝廷“重农桑，缓刑罚，先仁义而后功利”，其“广言路，裕积储，汰浮粮，省冗官，平权量”等主张，有利于缓和社会矛盾。胡煦先后四次参与和主持会试，世誉其“桃李满天下”“门生门下见门生”，他还是《明史》总裁之一。1964年，文化部将他列为唐至清代全国知名书画家之一。

胡煦精通文学、史学、哲学，擅长书画，尤以善《易》闻名。清代大学者钱陈群称胡煦为“理学淳儒”，诸家多称胡煦为理学家，张之洞《书目问答》、民初刘景向《河南新志》则称其为经学家。胡煦还有农学著作《农田杂务》、数学著作《勾股算术》、文学著作《葆璞堂诗文集》。巨著《周易函书》50卷，独领易学风骚三百年，清《四库全书总目》评价说：“煦研思《易》理，平生精力尽在此书，其持论酌于汉学、宋学之间，与朱子颇有异同。”另有《释经文》49卷，《约图》《孔朱辨异》《易学须知》各3卷，《篝灯约旨》10卷（续2卷），《卜法详考》4卷，《约注》18卷（续16卷），计158卷。

2005年3月初，全国知名的图书专家高树榆在对固原市原州区图书馆古籍藏书进行鉴定时，发现了《周易函书》50卷，其中包括《周易函书约存》16卷、《周易函书约注》18卷和《周易函书别集》16卷。《周易函书》体系庞大，思想精深，被收入《四库全书》，是清代一部重要的易学名著，在易学史、哲学史上具有极大价值，也是研究胡煦思想较全面的文献资料。在2009年度全国优秀古籍图书评奖会上，由信阳师范学院政法学院程林副教授点校整理、中华书局出版的《周易函书》荣获全国优秀古籍图书奖二等奖。

·清代状元、植物学家吴其濬·

吴其濬（1789—1847），字瀹斋，一字季深，别号雩娄农、吉兰，河南省固始县城关人，河南省明清两朝唯一的状元，清代著名植物学家，在植物分类学方面的成就蜚声中外、享誉天下。

吴其濬祖上数代为官。父吴烜，清乾隆五十二年（1787）进士，官至礼部右侍郎。吴其濬幼年随父在京读书，清嘉庆十五年（1810）中举，二十二年（1817）中进士，殿试一甲一名（状元），授职翰林院修撰，历任广东乡试正考官、实录纂修。道光元年（1821）其父病逝，道光三年其伯父病逝，道光五年其母病逝，吴其濬前后守孝居乡九年之久。其间，他在固始城东史河湾辟地建植物园，取名东墅。东墅是吴其濬研究植物的场所，“植桃八百，种柳三千”“编槿为篱，种菜数亩”“经营三四年，绿覆半墅”。门前对联书写：“荒地十亩亦种奇花亦种菜，茅屋数间半藏农具半藏书。”有一年山洪暴发，东墅被淹，他带粮溯史河而上，进入大别山腹地考察水患的原因，并写出《治淮上游论》，颇有见地。

道光九年（1829），吴其濬守孝期满回京，初任教习庶吉士，充日讲起居注官；道光十一年为南书房行走，次年任湖北省学政；十五年任鸿胪寺卿，授通政使司副使，次年任内阁学士兼礼部侍郎，玉牒馆副总裁官；十七年任考试御史、阅卷大臣、浙江乡试正考官，授兵部左侍郎，后调户部右侍郎，兼管钱法堂事务；十九年转任户部左侍郎，次年署湖广总督，授湖南巡抚；二十三年调浙江巡抚，改云南巡抚，次年署云贵总督；二十五年调福建巡抚，改任山西巡抚兼提督盐政（其最高任职）；二十六年“乞病归”固始，后于家乡病逝。道光二十六年十二月十九日奉上谕曰：“山西巡抚吴其濬由翰林院入直南书房，存跻卿貳，外擢巡抚，学优守洁，办事认真，兹闻溘逝，殊深轸惜，著封赏，加封太子太保衔，照巡抚例赐恤，寻赐祭葬。”

吴其濬宦迹半天下，一直都能做到遵法奉公，故上谕“褒嘉清洁”。每到一地，他都潜心研究植物，采集植物标本，并向当地劳动人民请教，对罕见植物，不仅观其形，还尝其味；对可疑植物，虽经研究比较，仍不能肯定的不下结论。他撰有《植物名实图考》，是中国19世纪重要的植物学著作。该书分为两部分：一为《植物名实图考长编》，22卷，收植物11类838种，主要辑集经史子集中有关植物的文献；一为《植物名实图考》，38卷，收植物12类1 714种，记载每种植物的形色、性味、产地、用途并附有清晰准确的白描图，对植物的药用价值及同物异名、同名异物的考订尤其详细。清道光二十八年（1848），该书刊行。19世纪七八十年代，《植物名实图考》流传到法国、日本，受到国外学术界的重视。此外，吴其濬在农学、医药学、矿学、水利学等方面均做出过突出的贡献，著有《滇南矿厂图略》等。

保存完好的吴其濬故居位于固始县城关县供销社院内，该处也是吴其濬的出生地，2000年9月被河南省人民政府公布为省

吴其濬《植物名实图考》插图——豆蔻

吴其濬《植物名实图考》插图——马兰

级文物保护单位。吴其濬的“东墅”在固始县城东2.5千米，即今李家花园所在地。在固始县城南八里松社区大皮村有吴其濬墓，尚存遗址、断碑及墓冢。

• 北伐名将刘基炎 •

刘基炎（1880—1961），字庄甫，1880年9月22日出生于河南省光山县新集（今新县），国民党少将，爱国民主人士。

刘基炎1905年留学日本，日本陆地测量部修技所毕业，1906年加入同盟会，1911年11月在上海参加起义，任上海沪军都督府参谋部副部长，后任第二十一镇统制；1920年在冯玉祥部任第十六混成旅参议；1922年任豫南武装督察司令；1923年任陆军检阅使署参议；1925年再任豫南武装督察司令；1931年任第二十二路军参议；1932年任第二十路军参议。

抗战期间，刘基炎任河南省光山县县长和正阳县县长；1938年8月任河南省第9区行政督察专员兼保安司令，11月改任河南省第7区行政督察专员兼保安司令，并兼任第一战区游击第二十一纵队司令和第七路自卫军司令；1940年任第一战区救济站主任。抗战胜利后，刘基炎任联合国善后救济总署河南分署视察主任，并任河南省参议员。1948年任第五绥靖区司令部顾问。

1949年刘基炎任河南省潢川行政督察专员兼保安司令，同年在河南信阳起义。中华人民共和国成立后，刘基炎曾任民革河南省委组织部部长、河南省文物保管委员会委员、河南省政协委员、河南省文史馆馆员，1961年2月5日在上海病逝。

• 爱国将领张轸 •

张轸（1894—1981），字翼三，1894年4月出生，河南省罗山县竹竿镇河口村人，著名的国民党爱国将领，历任国民党团长、师长、河南省政府主席，逝世前任河南省政协副主席。

张轸幼年读乡塾，清宣统元年（1909）夏进开封陆军小学学习，1913年考入南京陆军第四中学，在校参加黄兴领导的讨伐袁世凯的运动，后被军阀政府通缉，流亡秦洛地区。1915年，张轸进北京清河陆军第一预备学校学习，1918年考入保定军官学校，次年被选送日本陆军士官学校培训班，1922年夏回国，先后在刘镇华的镇嵩军、胡景翼的国民军中任职。北伐时期，张轸任黄埔军校第四期战术总教官，后任国民革命军第六军第十九师第五十六团团长，1926年7月随第六军进入江西攻打军阀孙传芳，11月参加南昌战役；次年3月第六军攻南京，张轸指挥第五十五团、五十六团夺取雨花台，首先攻入南京。

卢沟桥事变后，张轸在豫北举办游击训练班，邀请八路军第一战区长官部的代表朱瑞、唐天际、刘子超等担任教官。张轸以训练民兵的形式组建五个独立营，后扩编为第一一〇师。1938年3月20日，张轸接到命令，率第一一〇师开赴鲁南，配合友军在台儿庄的作战。进攻台儿庄的日军突围时，第一一〇师处于其正面，张轸身先士卒，挥师向日军进行猛攻。在白山阵地上，他率部与日军激战一日一夜。台儿庄会战中，张轸率第一一〇师战斗40多天，官兵英勇作战，被第五战区司令部评为“运动战第一”，张轸晋升为国民革命军第十三军军长。1939年4月张轸晋升为国民党陆军中将，5月率部参加随枣战役，获宝鼎勋章，1941年底任第十一集团军副总司令兼第六十六军军长，次年4月赴缅甸抗击日军。

解放战争时期，张轸先后任国民党军队第十四集团副总司令、豫南挺进军总指挥兼豫东南行署主任、第十战区副司令长官、河南省政府主席等职，1947年8月率十二个整编师及两个独立旅于汝河、淮河一线阻击晋冀鲁豫野战军挺进大别山。

1949年5月15日，张轸率部25 000余人在武汉金口起义，配合解放军渡江作战。张轸起义打乱了白崇禧武汉撤退时大破坏的行动步骤，壮大了解放军解放武汉的声势。

张轸1955年获一级解放勋章。中华人民共和国成立后历任中国人民解放军第五十一军军长，湖北军区副司令员，中南军政委员会委员，国家体委委员兼全国民族形式体育运动委员会主任，第一、二、五届全国政协委员，第一届全国人大代表，河南省副省长，河南省政协副主席，民革中央委员等职。病逝前，张轸题写“中华文明五千秋，炎黄子孙遍全球。台湾儿女思祖国，国共风雨宜同舟”的诗句寄赠蒋经国。1981年7月26日，张轸病逝于郑州，享年87岁。

1943—1949年，张轸的活动中心就在信阳，在家乡创办罗山两淮中学、鸡公山鄂豫中学，为家乡的教育事业做出了贡献。

• 古生物学家许杰 •

许杰（1901—1989），字新吾（一说兴吾），祖籍河南省罗山县，1901年1月29日出生在安徽广德县誓节镇的一个农民家庭，地层古生物学家、地质学家，1955年被选聘为中国科学院学部委员（院士）。

由于家庭贫困，许杰祖父携一家老小来到皖南开荒定居。他被送到县立小学学习，后考上了浙江省立第三中学。他18岁时以优异成绩中学毕业，正逢“五四”运动在北京爆发，许杰毅然北上，报考“五四”运动的发源地——北京大学。在入学注册时，听说学地质能办实业，他就毫不犹豫地决定攻读地质学。功夫不负有心人，通过2年预科和4年本科的大学生活，在李四光等名师教导下，许杰获得了比较扎实的地质学知识，在校期间，他就在北京大学地质研究会会刊上发表了题为《地形形成之时期》的处女作，并加入了中国地质学会。

1925年，许杰从北京大学地质系毕业。当时，上海发生了著名的“五卅”惨案，全国各地工人、学生运动不断兴起，预示着一场大革命的风暴即将来临。他婉辞了政府部门的聘请，回到故乡以教学为掩护，从事革命活动，并于1926年加入中国共产党。1929年，经中央研究院地质研究所所长李四光介绍，许杰进入了地质研究所，开始了他的地质矿产调查和地质研究活动。

许杰初到中央研究院地质研究所时，担任助理研究员。由于在地质学、区域矿产学、古生物学、地层学等研究领域的突出成就，于1937年晋升为副研究员。1943年他被借调到云南大学矿冶系任教授。1946年他升任中央研究院地质研究所专任研究员。国民党败退台湾之际，许杰团结多名学者和工作人员，使地质研究所完整地留在了祖国大陆。

1949年许杰任安徽大学校务委员会主任，后任校长，1952年任安徽省人民政府副主席。1954年许杰被调到北京，任地质部副部长，长期分管地质科技等方面的领导工作。在他的倡议和主持下，地质科学研究院于1959年成立，许杰兼任院长，为中国地质科学技术发展做出了贡献。在他的倡导下，还先后组建了全国地质图书馆和全国地质博物馆。1979年，地质部恢复，许杰任顾问，1980年任该部科学技术委员会主任。他在耄耋高龄、体弱多病的情况下，仍积极从事科学研究及各种学术活动、社会活动。1989年7月11日，许杰病逝于北京。

为了开展国际地质科技合作交流，推动中国地质科学技术进步，许杰多次率团出国考察、访问和参加国际会议，接待外国地质科学家的来访。1957年冬他作为中国赴苏科学代表团地质组组长访苏两个月，参与制定中苏两国科技合作协定。1966年2月他率中国政府代表团赴非洲参加桑给巴尔（今属坦桑尼亚）独立节庆祝活动，并检查中国地质援外组的工作。1976年，国际地质科学联合会恢复中国在该组织的合法席位，许杰率中国地质代表团出席了在澳大利亚悉尼召开的第25届国际地质大会和国际地质科学联合会第5届理事会。会上他做了《中国地质工作的发展》报告，系统介绍了中国地质事业的发展和成就，扩大了中国地质工作在国际地质界的影响。

许杰毕生研究古生代重要化石门类——笔石及其地层，是我国研究笔石的先驱之一。自1930年起，他先后研究了安徽、浙江、新疆和三峡地区、柴达木盆地的笔石，1934年发表的英文专著《长江下游之笔石化石》享誉当时的国际古生物学界，确立了中国南方含笔石地层划分对比的基础，总结了中国笔石科的演化和分类及中国奥陶纪笔石动物群。许杰指导编辑大型工具书《地质辞典》，协助李四光撰写《天文地质古生物》一书，组织领导了李四光遗著的整理工作。

许杰在地学研究方面的科研成果在国际上获得很大声誉。1958年由于古生物学研究方面的重大成就，他被苏联古生物学会授予名誉会员的称号。1985年9月，联邦德国地质学会为表彰他在地质学和古生物学方面做出的成绩，把当年该学会最高科学奖——莱欧波尔德·冯·布赫奖授给了他。他是该奖自1946年建立以来37名获奖者中的第一位中国地质学家。

许杰在从事地质事业的60多年中，为国家和人民做出了重大贡献。党和人民也给了他崇高的荣誉。1949年7月，中华人民共和国成立前夕，他前往北京，出席了全国科学会议的筹备会议。1954年9月起，他连续当选为第一至六届全国人民代表大会代表；从1978年3月起，被选为第五、六届全国人民代表大会常务委员会委员，1956年起任中国民主同盟第二至五届中央常务委员。1955年他被选为中国科学院地学部委员。1958年起，他当选为第一届中国科协全国委员会委员和第二届全国委员会常务委员会委员，1986年6月被授予荣誉委员称号。1957年起，许杰担任过中国地质学会常务理事、副理事长、代理事长，1984年1月被授予第33届理事会名誉理事称号。

• 新四军第一抗日名将高敬亭 •

高敬亭（1901—1939），原名高志员，河南省新县城郊董店人，鄂豫皖区（省）苏维埃政府第一任主席，中国工农红军和新四军杰出指挥员，军事家。从1927年参加革命至1938年2月，他长期坚持大别山革命斗争，为大别山红旗不倒做出了重要贡献。

高敬亭于1927年参加革命，1929年3月加入中国共产党，1931年5月任中共中央鄂豫皖分局委员、省委组织部长，兼任光山县委书记。1931年7月，高敬亭当选为鄂豫皖省苏维埃政府首任主席，兼任光山县委书记，先后创建光山独立团、光山赤卫师和光山游击师。1932年秋，鄂豫皖苏区第四次反“围剿”斗争失利，红四方面军主力西征后，高敬亭任豫东南道委书记。同年11月，省委在黄安檀树岗重建红二十五军，高敬亭任红二十五军七十五师政治委员，参加并领导了保卫鄂豫皖革命根据地的斗争。1934年4月，红八十二师在皖西重建，高敬亭任师长。同年11月，红二十五军长征，高敬亭兼任皖西北道委书记，率部分红军留在根据地坚持斗争。1935年1月，高敬亭在太湖县凉亭坳金家大屋主持召开了干部会议，再次重建红二十八军，

高敬亭塑像

任军政治委员，同时发展地方武装，成立了四路游击师，进一步加强了便衣队建设。他领导红二十八军和苏区人民在鄂豫皖边区坚持了艰苦卓绝的三年游击战争，成为根据地人民心目中一面坚持战斗的红旗。

抗日战争爆发后，高敬亭坚决响应党中央合作抗日号召，亲自出面与国民党鄂豫皖地方当局进行谈判，达成了停止内战、合作抗日的协议。1938年2月，红二十八军和豫南红军游击队奉党中央命令，改编为新四军第四支队，高敬亭任司令员，少将军衔。新四军第四支队，辖第七、第八、第九团和手枪团，共3 100人，是新四军4个支队中人枪最多、实力最强的一个支队。新四军第四支队组建后，即东进到皖西大别山区。高敬亭领导第四支队在皖中、皖东地区打击日本侵略军，开辟江北敌后抗日根据地，为开辟华东抗日战场打下了基础。由于受错误路线影响，1939年6月24日，高敬亭被枪杀于安徽省肥东县青龙场。他成为革命战争年代鄂豫皖苏区被错杀的最高将领，也是新四军第一冤案。

1975年11月，毛泽东亲自批示重审高敬亭案。1977年4月，中国人民解放军总政治部为他平反，追认他为革命烈士。1980年4月19日，高敬亭将军骨灰安放仪式在合肥举行。

高敬亭故居位于新县城南5千米的新集镇董店村，设有高敬亭将军生平事迹展览，2004年被公布为信阳市文物保护单位。

• 党和国家的卓越领导人邓颖超 •

邓颖超（1904—1992），女，1904年2月4日出生于南宁，祖籍河南省光山县城关，伟大的无产阶级革命家、政治家，著名社会活动家，坚定的马克思主义者，党和国家的卓越领导人，中国妇女运动的先驱。

1919年，邓颖超在天津参加并领导“五四”运动，与周恩来、马骏、郭隆真等组织进步团体——觉悟社，1924年加入中国社会主义青年团，1925年初转为共产党员，任中共天津地委妇女部长。正是在天津从事革命工作中的交往，她与周恩来结下深厚的友谊，并萌发了革命爱情。1925年8月邓颖超调广东，任中共广东区委委员、妇女部长，同年与周恩来结婚，结成了一对同心同德、患难与共、并肩战斗的革命伴侣。1934年邓颖超带病参加长征，1945年当选为中共第七届中央候补委员。解放战争时期，邓颖超曾作为中共代表团成员出席政治协商会议，并在重庆、南京、上海为争取和平、民主斗争。中华人民共和国成立后，邓颖超历任第一届全国政协常委会委员，第一、二、三届全国人大常委会委员，第四、五届全国人大常委会副委员长。

邓颖超一生主要精力集中在妇女运动、统一战线方面。她先后任八路军武汉办事处妇委组织委员，中共中央长江局妇委委员，中共中央妇委副书记兼解放区妇联筹备委员会副主任，中央妇委代理书记，并被选为国际民主妇联理事，第一、二、三届全国妇联副主席，中国人民保卫儿童全国委员会副主席，第四届全国妇联名誉主席，亲自参与《动员妇女参加抗战建国工作大纲》及中华人民共和国成立后首部婚姻法的起草工作。她曾以对台领导小组成员身份到厦门修改对台广播开始进行曲的细节，给张学良发出祝寿信，派吕正操携信以旧部身份前往美国探望张学良，以民族和国家统一为重，给抗战时合作共事过的远在美国的宋美龄发信，这些都体现了邓颖超的伟大政治家情怀。

1978年12月，74岁的邓颖超参加了具有历史意义的党的十一届三中全会，在这次会议上，邓颖超被增选为中央政治局委员并当选中央纪律检查委员会第二书记。邓颖超当选为第六届全国政协主席后，第一件事就是为政协委员落实政策，当时提出申诉的有530人（件），她认真督办，在一届任期内就落实了522人（件）。

从天津时期开始，不论是战争环境还是和平年代，因工作需要，周恩来与邓颖超经常分离，但他们无论何时都心心相印。1954年，为和平解决朝鲜问题和恢复印度支那和平问题，周恩来率领中国代表团出席了在瑞士举行的日内瓦会议。这时国内家中的庭院里，娇艳的海棠花正值盛开。海棠是周恩来最喜欢的花。邓颖超赶紧摘下压了一枝，连同原来压好的一片红叶一同装在信封里寄去。信里还写道："红叶一片，寄上想念。"周恩来托人带回了压制好的日内瓦出名的芍药花与玫瑰花，作为答谢邓颖超的礼物。这两地的花和叶后来装在一个镜框里，成为一件特殊的纪念品。

最感人的是她与周恩来带头落实火葬。早在20世纪50年代初，周恩来就倡导殡葬改革，改土葬为火葬。后来，他便与邓颖超相约死后连骨灰也不保留。周恩来诀别人世后，邓颖超陈述了周恩来的遗愿："把骨灰撒在祖国的江河大地上。"1992年7月11日，邓颖超因病于北京逝世，享年88岁。她生前所在的党支部遵照她的遗嘱，用曾装过周恩来骨灰的骨灰盒，将她的骨灰撒向曾撒过周恩来骨灰的江河大海中。

邓颖超一直深爱着家乡。在历届党代会上，她均以河南省代表的身份出席会议，表现了对家乡的热爱与支持。2001年，光山县政府将位于城关贡院街的邓颖超祖居修葺一新，2004年2月4日正式对外开放。

• 开国上将许世友 •

许世友（1905—1985），河南省新县田铺乡许家洼人，上将军衔。他出身贫苦农家，曾在少林寺当和尚，在土地革命时期、解放战争时期立下了赫赫战功，为中国人民的解放事业做出了不朽贡献。

1926年，许世友在武汉国民革命军第一师任连长，同年加入中国共产主义青年团，1927年转入中国共产党，参加了著名的黄麻起义。土地革命战争时期，任中国工农红军第四军三十一师班长、排长、营长，红四方面军第十二师三十四团团长，红九军副军长兼二十五师师长，红四军军长，红四方面军骑兵司令员。他指挥骑兵部队担任前卫，沿途进行了频繁的战斗，为红四方面军渡过艰险、北上甘南创造了有利条件。抗日战争时期，许世友任中国人民抗日军政大学校务部副部长、八路军一二九师三八六旅副旅长、山东纵队第三旅旅长、山东纵队参谋长、胶东军区司令

许世友

员。他领导胶东军民开展游击战争，粉碎日、伪军的“扫荡”和蚕食，为胶东抗日根据地的发展和巩固做出了重大贡献。解放战争时期，许世友任华东野战军第九纵队司令员，东线兵团司令员，山东军区副司令员、司令员，他在陈毅指挥下，接连取得胶东保卫战和张（店）周（村）、昌（乐）维（县）、兖州诸战役的胜利，粉碎了国民党对山东的重点进攻。1948年9月，他和谭震林、王建安指挥部队经八昼夜激战攻克济南，解放了山东省，使华东、华北两大解放区连成一片。中华人民共和国成立后，许世友历任山东军区司令员、中国人民志愿军第三兵团司令员、华东军区第二副司令员、中国人民解放军副总参谋长、南京军区司令员、国防部副部长兼南京军区司令员、广州军区司令员、中共中央军委常务委员。

许世友1955年被授予上将军衔，为中共第八届中央候补委员，第九、十、十一届中央委员和政治局委员，担任过国防委员会委员和第一、四、五届全国人大代表，在中国共产党中央顾问委员会第一次全体会议上被选为中央顾问委员会常务委员、副主任。

毛泽东对许世友评价很高：“许世友是员战将，陈毅打仗，南靠粟裕，北靠许世友。”“许世友打红了胶东半边天，了不起，了不起！”红军突破嘉陵江后的一次战斗中，身为军长的许世友亲自参加敢死队，手提一把鬼头大刀冲向敌阵，左砍右杀，砍下36名敌军头颅。为此，中央军委原副主席刘华清高度评价：“军长参加敢死队，史无前例。”据统计，他曾7次参加敢死队，5次担任大刀敢死队队长，在攻城拔寨的“肉搏战”中屡立奇功，人送绰号“大刀敢死队队长”。至今在中国人民革命军事博物馆中，还陈展着许世友使用过的14把大刀。

许世友是一个有名的孝子。其故居门前有条路，被当地人称为“孝母路”，许世友三跪慈母的故事在这里成为人们教育儿女的美谈。1985年10月22日，许世友因病逝世于南京，经上级组织批准，安葬在家乡母亲身边。

• 创建鄂豫皖苏区的功臣吴焕先 •

吴焕先（1907—1935），河南省新县箭厂河乡人，中国无产阶级政治家、军事家，鄂豫皖革命根据地和红四方面军的创始人之一。新中国成立60周年时，吴焕先被中宣部、中组部等11个部门评为“双百人物”（100位为新中国成立做出突出贡献的英雄模范人物、100位新中国成立以来感动中国人物）之一。

吴焕先于1923年考入麻城乙种蚕业学校，开始接受革命思想，1924年加入社会主义青年团，1925年加入中国共产党。回到家乡后，他组织农民协会，建立农民武装，为此他一家六口惨遭国民党地方民团杀害。1927年11月吴焕先率紫云区农民武装参加黄麻起义后，带领部分武装在黄麻地区和光山南部坚持武装斗争，为开辟以柴山保为中心的鄂豫边苏区创造了条件，后任鄂豫边革命委员会土地委员会主席、中共鄂豫皖特委委员、黄安县委书记、鄂豫皖红军第四军十二师政治部主任、第二十五军七十三师政治委员，参加了鄂豫皖苏区历次反“围剿”斗争。1932年10月红四方面军主力离开苏区后，吴焕先任鄂东北游击总司令部总司令，参与领导重建红二十五军，任军长、政治委员，在国民党军重兵划区“清剿”、苏区大部丧失的严峻形势下，指挥部队连续取得郭家河、潘家河、杨泗寨等战斗的胜利。1934年4月，红二十五军、红二十八军合编为红二十五军后，吴焕先任政治委员，11月奉中共中央指示，率部进行长征，队伍行至南阳方城县独树镇时遭遇敌人的包围，危急时刻吴焕先骑马冲了上去，举起大刀高呼：“同志们！现在是生死存亡的关头，决不能后退！共产党员、共青团员都跟我来！——冲啊！”同志们热血沸腾，奋不顾身地冲上去与敌人肉搏，经过一番恶战，终于打退了敌人的进攻，保证了突围的胜利。

吴焕先破家革命

摆脱敌人的围追堵截后，吴焕先率领红二十五军进入陕西南部秦岭山区，广泛发动群众，建立民主政权，组织地方武装和发展红军主力，开展游击战争，领导开辟了鄂豫陕苏区，先后任中共鄂豫陕省委副书记、代理书记，1935年7月率部西进甘肃，策应中共中央和红一、红四方面军北上。1935年8月21日，在甘肃泾川四坡村战斗中，吴焕先被子弹打中胸部。他按住胸口，忍着巨大的疼痛，继续指挥部队冲锋，抢占制高点，把敌侧后截成两段，在战斗取得最后胜利的时刻英勇牺牲，年仅28岁。随后，红二十五军在军长徐海东、政治委员程子华率领下于9月与陕北红军会师。

吴焕先在领导鄂豫皖革命根据地的斗争和长征入陕的过程中立下了不可磨灭的功绩，被公认为红二十五军领袖和“军魂”。

央视网

吴焕先：赤胆忠心，英勇善战

• 一代虎将李德生 •

李德生（1916—2011），河南省新县陈店乡胡子石村人，上将军衔，中共中央委员会原副主席。由于在抗美援朝战争中的突出表现，深受毛泽东青睐，被称为“一代虎将”。

李德生于1930年参加中国工农红军，1931加入中国共产主义青年团，1932年转为中国共产党。土地革命战争时期，先后在鄂豫皖、川陕革命根据地红一军、红四军任战士、通信员、传令兵、班长、连政治指导员、交通队党支部书记，参加了黄安、商（城）潢（川）、苏家埠、潢（川）光（山）、嘉陵江等战役战斗，以及红四方面军西征。1933年8月，被推举为代表出席了川陕省第二届工农兵代表大会。1935年6月，因遭到诬陷，被撤销党支部书记和班长职务、开除党籍。1936年12月，红四方面军到达陕北后，重新入党。1946年，晋冀鲁豫军区第三纵队党委决定，撤销张国焘错误路线时期对他的处分，恢复党籍，党龄从1932年算起。

李德生

抗日战争时期，李德生历任八路军一二九师三八五旅七六九团排长、连长、副营长、营长，太行军区第二军分区三十团团长，先后参加了夜袭阳明堡机场、响堂铺、百团大战等著名战役战斗和粉碎日军大规模“扫荡”的数百次战役战斗，还参加了创建和巩固太行、冀南、冀西抗日根据地的斗争。

解放战争时期，李德生任晋冀鲁豫军区第三纵队七旅十九团团长、第六纵队十七旅旅长、第二野战军十二军三十五师师长。

中华人民共和国成立后，李德生任中国人民志愿军第十二军三十五师师长、副军长，中国人民解放军第十二军军长，南京军区副司令员，中国人民解放军总政治部主任，北京军区司令员，沈阳军区司令员，中国人民解放军国防大学政治委员。1955年被授予少将军衔。1988年9月被授予上将军衔。是中国共产党第九届中央政治局候补委员，第十届中央委员会副主席，第十一和第十二届中央政治局委员，中共中央顾问委员会常务委员。荣获三级八一勋章、二级独立自由勋章、一级解放勋章和一级红星功勋荣誉章。

在上甘岭战役中，李德生临危受命，组织上甘岭前线指挥部，统一指挥十二军和十五军的参战部队，在特殊的地形和艰苦的条件下，改变火力配备、后勤保障、通信联络，突击挖坑道和抢修战壕，在对阵地的激烈争夺中重创敌军，使其无力再发动大的攻势。上甘岭战役是朝鲜战场上战斗最艰苦、作战时间最长的一次战役，志愿军以劣势装备打败了以美国为首武装到牙齿的侵略者，打出了中国人的军威、国威。

2011年5月8日，李德生因病在北京逝世，享年96岁。

寻根问祖

——溯源信阳根亲文化

地处淮河中上游的信阳是华夏文明的发祥地之一，产生了中国一百大姓中的十余个姓氏及十多个稀有姓氏。在漫长的历史中，信阳是中原汉民南迁的肇始地和集散地，在中原移民史上占据着重要地位，产生了深远影响。光州固始与闽台的渊源、客家民系的形成、上海的早期开发，无不打上信阳的烙印，使信阳形成了独具特色的根亲文化。丰富的根亲资源是联系信阳与海内外华人的血缘和文化缘的重要纽带。近年来，闽台同胞、海外侨胞不远万里，来到信阳寻根谒祖、投资创业、捐资助学。寻根、谒祖、恳亲不仅是炎黄子孙一种寄托和团结的方式，更是弘扬中华文化、振奋民族精神、创造美好未来的不竭动力。

源于信阳的姓氏

信阳地区拥有人类栖息和繁衍的良好环境。早在七八千年前，这里就是多部族的聚居地，炎帝族、黄帝族、东夷族、苗族和蛮族的部落就在这块版图上繁衍生息，出现了相当规模的原始农业生产，融合了各种生存状态和生活方式。从夏朝初期到春秋末年，这里先后建立过黄国、蒋国、赖国、罗国、息国、番国、蓼国、弦国、曾国、申国等十多个方国，既有夏、商、周的封国，也有各朝贵族的食邑，演绎了许多方国盛衰兴亡的故事。受封最早、立国时间最长的当属天下黄姓的起源地黄国。黄国从夏初受封立国到前648年被楚灭亡，有着长达1 400年的悠久历史。春秋时期，这些方国、食邑在强大楚国的不断扩张征服下，先后被灭，成为楚国属地，最终演变成为中华姓氏一百大姓中的十多个姓氏。其中，信阳是黄、赖、蒋、罗四姓的唯一起源地；潘、廖、孙、白、曾、傅、沈分别有一支或主支起源于信阳，另外，还有申、息、扶、奚、安、英、甄、娄、寝、期、弦、道等姓氏，或起源于信阳，或与信阳有关。

黄国之黄

黄姓起源于黄国。自有黄国起，黄国人“以国为氏”，也就有了黄姓。

黄姓这个具有辉煌历史的大家族，发祥早，根源深，书写了历经夏、商、周长达1 400余年的黄国历史。据传说，夏代，一个以黄鸟为图腾的东夷部落黄夷几经迁徙，最后由中原迁徙到江淮地区（今潢川一带）定居下来。后因其首领伯益（即伯翳，另一说法为陆终）辅助夏禹治水有功，其后裔受封于黄，从此有了黄国。

黄姓起源于黄国有明确的历史记载。东汉蔡邕在《汉交趾都尉胡府君夫人黄氏神诰》中说：“夫人江陵黄氏之季女，字曰列嬴。其先出自伯翳，别封于黄，以国氏焉。”宋代郑樵的《通志·氏族略》载：“黄氏，嬴姓，陆终之后，受封于黄，今光州定城西十二里有黄国故城在，楚与国也，僖公十二年为楚所灭，子孙以国为氏。”黄氏宗族自唐宋以来，陆续产生丰富的家谱族牒。唐代尚书黄禹锡在咸亨元年（670）奏请唐高宗准修族谱中说：“臣姓颛顼之孙，陆终之后，受封于黄，因以国为姓焉。”北宋《江夏黄氏族谱序》中也明确记述：“且稽黄氏之先，始出颛顼曾孙陆终之后，受封于黄，其后以国为氏。”由此以后，黄氏宗族代代修谱相袭，都做了类似的记载。

有关黄国在潢川的记载，最早见于殷墟甲骨卜辞，记述商帝王巡视黄国：“壬寅卜，在潜，贞，王贞：王其至于潢、霍，亡灾。”这里的“潢”“霍”都是地名兼方国名，“潢”就是黄国。黄国因境内有条潢河，有的文献也将黄称为“潢”。在其甲骨卜辞中常出现“出于黄尹，告于黄尹”“黄示”等，可见商王非常重视黄国。到了两周时期，历史文献对黄国的记载已较具体。前648年，楚国灭掉黄国。黄国人将黄姓带往各地。

黄国贵族、春申君黄歇在楚为相25年，位极显赫，带来黄氏家族中兴。他虽晚年遭李园之害，但其子孙繁多，早已在外地发展。有一些裔脉团结起分流各地的黄氏族人，顽强抗争，不仅很快走出低谷，且先后在淮阳、江夏、金华、邵武等地形成了望族。他们同根共祖、情系一脉，即天下黄姓根归黄国，源出潢川。

兴旺发达的黄氏宗族英才辈出，历代涌现出不少有建树的名人，如西汉名相黄霸、东汉孝道楷模黄香、蜀国名将黄忠、吴国名将黄盖、北宋文豪黄庭坚、南宋思想家黄震、元代纺织家黄道婆、明代硕儒黄绾、清代史学家黄宗羲、民国开国元勋黄兴等。

黄歇塑像

黄国故城位于潢川县城西6千米处，是国家重点文物保护单位。经典史籍对这座古城多有记载，《括地志辑校》中记载：“黄国故城在光州定城县西十二里，春秋时黄国都也。”“光州”“定城”都是潢川的古称。在黄国故城遗址里，有

黄

考古发现的三处冶炼作坊遗址。先民们就是在这文化摇篮里，创造出了令人叹为观止的精美青铜器，留下了灿烂的黄国青铜文化。近些年来，先后在原黄国境内发掘出土了一大批黄国青铜器、玉器，件件精美绝伦，无不闪烁着黄氏先祖的智慧。在已发现的黄国青铜器中，有铭文的就达38件之多。“黄孙须偰子白亚臣”“黄君孟自作行器”“黄季作季赢宝鼎”“黄孙子偰君叔单”“惟黄朱柢用吉金作鬲”等极具考证价值的铭文清晰地显示着黄姓根在黄国、黄国在潢川。

2006年9月中旬，海内外江夏黄氏赴固始恳亲团一行100余人在著名企业家、慈善家黄如论带领下，回到固始寻根谒祖。2007年10月，中国侨联常委、中国侨商会常务副会长、福建省江夏黄氏源流研究会会长黄如论组织的全国十六省（市）、港澳台地区及海外黄氏宗亲寻根参访团300余人来到潢川，参加黄国故城晋升全国重点文物保护单位一周年揭牌仪式暨大型祭祖活动。2009年4月18日，广东潮汕黄氏宗亲总会常务副会长、秘书长黄岳群率领祖地寻根谒祖团一行92人抵达潢川，进行为期一天半的寻根旅游和恳亲联谊活动，现场捐资50万元支持祖地发展和黄国故城的保护与开发建设。2009年10月24日，全球客家崇正会联合会总执行长黄石华率领全球客家崇正会联合会总监察长黄莉民及马来西亚黄氏寻根参访团一行十余人跨越千山万水来到中华黄姓发源地——河南潢川寻根谒祖。

赖国之赖

赖姓源于赖子国，形成于春秋时期，系以国为氏。赖姓与周同姓，出自姬姓。赖姓的得姓始祖为武王之弟叔颖，对此虽然正史无记载，但赖氏各地族谱均称其始祖为周文王的第十九子、武王的弟弟叔颖。

据说叔颖从小就喜好武事，仗义疏财，文学亦佳。武王兴兵时，叔颖曾经奉命东征西讨，立下了大功，而难能可贵的是他功成身退，于周武王平定天下后退居河南赖地（今息县包信镇），武王感念他的开国功勋，把他所居的赖地封为赖国，赐予子爵。赖国立国500多年，传位14代。公元前538年赖国被楚国灭掉。据《左传》记载，鲁昭公四年秋，楚灵王领诸侯灭赖国。赖子两手反绑，嘴衔玉璧，士兵袒胸赤臂，抬着棺材跟从，到楚军中见灵王。楚灵王听从椒举之言，亲手为赖子解绑，

叔颖墓

接受玉璧，烧掉棺材，迁赖国至鄢地（今河南鄢陵境内）。亡国之后的赖国子孙以国为氏，就是赖氏。

赖迁鄢后，赖氏族人早期主要在河南鄢陵境内发展，后在颍川郡、河南郡形成望族。赖姓是较早南迁的姓氏之一，早在东汉以前赖姓族人就已播迁到了今湖南零陵、越南河内等南方地区。据《元和姓纂》记载，汉有交趾（今越南河内）太守赖先、蜀零陵太守赖文；后来赖姓在南康郡（今江西赣州）形成望族，并广泛分布于今江西、福建、湖南、浙江、江苏、广东等省。赖姓开基台湾始于清朝康熙年间（1662—1722），此后不断有福建、广东等地赖氏族人渡海迁往台湾，使得赖姓成为台湾地区人口排第15位的姓氏。

赖姓在其发展过程中人才辈出，著名的有宋初画家赖祚，元代孝子赖禄孙，明代监察御史赖巽、赖瑛，清朝文学家赖春，清朝广东水师提督赖恩爵，太平天国将领赖汉英，台湾地区新文学运动先驱赖和，解放军上将赖传珠等。

留在故国的赖国臣民为逃避杀戮，纷纷改姓傅或罗。赖国故城和叔颖陵墓附近，姓傅的村庄星罗棋布，周边乡镇，罗、傅两姓更多。自古以来，这三姓从不通婚。为了怀念先祖，他们年年祭祀。无论是大陆、台湾地区还是海外华侨社区，“赖罗傅”“赖罗”“赖傅”的宗亲组织到处都有，且活动频繁。赖、罗、傅皆为黄帝子孙，且都发源于中原。海内外都有赖、罗、傅三姓同宗的传说，绝非历史巧合。

如今，包信镇赖国古老的建筑已不复存在，但地面上文化遗址尚在，地下也出土很多文物。在闾河大桥南1千米处傅庄村境内仍遗存有赖国故城遗址。遗址略呈正方形，长112米，宽113米，有东西南三城门，城墙外有40米宽的护城河环绕，现西南角护城河被人工填平，其余都维持原

赖

貌。

叔颖生性善良、勤俭治国的高尚品质一直为当地百姓所传颂。叔颖死后，葬于故里。今包信镇西傅庄前200米处便是叔颖的陵墓。现墓高2.5米，南北长66米，东西宽30米。在叔颖陵墓以南有8座古冢，当地百姓说是“八王陵”，是历代赖王和开国贤相的陵墓。在故城东北800米处的闾河南岸边有蛤蜊山遗址。据民间传说，叔颖为妻子拜月而挖拜月池，拜月时将蛤蜊撒入池内。拜月日久，蛤蜊壳堆成小丘，蛤蜊山由此而得名。在故城遗址西方800米处，是赖国九烈女墓。赖国被灭时，不甘受辱的九位赖国女子抱在一起投湖而死。后来，未被楚国掳走的赖国臣民被九烈女的刚烈之举感动，于是将九位女子的遗体捞出，并将其合葬一处。后人将其称为“赖国九烈女墓”。

1995年12月26日，河南省侨办、省侨联和息县赖氏研究会联合在息县召开赖氏起源学术研究会。来自西安、郑州、开封、信阳等地的有关领导和姓氏专家学者30余人出席会议。经过专家学者的学术研讨及对息县包信镇赖国故城遗址的现场考察，证实了赖氏起源于息县包信镇，并建议将赖国故城遗址列为省级文物保护单位。

蒋国之蒋

蒋姓出自姬姓，源于淮滨县期思镇，是以国为氏。蒋姓的起源十分单一和纯正，俗称“天下无二蒋”。蒋姓人的血统可以一直追溯到华夏人文始祖黄帝。周武王灭商后不久病死，子成王诵继位。成王年幼，武王弟周公旦辅政。在周初实行的周朝贵族大分封中，属于周公旦诸子的有6国，其中第三子伯龄被封于蒋，建立蒋国，成为蒋姓的得姓始祖。今天绝大多数蒋姓人都是伯龄的后裔。

周王朝统治者分封姬姓蒋国于淮水上游是为了加强对东夷各部族的控制，但由于地理环境的关系，蒋国并没有发展起来，反而在前617年为强大的楚国所灭。传说在伯龄于蒋地建立蒋国时，曾有鹤发长者对他说：“侯可为国，不可为蒋也。”（您可以在这个地方立国，但不可以“蒋”为氏。）问：“何故？”对曰：“蒋为茅地，楚为行林，可除之。”（楚国是“树”地，蒋国是“草”地，“树”地会吃掉“草”地。）王笑曰：“无忧，可为氏尔。”长者摇头离去。后来，蒋国被楚灭，蒋国子民为了表达对故国的思念之情，遂以蒋为姓。

蒋国故都位于今淮滨东南13千米的期思镇境内。据考证，故城遗址呈长方形，东西长1 700米，南北长500米，城墙高9～12米（现存遗址高2～3米），墙基宽32米。从纵横交错的街道遗址和出土文物分析，蒋都人口有5 000～7 000人，全国人口不足6万。期思系春秋后期楚灭蒋国后设置的县，因楚国右司马期思公复遂率兵灭了蒋国并屯兵于蒋都而得名。唐初期思县废，一直隶属于固始，中华人民共和国成立后从固始析出划归淮滨，所以也有观点说蒋国在今固始。

先秦时期，蒋姓主要在河南境内发展繁衍。其中今固始蒋集镇一带曾是蒋国被灭后蒋姓人最初的集散地。各种姓氏书籍都把乐安作为蒋姓的唯一郡望，这个乐安当是蒋姓的起源地乐安县（今淮滨、固始一带），为南宋时期思县改名的乐安县，并非山东广饶北的乐安郡。

西汉时，已有蒋姓人在安徽、山西、山东等地为官。蒋诩，汉哀帝时为兖州刺史，以廉洁正直闻名。东汉初年，蒋诩的重孙蒋横任大将军，跟随光武帝刘秀讨伐赤眉有功，封逡道侯，后因谮被诛，其9个儿子避难四方。等光武帝醒悟后，9子都随地封侯，分别为公华侯颖、令稽侯郑、临江侯川、临湖侯曜、临苏侯澌、浦亭侯巡、九江侯稔、云阳侯默、函亭侯澄。蒋横后裔由此分布到浙江、安徽、陕西、江苏、四川等地。唐、宋、明、清各代名垂青史的蒋姓大族多与这次迁徙有关。唐初，固始陈政、陈元光父子入闽，蒋姓将佐随队前往，在福建安家落户。五代辽宋夏金时期，由于乱世及宋室南迁，许多在朝为官的蒋姓人迁于江浙，使浙江成为蒋姓人口比较密集的地区，直到元明清时期，蒋姓人在江浙一带持续辉煌。经过两千多年的发展变迁，蒋姓遍居全国各地，尤以南方为多。四川、江苏、浙江、湖南四省占全国蒋姓人口的60%。蒋姓移居台湾最早者，是清朝康熙年间郑氏治理台湾时在军队任副总的蒋毅庵及其一位蒋姓部属。此后，又有福建泉州等地的蒋氏陆续入台开垦。目前，蒋姓在台湾地区姓氏中排名第66位。为了进一步求发展，自近代以来，有不少蒋姓人走出国门，远徙海外，开拓新的事业，现主要分布于东南亚及欧美一些国家。

蒋姓历代名人中有西汉的蒋诩，三国蜀汉政治家蒋琬，唐代文学家蒋防，

蒋

唐宣宗、唐懿宗两朝宰相蒋伸，北宋书法家蒋璨，南宋词人蒋捷，明代御史蒋钦，福建农民起义首领蒋福成，清代有文华殿大学士蒋廷锡，还有戏曲作家、文学家蒋士铨，篆刻家蒋仁，词人蒋春霖。近现代的蒋介石、蒋经国，深刻影响了中国现代历史进程。此外还有近代民主革命者蒋翊武，抗日名将、爱国民主人士蒋光鼐，现代小说家蒋光慈，等等。

罗山之罗

信阳市罗山县是当今天下近千万罗姓人的发祥地。罗姓人的“罗”字本是一个张网捕鸟的会意字，它的意思是“以丝罟鸟也，从网从维”。在母系氏族社会时期，虽然出现了农业和畜牧业，但其收获并不能完全满足人们的生活需求，古老的采集和狩猎方式仍然是远古部落的主要谋生手段之一。罗山一带由于有鸟类生存的优越环境，是大批候鸟南北迁徙中间停留的重要地带，因此也就成了罗姓先民以罗网捕鸟的最佳地域。这个主要以织网捕鸟为生的部落，便是罗姓的最初先民。罗山一带有大小罗山和罗汭，它们的得名都与罗姓先民最早在这一带活动有关。总之，罗姓发源于罗山县的大小罗山山脉，姓氏符号是由张网捕鸟而来的。

罗

相传罗姓先民是夏商时代芈姓部落的一个分支，与荆楚同祖。季连是荆楚部落的始祖。季连之后，有孙名穴熊，是荆楚人的血缘先祖。至穴熊子鬻熊时，又分出了罗部落。商代中叶，商朝统治者为了加强对天下的控制，不断兴兵南下，征伐荆楚，迫使其弃地西迁到今陕西渭水以北的荆山一带。罗部落因为是荆楚分支，也在被征伐之列，在商王朝的强大威势下不得不西迁，在西迁荆楚人居住地以北定居下来。由于这里临近周部落的发祥地，周人兴兵灭商，罗部落是积极的参与者，所以周武王灭商以后，罗部落的首领被分封为诸侯，建罗子国。西周早期，罗子国与周王朝还保持着相当亲密的关系，国中的一些人还到周王朝中担任过“大罗氏”“罗氏”之类的官职，具体负责“掌鸟兽”。但好景不长，大约在西周中叶前后，罗子国开始受到西周王朝的压迫侵凌，罗子国沿着汉水南迁到今湖北荆山西北的房县，做了荆楚的附属国。此后，罗子国又相继东迁到今汉水之滨的宜城县西10千米的罗川城，向东北迁到今内乡县的罗王城等地。因为荆楚强大，罗子国不断受到侵占，直到公元前690年，终于被楚武王灭掉。亡国后的罗子国民为纪念故国，便以罗为姓。他们在亡国后不久，曾被楚国强行迁到今湖北丹阳附近的枝江，后来又被迁到今湖南汨罗一带。罗姓的另一大来源是赖氏改姓。赖国被楚灭后，留在故国的赖国臣民为逃避杀戮，纷纷改姓罗。

尽管罗姓起源于中原地区的罗山，但在发展中并没有在中原形成著姓望族，其族姓成员集中分布在今湖南、湖北、江西一带。《广韵》说，罗姓“望出豫章、长沙”。据记载，罗珠在汉惠帝时曾奉命驻守九江郡，在今南昌一带修筑了一座城堡，并亲手在城沟中种植了豫章树（樟树），后人便在这里留居下来。罗姓的另一大郡望——长沙罗氏的早期历史可以一直追溯到罗子国灭亡后的南迁遗民。南迁的罗姓人在历史上还融入了苗族，成为苗族大姓。此外，在傣族、土家族、彝族、布依族、侗族、瑶族等少数民族中，同样有人数众多的罗姓人。罗姓人在海外地区的传播和分布，主要集中在港台和东南亚一带。清乾隆四十二年（1777），祖籍广东嘉应州梅县石扇堡的罗芳伯在西婆罗洲（今加里曼丹岛）建立了一个共和国式的兰芳国，实行“兰芳大总长制”，立国时间达108年（1777~1885），是海外罗姓人影响最大者。

罗姓历史名人主要有汉代武陵令罗珠（长沙人），晋代有武陵太守罗企生（豫章人），长沙相罗含（耒阳人）、广州刺史罗友（襄阳人），南朝梁代有散骑侍郎罗研（广汉人），唐代有诗人罗隐、罗邺（皆余杭人），罗虬（台州人），宋代有著名画家罗仲通、著名学者罗靖、赣州通判罗必元（进贤人），明代有状元罗伦（永丰人）、文学家罗贯中（太原人），清代有画家罗聘（歙县人）、教育家罗典（湘潭人）、青帮祖师罗清（渭源人）、考古学家罗振玉（淮安人）、西婆罗洲大唐总长罗芳伯（梅县人）。近现代罗姓名人主要有太平天国著名将领罗大纲，国民政府司法行政部长罗文干，中共著名领导人罗亦农、罗荣桓、罗炳辉等。

潘国之潘

潘姓最早起源于夏代之初。《百姓统谱》引《国名纪》说，潘国是舜帝后的裔封国。《尹文子·大道下》记载：“文王诛潘正。”说明商末周初，舜帝后裔的潘国被灭时，已有以国为氏的潘氏。周灭

潘

商后，文王第十五子毕公高之子季孙食采于潘，复有潘国，至春秋中期又为楚国所灭，季孙之后裔也称潘氏。

潘国在今固始县，其城池与今固始县城部分重合。“潘即固始”可见于东汉延熹三年（160）固始县令段光所立的楚相孙叔敖碑，其碑阴铭文载有楚庄王诏孙叔敖子加封事：“子辞：‘父有命，如楚不忘亡臣，社稷□而欲有赏，必于潘国，下湿硗确，人所不贪。遂封潘乡。潘即固始也。”还可见于固始出土的文物“番子”“番伯”等铭文（古时“潘”与“番”通）。今固始县城北3千米处有古潘国城垣遗址，潘国故城遗址是国家级重点文物保护单位。信阳境内曾出土一些刻有“唯番伯酓自作匜，其万年无疆，子孙永宝用”“唯番君伯龙用其吉金，其万年子孙永用之享”等铭文的春秋青铜器。潘姓还有一支是少数民族改姓，北魏孝文帝迁都洛阳后，将鲜卑族的破多罗氏改为单姓潘氏，这支鲜卑人潘氏的后代就留在中原一带生活繁衍。

潘姓最早见于史载的人是潘崇，当代潘姓人多认潘崇为其始祖。宋人郑樵认为潘氏“芈姓、楚之公族，以字为氏，潘崇之先”。但郑樵又说“未详其始”（《通志·氏族略》），即芈姓潘氏起于何时、系以谁的字为氏均不清楚。许多姓氏研究者认为潘崇是潘国国君的子孙。前673年，强大的楚国攻打潘国，潘国无力抵抗，归顺了楚国。潘崇卧薪尝胆，刻苦读书、习武，意图再起，后因博学多才被推荐为楚成王太子商臣的老师。他趁此良机，一面极为殷勤地教导商臣，一面陈述其父楚成王的无数讨伐战争使百姓怨声载道、苦不堪言。潘崇又借楚成王有意换太子之机，诱导商臣发动政变，围困楚成王，迫使成王上吊自杀。商臣自立为王，是为楚穆王，封潘崇为太师，让他掌管国事。潘崇因助楚穆王即位有功，故其家族发展特别快，成为楚国的望族。随着楚国的强大，潘姓子孙也得以繁衍和发展，其足迹几乎遍布楚国各地，今天江苏、浙江、河南等地仍有许多这支潘氏的后裔。

先秦时期潘姓最初活跃在湖北、河南等地。西汉至唐朝，潘姓主要活动地区在中原。潘崇的后代有一支从楚国迁到河南荥阳、中牟，在当地发展成名门望族。后来有潘姓族人在今山东一带做官而迁到了山东，至此，潘姓在黄河流域和长江流域都有活动的足迹。隋唐五代时期潘姓在地域分布上开始向我国南方转移，河南荥阳潘姓的一支迁到河北一带，后又因避战祸迁到了江苏一带，唐初河南固始潘氏随陈政、陈元光父子入闽开辟漳州，在福建安居，随后又迁播到广东、云南。洛阳潘氏大多是鲜卑族破多罗氏，在唐代时发展为名门望族。两宋时期，政治经济中心南移，潘姓人因此在南方较为活跃，全国形成了以中原冀豫、东南沿海、浙苏闽为中心的潘姓聚集地。元明清时期，潘姓分布区域更加广泛，其人口主要向东南地区迁移，形成了浙、赣、苏潘姓人口相对聚集区。明清时，开始有潘姓人口迁居台湾地区乃至东南亚一带。康熙末年，台湾高山族排湾人、中部地区的岸里大社酋长阿穆归顺清政府，被赐姓潘，壮大了潘姓人的队伍。

潘姓名人辈出，代不乏人。知名度较高的有汉末文学家潘勖，东吴名将潘璋，西晋文学家、于史著称的美男子潘岳，唐代刚直清正的官吏潘好礼，北宋开国大将潘美，南宋名臣潘良贵，抗元名将潘任，明代水利专家潘季训，明清之际的思想家潘平格、史学家潘柽章，清代诗人潘德舆、书画家潘奕隽，近现代的画家、美术教育家潘天寿，社会学家潘光旦，中共的高级领导人潘汉年、潘振武，印尼的“草药大王”潘国强，被列入“世界华人亿万富豪榜”的法国潘洪江、港澳潘迪生等。

蓼国之廖

廖姓是我国古老的姓氏之一，其源古籍记载不一，主要有三说。一是廖姓出自偃姓，以国为氏，为皋陶的后裔。“皋陶”也写作“咎繇”，传说中的东夷族首领，相传曾被舜任为掌管刑法的官。禹继位，皋陶曾被选为继任人，因早死未即位。他的后裔被封在蓼。《史记·夏本纪》记载：“封皋陶子仲甄于英。”唐张守节的《史记正义》载：“英盖廖也。”《括地志》载：“光州固始县，本春秋时蓼国。偃姓，皋陶之后也。《左传》云子燮灭蓼。”晋杜预注《左传》：“蓼国，今安丰蓼县。”蓼国故址在今固始县桥沟乡，名叫蓼城冈。考古工作者经多次考察，在蓼城冈处发现丰厚的上古文化层。固始东部平原称“蓼东平原”，因蓼国而得名。固始县城东关旧有蓼侯祠，奉祀皋陶与仲甄。蓼国地处楚国向北和东北发展要冲，楚国要北图中原，灭蓼是必然的。前622年，蓼国被楚公子燮灭。亡国后的蓼国臣民纷纷改姓蓼，以示不忘故国之

廖

志。因蓼与廖通，也作廖氏。二是出自己姓，也以国为氏，始于颛顼后裔叔安。因其受封于飂而得姓。飂国在今河南省唐河县湖阳镇。三是出自姬姓，为周文王之子伯廖的后裔，以他的字“廖”作为自己的姓氏，但形成于何地尚不得知。

廖氏最初以河南、湖北、陕西为主要活动区域。汉代以前载于史籍的廖姓较有影响的人物不是很多，主要有新莽末年农民起义首领平林人廖堪、东汉大学者汝南平舆人廖扶。魏晋隋唐间在河南上蔡、汝南平舆等县的廖氏成为当地望族，故廖氏族人皆称“汝南”为郡望；以河北平乡县一地为繁衍中心的廖氏，也人丁兴旺、蔚为大族，因这里秦汉时属于巨鹿郡，所以“巨鹿”就成为他们的郡望；廖姓族人迁居江南大约从东汉末年开始，三国时，有蜀汉长沙太守、长水校尉的廖立，是武陵临沅（今湖南常德）人；隋代以前已有廖氏迁至今浙江、湖南、四川、福建、广东等省，唐朝五代时期，廖氏族人掀起南迁的高潮，从中原地区纷纷南下。迁至江南的廖氏族人又不断向南推进。唐代中原廖氏曾两次迁至福建，一次是唐初随陈政、陈元光父子入闽开辟漳州，一次是唐末随王潮、王审知入闽创建闽国。北宋靖康时，大批北方人民向南迁徙，其中不乏中原廖氏。而在此前移居江西、福建的廖氏除在当地迅速发展，也不断向广东迁徙。发源于北方的廖姓，经过一千多年的迁徙繁衍，至元明时期生活中心已转移至江南的福建、广东、湖南、浙江、江西、江苏、四川等地，使得廖姓成为南方大姓之一。从明朝末年，福建、广东的廖氏族人开始过海到台湾开基，远涉重洋到南亚以至世界各地谋生。如今，廖姓是台湾地区排名第18位的大姓。香港地区、东南亚各国都有很多廖氏族人，他们都是重视祖先传统的中国家族，各地自发地组织起许多各种形式的宗亲联谊团体，彼此相互照顾，互相支持，共同发展。

名载史册的廖氏名人主要有东汉学者廖扶、蜀汉车骑将军廖化、蜀汉长水校尉廖立，唐末福建安溪奠基者廖俨，五代诗人廖匡图，宋代工部尚书廖刚，明朝开国功臣廖永忠、廖永安兄弟，清初学者廖燕、军机大臣廖寿恒，清末经学大家廖平，近代民主革命家廖仲恺，中共高层领导人廖承志，国民党将领廖耀湘，香港廖创兴企业集团创始人廖宝珊，泰国爱国侨领廖公圃，等等。

中国之申

申源自姜姓，是一个与炎帝神农氏有关的姓氏，其来源主要有两支。炎帝后裔商代孤竹君之子伯夷的后代，在西周初年被封于申，其地在今山西、陕西之间，又被称为申戎、姜氏之戎，后衰落不显。至西周末期，因周宣王立志复兴周朝，欲大力经营南方的南蛮、荆楚和淮夷，特意将他的舅父申伯徙封于“谢”，让其镇守“南国”，为南方各国诸侯做榜样。在就国以前，周宣王派召伯等大臣先行灭掉谢国，在其旧址上营造申国的国都。后来召伯又奉命将申国改封于今信阳地，而恢复了南阳“谢”的地名以名其城，表示周不忘旧。申国后来沦为楚国的一个邑，是申公管辖的地方，又为申氏，其子孙便以邑为氏，也姓申姓。宋代郑樵《通志·氏族略·以国为氏》载：“申氏，伯爵，姜姓。炎帝四岳之后，封于申，号申伯，周宣王元舅也。今信阳军乃唐申州，即其国也。子孙以国为氏。后为楚之邑，申公居之，又为申氏，是以邑为氏也。”这段话表明：申国统治的地域，就是宋时的信阳军，也是唐时的申州。申伯的后代以国为氏，即为申姓。

另一支申姓与楚国春申君黄歇有关。黄歇原居住在黄国（今潢川县）一带，后因仕楚有功而被封为春申君，其封地初在黄国故地，后移到今江苏苏州一带。后来，其封国所在地方多被称为申，如今上海市别称申，黄浦江又称申江，都与他有关。他的后代中也有人改姓申。

综上可以看出申氏家族的组成分子，一支是炎帝神农氏之后，一支是春申君黄歇之后。他们得姓的历史，源远流长，起源同样都在信阳市境内。在随后的发展、迁徙、繁衍中逐渐在魏郡（今河南安阳），琅邪（今山东临沂）形成望族。如今，申姓主要分布在河南、山东两省，北京、河北、湖北、湖南及西南地区也有一定数量的分布。另外，也有一些少数民族姓申。

申姓涌现出的历史名人不少都是杰出人物，在申姓发展史上地位显赫。像始祖申伯，在周宣王力图中兴的那段岁月里，甚负贤名。当时的贤相仲山甫，曾作诗赞美他：“崧高维岳，峻极于天。维岳降神，生甫及申”。再如申不害，更是名垂青史，他是中国传统学术上的法家之祖，所著《申子》两篇，长期以来被奉为中华传统文化的重要学说和名著，为促进我国的文化发展做出了贡献。申姓名人还有春秋时鲁大夫申儒、西汉经学家申培、明朝宰相申时行、清代巡抚申朝纪等。据清代《古今图书集成·申姓部列传》考证，除申伯、申不害两大伟人之外，历代代表人物有80多位。

在今信阳有许多关于申伯活动的遗迹。如申伯台在今信阳城内北关，相传为申伯所筑；申伯读书台在信阳城内西北隅，旧时在台上有申伯祠；申伯冢在平昌关西北二十五里古谢城附近；信阳北六十里处有太子城，相传是申伯为周太子宜臼（即后来的周平王）所筑。在信阳城内申碑路中段，“文革”前还保存有一座“古申伯国”碑，“古申伯国”碑原系唐代大书法家颜真卿所书，明代重经摩刻，每字皆一尺七八寸，字体清劲丰润，刚柔相济，雄伟灿然，惜在“文革”中遗失。

孙叔敖之孙

孙姓源头较多，支脉纷繁，其中影响最大的有三支，均与河南有关。第一支出自姬姓，为周文王之后卫国姬武仲以祖父惠孙的字为姓，就是“孙”姓，此支孙氏根在濮阳。第二支出自妫姓，为陈国胡公满之后田书在齐国立有战功，被赐姓为“孙”，此支孙氏根在淮阳。第三支出自楚国芈姓，为楚王蚡冒的曾孙孙叔敖之后，以他的字“孙”为姓，此支孙氏根在淮滨、固始。孙姓源头虽多，但在淮滨、固始县境孙叔敖的后裔孙姓分布最广、影响最大。因此，淮滨、固始县境是孙姓最主要的起源地。

孙

孙姓的传播，每一支都纵横交错，很难梳理清楚。楚国孙叔敖家族的发展和迁徙，唯宋代洪适《隶释》中载有东汉桓帝延熹三年（160），其家乡固始县令段光所立的楚相孙叔敖碑，碑文记载，孙叔敖有三子，长子居食邑固始寝丘，少子居楚国都城郢，中子居位地碑文残缺。东汉时，孙叔敖的十余世后代有孙武伯，曾任渤海太守之职，有二子八孙，其中一些子孙“不能仕学”“治产”，经营工商业，其活动范围就比较大了。孙叔敖的后代家族主要在今河南南部和湖北的大部，这一支芈姓孙氏到汉代已有一定发展，其家族规模还相当可观。福建是孙氏分布较广的地区，该地区的孙姓族人大多是唐至五代时期，或随光州固始陈政、陈元光父子入闽开漳，或随王潮、王审知兄弟入闽，或因避乱入闽。浙江鄞县（今宁波市鄞州区）北渡孙氏宗谱、厦门孙氏谱书《柳塘记》、晋江青阳孙氏族谱、晋江洑田孙氏族谱、安溪狮渊孙氏族谱、惠安玉塘孙氏族谱都记载其先祖是从河南光州固始迁徙而来。台湾地区孙姓族人主要是明清时期福建、广东的移民，有31支清代孙氏族人来自福建，为全台最多。

白公胜之白

白姓起源于楚国白邑，即今河南信阳市息县东北的白土店。《通志 · 氏族略》记载："白氏，芈姓，楚白公胜之后也。楚有白邑，其地在蔡州褒信。"《路史 · 国名纪》云："蔡之褒信西南白亭，是楚平灭以封子建之子胜，曰白公。"《辞源》"白公胜"条："春秋楚平王太子建之子，名胜，又称王孙胜。封于白，因以为姓。"《史记 · 楚世家》记："惠王二年，子西召故平王太子建之子胜于吴，以为巢大夫，号曰白公。"白居易在《太原白氏家状二道 · 故巩县令白府君事状》自序中写道："白氏芊（应为"芈"）姓，楚公族也。楚熊居太子建奔郑。建之子胜，居于吴楚间，号白公，因氏焉。"

白姓的起源有一段曲折的故事。楚平王二年（前527），大夫费无忌受遣到秦国为太子建娶亲。费无忌见秦女貌美，便先行回国劝楚平王自娶秦女，又因忌惮太子建，又请平王派太子建去城父守边，不久又诬告太子建与太傅伍奢合谋反叛。平王听信谗言，拘押了伍奢，并下令召回太子建。太子建闻讯，和伍奢之子伍子胥先逃到宋国，后又到郑国，做晋国袭郑的内应，事泄被杀。他的儿子公子胜被伍子胥带着逃到吴国，在那里生活了几十年。楚平王的孙子惠王即位之后，令尹子西（楚平王庶弟）把胜从吴国召回楚国，任为大夫，惠王把他的领地封在白邑，此后公子胜也被人们称为白公胜。白公胜一心想要报杀父之仇，几次要求率兵打郑国，子西答应他而没有发兵。两年后，晋国伐郑，郑向楚求援，子西受贿派兵救郑。白公胜怒，发动政变，杀死子西，囚禁楚惠王。镇守在楚国北部边境的叶公沈诸梁闻讯后，立即召集楚国军队杀奔郢都，杀死白公胜，救出楚惠王。白公胜死后，他的子孙就以他的封邑"白"为姓。唐代在今湖北荆山丛林中发现了白公胜墓，白居易将其迁葬洛阳，并刻制了6.3米的白公陵巨碑。

白姓起源还有几支，白公胜后裔白姓是其主支。

白

现今白姓族人比较复杂，它不仅是汉族大姓，也是古今许多少数民族所使用的姓氏。

白公胜有五子，分别名为乙、丙、己、降、张，除幼子张留在楚国外，其余四子均逃到秦国，在那里居住下来并做了官。白姓在战国时期主要分布于秦、楚、魏等地。白公胜裔孙白起，为秦国大将，善用兵，屡建战功，封武安君，后为相国范雎所妒，被逼自杀。秦始皇统一中国后思白起之功，封其子白仲于太原，太原遂成白姓郡望地。太原白氏在历史上涌现出不少杰出人物。秦汉时期，白姓开始零星分布在中原、中国东部及中南部，魏、晋、隋、唐时期，白姓开始大规模向中原地区迁徙，并在南阳、洛阳形成望族。白居易在《太原白氏家状二道》自述了白氏先祖世系。白居易作为白氏历史中最杰出的人物之一，在白姓唐以后的迁徙繁衍过程中起着极为重要的作用。他晚年定居洛阳，成为白氏迁洛的始祖，白姓也逐渐成为中原大姓。唐五代之后至明清，由于战乱及有组织的移民等原因，白姓开始由中原向外迁徙，以至遍布全国。白姓向海外迁徙最早可追溯至唐代白居易堂弟白宇经。他曾任吏部尚书，为避奸人谗言，逃往新罗，他在新罗担任过宰相，他的后人在韩国繁衍生息，形成现达33万多人的白氏宗族。明清以后，居住在福建、广东的白姓又有较大规模的向海外迁徙，移居到新加坡、马来西亚等东南亚国家。

白姓历史上代有人才，春秋时有楚将白善，战国有两个白圭，一个是贸易家、一个是水利专家，秦国名将白起；北魏有盖吴起义军将领白广平；唐朝宰相白敏中，文学家白行简，最著名的是伟大诗人白居易，他也是一个卓越的文学批评家与理论家，流传下来的诗就有2 800多首；此外还有宋代著名学者白玉蟾、元朝戏曲家白朴、明清水利专家白英、清朝刑部尚书白允谦等，他们都为中华民族的文明发展做出了杰出贡献。

• 其他姓氏 •

曾国之曾　据《辞海》记载，古曾国有两个。一为姬姓，在今河南方城一带，西周末年追随申、犬戎，攻杀周幽王，使西周灭亡。战国初期，曾国尚存，建都西阳（今河南光山西南）。另一曾国为姒姓，在今山东苍山西北，公元前567年为莒国所灭。《夏源流史》载：“到春秋初期，由于楚国兴起，北灭申、吕，曾国受到威胁，乃于这时迁到光山西南之西阳……”姬姓曾国迁至西阳，仍处在楚国势力范围内，曾国在政治上完全依附于楚，楚未灭其国，还把曾看作一个独立的侯国，直至春秋晚期。曾国在光山西阳有较大发展，比在方城时大几倍，成为中原南部的一个富裕之国。后来，曾国王室一个贵族流向新蔡，建立“汝颍曾国”，一部分向湖北随县安陆一带拓疆辟土，建立“新曾”。姬姓曾国的都城在现光山县城西南六十里的南向店乡黄畈村。遗址坐落在青龙河两条支流的河汊三角洲南侧，呈不规则长方形，有部分城墙外露。

赖国之傅　赖国系周文王第十九子叔颖的封国。前538年，楚灭赖，楚唯恐赖人图谋复国，大肆杀戮遗留在故地的赖氏臣民，为逃避楚之害，赖氏族人纷纷改姓傅或罗。傅姓最早系黄帝裔孙大由封于傅邑，因以为氏。赖、罗、傅皆为黄帝子孙，原均聚居河南一带，又均为楚国所灭。等到局势稳定，已历时数代，子孙众多，混淆不清，三姓均未再复原姓。赖姓各地族谱均有赖、罗、傅同宗的记述。

沈尹之沈　沈，以楚大夫沈尹宰邑之地名为氏。《姓考》说，楚官沈尹的后代以沈为姓。《左传》记载有二沈，一为沈子国，今沈丘、临泉县地；一为寝邑，今固始县地。《左传·宣公十二年》记载：楚伐郑，三军将领之中军将为沈尹，即“沈尹将中军”。晋代杜预注：“沈或作寝。寝，县也，今汝阴固始县。”唐代孔颖达正义：“楚官多名为尹。沈者或是邑名，而其字或作寝。”寝，古写作浸，与沈音同。沈姓在固始为历史著姓，以沈姓命名的地方也多，如沈圩、沈营、沈家大院（县城内）等。今沈姓后裔在固始城乡皆多。

安国之安　安，以封地为氏。安国，起于颛顼帝时。明嘉靖《固始县志·沿革》记载：“固始县地，在昔黄帝，受命披山通道，南至于江，乃在江北为南境。高阳氏封子庭坚于安。”《路史》记载：“庭坚封安。”高阳氏即颛顼，庭坚即皋陶。安国的中心位置，明嘉靖《固始县志·古迹》记载：“安阳去邑百五十里，今析商城。”1957年，商城县进行文物普查，在县西55里天镜湖村考察，发现安城遗址尚存。皋陶、庭坚的后裔以封地为氏，为安氏。安姓在固始命名的地名有安家埠。

雩娄之娄　娄，以封国为氏。清乾隆《固始县志·古迹》中记载，县东南七十里有雩娄故城，为唐尧时娄子城。《固始县志》所载“娄子城”即今固始县城东南80余里陈淋子镇境内的古城遗址。娄子国娄氏，起于尧帝时，为尧帝之后裔，《百家姓》记载娄姓郡望在谯郡，即今安徽亳州。

英国之英　英，以国为氏。今固始县东北部史灌河流域，于夏代初由安国地析封于皋陶次子仲甄，号为英。《史记·夏本纪》记载：“禹封皋陶次子仲甄于英。”至周之春秋，改号为蓼。《史记·楚世家》记载，楚成王二十六年（前646）灭英。英国灭于楚后，国人以英为氏。

仲甄之甄　甄，以先人的名字为氏，起于夏初。《史记·夏本纪》记载：“封皋陶之后于英、六。”《史记正义》记载：“英盖蓼也。”固始县城东关旧有蓼侯祠，奉祀皋陶与其次子仲甄。《万姓统谱》引《元和姓纂》载：甄姓是“皋陶氏次子仲甄的后代”。仲甄的后人以甄为氏。

寝丘之寝　寝，以邑为氏。寝名起于夏代。夏王的旁支后代封于寝，因此以寝为姓。夏商两代一千多年，今固始中部或为潘，或为寝，时至春秋，潘乡又名寝丘邑，为楚庄王时令尹孙叔敖长子侨之食邑。固始县城建在寝丘之上，旧有城门楼，东城门楼正方嵌一石匾，上书“古寝丘”三字。

期思之期　期，由“期思”去思而为姓。期思，为春秋楚之期思县名。《左传·文公十年》记载“期思公复遂为右司马”，史籍始见有期思县，期姓源起于此。春秋，期思县辖今固始县地，时称潘乡寝丘邑。西汉，期思、固始皆为县。唐代，期思县并入固始县。中华人民共和国成立后，固始县期思乡划入淮滨县。另外，也有以期思为姓者。

黄国之奚　春秋时期，黄国实行贵族分封制。封于奚邑的黄国王孙黄单（又作叔单），便以封地奚为氏，其后裔也皆从奚氏。一般认为奚姓出自夏代任车正的奚仲，但黄姓早期分衍也是奚姓的一个重要来源。早年在潢川出土的青铜鼎叔单鼎铭文有“黄孙子奚君叔单”七字，它说明叔单就是被黄国国君封到奚邑的始君。20世纪70年代在罗山、信阳县境先后出土一批春秋时期的青铜器，上面的铭文有“傒君单自作宝匜，其万年子子孙孙用之”“佳奚子宿车作行鼎，子孙永宝，万年无疆”“□□□子淇铸皿，其行宁，子孙永年寿用之”等，从这些器物的出土地点、用器特点和铭文称谓看，“奚子宿车”及“□□□子淇”同为奚君叔单之后裔。可是他们不再使用“黄”姓而只称“奚子”，从黄姓集团中分衍出来，以“奚”为氏了。

新县之扶　新县扶姓出自明末崇祯皇帝的赐姓。据新县陈店乡胡家湾《胡氏家谱·赐姓堂》载，1334年，胡姓从江西瑞州高安县拓树堂迁河南光山陈店乡胡家湾（今属新县），始祖胡端五，其五世孙胡熙屡试不第，归田务农，勤劳致富。1458年当地发生灾害，胡熙慨然捐粮四百石。皇帝即授予冠带之荣，并以旌奖之。1468年至1470年，当地又连遭严重灾害。胡熙又各捐粮五百石，皇帝封他为义大夫。胡熙曾孙胡克俭为1586年殿科进士，明神宗授翰林院庶吉士，任监察御史。胡克俭系朱明王朝后期四世元老，任内兴利除弊，造福百姓，正大光明，秉公执法。1628年，崇祯念其为政清廉，刚直不阿，为抗击外侮、保卫大明江山立下功劳，封其为太子少保，赠刑部尚书，赐姓扶，表示扶持明朝社稷之义。故自胡端五起全族改为扶姓，宗祠为“赐姓堂”，楹联“三世乡贡绵紫水，九重赐姓播弦山”（因光山周时为弦子国，城绕紫水，紫水弦为光山之代称。新县为1947年新置县，现新县扶氏聚居区原属光山）。新县扶姓现有约4 000人，全国有万余人。

弦国之弦　弦，以国为姓。周朝有人封于弦（今潢川县西南），建立弦国，为子爵，世称弦子。春秋时，楚国灭弦，弦子逃到黄国，其后人以原国名为姓，形成弦姓（见《风俗通义》《通志》等）。

息国之息　息，西周初分封姬姓于息，为侯爵，建息国（今息县）。息国后代支庶子孙有以原国名命姓的，成息姓（《姓苑》）。西周时息国公子边为大夫，其后有息夫姓（《风俗通义》）。

道国之道　道，以国为姓。春秋时，今河南息县西南封有道国，为周同姓诸侯国。楚国灭掉道国后，道国后裔有的就以原国名道为姓。今古道国都城阳安城遗址尚存。

•光州固始与闽南的渊源•

绝大部分闽南人的祖先都是历次中原动荡南迁的汉族移民，而规模最大、人数最多、组织得最好、对后世影响最大的两次移民是唐代光州固始陈政、陈元光父子和王潮、王审知兄弟率固始军民南下的移民。

唐高宗总章二年（669），闽东泉州（治在今福州）与广东潮州之间，即九龙江至梁山地区，发生蛮獠啸乱，当地的农耕居民不能安身，要求朝廷派兵平定。时任左玉钤卫翊府左郎将、归德将军的光州固始人陈政，受朝廷之命以岭南行军总管的身份率副将123人及府兵3 600人入闽平叛。唐代闽粤之交的东南沿海地区是闽越人居住的地方，只有少部分南迁的中原汉民，一直被视为荒蛮之地。西汉时，闽越人反复无常，几次反叛，汉武帝就令诸将“尽徙其民于江淮间，以虚其地”。在闽越人散居于江淮间的十几个郡县中，安丰、雩娄（即固始及附近地域）与江南水陆交通俱佳，地理环境相近，来此定居的闽越人当不在少数。而地处江淮间的固始，每当中原动荡又成为中原河洛人避难、南迁的目的地和集散地。经过几百年的民族融合，北迁江淮间的闽越人早已被同化为汉民，唐高宗在派遣光州固始人陈政率府兵入闽平叛时显然考虑了这个历史因素。陈政领军来到泉州、潮州间龙溪镇戍守地，在九龙江下游支流北溪江东扎营。经过一番筹谋准备，陈政于秋冬之际发兵出击蛮獠营地，击溃其武装主力，首战获胜。蛮獠首领雷万兴、苗自成、蓝奉高等带领余部从九龙江之西退回梁山。梁山乃蛮獠长期据险盘踞的地方。蛮獠习于山地生活，来去自如，行动快捷。陈政军队初来乍到，地形生疏，行动不便，一时难以全面取胜。军兵远道跋涉，有些不服水土，有所减员；山地作战，府兵也不如蛮獠灵活。经过一番相持，陈政终因寡不敌众，向北退守九龙江下游九龙山，且耕且守，奏请援兵。朝廷诏敕陈政二兄陈敏、陈敷，再次招募军兵增援。光州固始县张贴告示，固始浮光山下再次出现招募军兵的热闹场面。陈政、陈敏、陈敷将军之母魏敬，思虑不已，决意携孙陈政之子陈元光举家赴闽，家中只留看门护坟人员。在魏敬老人的影响下，其他入闽的将士家属、宗亲也愿举家以随。募兵很快招收到58姓军校兵士，眷属共5 000多人。行至浙闽一带，瘟疫流行，陈敏、陈敷病死，魏氏和陈元光率军南下与陈政会合。陈政平蛮獠啸乱，采取恩威并重的策略，诛杀首恶分子，对愿意归附的胁从族众则予以安抚。陈政病逝后，年仅21岁的陈元光代父职任岭南行军总管。陈元光率领以南下府兵为骨干的武装，主动出击梁山外围西部与北部的啸乱蛮獠，从九龙山一直打到潮州，经大小百余次战斗，辅以招抚的政治手段，终于平定啸乱而后屯垦于云霄山下，此后二十余年无战事，实现了闽南、岭东的社会安定。陈政、陈元光平定蛮獠啸乱是顺应国家统一、民族融合的历史潮流的。

686年，陈元光奏请武则天设立漳州，得到批准，并兼任漳州刺史，州自别驾以下、县自校尉以上的官员，武则天准陈元光自行任命。陈元光名义上辖一漳州，实际上他以岭南行军总管、岭南团练使之职务和兵力控制泉、漳、潮三州。随陈氏父子入闽的万余军民共87姓，都是以固始为中心的光州籍民众（唐时光州治定城，在今潢川境内，光州辖域包括今潢川、固始、光山、息县、淮滨、商城部分县域），绝大部分落籍闽南。陈元光后世子孙三代历时百余年治理漳州，使闽南从政治、军事、经济、文化乃至血统和心理等

陈元光墓

方面都靠近了中原，华夏文明得以发扬光大。这个以唐朝军人身份为自豪的移民群体对陈元光怀有强烈的感恩之情，为其立庙馨香，千秋不替。开漳将士的后裔无论移民到哪里，都把“开漳圣王”的香火传递到哪里，以祈求圣王威灵永远庇佑其子民后裔。

唐光启元年（885），王潮、王审知兄弟又率领光州固始人进行了一次更大规模的南徙入闽。

唐末，黄巢起义，各地义军蜂起。寿州屠者王绪与妹夫刘行全聚众500人占据寿州霍丘县，后入固始招王潮兄弟聚众入伍。月余，王绪占据光州。时蔡州防御使秦宗权表王绪为光州刺史。王潮、王审邽、王审知三兄弟文武双全，号称王氏三龙，王绪以王潮为军正，主管钱粮。光启元年，王绪因未能如期给蔡州刺史秦宗权送上贡赋，秦即发兵攻王绪。王绪惧怕，率领5 000兵众南奔渡江，以刘行全为前锋，一路出南康，略浔阳，过赣水，取汀州，下漳浦，于光启元年七月进入漳州。王绪心胸狭窄，多疑残暴，凡军中有才能出于己上者，必寻故杀之。王潮兄弟与前锋将领计擒王绪（其后来自杀），王潮被推为首领。王潮率领以固始为中心的光州籍军民万余人共99姓再次入闽，以威德并重的方法收服泉州、福州、汀州、建州及山区和沿海武装力量二十余股，统一了全闽。景福二年（893）九月，唐昭宗以泉州刺史王潮为福建观察使。乾宁三年（896），王潮病重，他舍弃自己的四个儿

王审知墓

子和大弟审邽，以德才为重，将政权传给了小弟王审知。王审知继任军政大权，采取一系列措施，开始大规模治理和开发福建。

唐代陈氏父子和王氏三兄弟两次光州固始大移民对后世闽南粤北乃至整个福建、潮汕地区的历史发展产生极其重大的影响。首先，两次南迁入闽，给蛮荒的闽越地区带去了先进的生产方式、先进的生产技术和中原文化，固始移民对闽粤的开发建设，使蛮荒的闽南从经济、文化、人口、社会发展都达到甚至超越了中原，将其完全纳入中华民族的发展轨道，并且成为后世历次动乱中原河洛人南迁入闽的避难地。其次，陈政、陈元光父子和王氏三兄弟所率将士各千余人，另有家眷不计其数，扎根闽南，对闽南人口形成起了决定作用，经过几十代繁衍，他们的后代成为今天闽南人的主要人口成分，并且扩散到粤东北、台湾和东南亚，由此形成了固始

【附】

随陈氏将军入闽部众姓氏87姓

陈、许、卢、戴、李、欧、马、张、沈、黄、林、郑、魏、朱、赵、蔡、叶、颜、柯、潘、钱、余、姚、韩、王、方、孙、何、庄、唐、刘、徐、廖、汤、涂、吴、周、柳、陆、苏、杨、詹、曾、萧、胡、邹、丘、冯、江、石、郭、曹、高、钟、汪、洪、章、宋、丁、罗、施、翟、卜、尤、尹、韦、甘、宁、弘、名、伍、翁、阴、麦、邵、金、种、耿、谢、薛、蒋、欧阳、吐万、司马、上官、司空、令狐等。

随光州固始王审知兄弟入闽99姓

王、陈、林、刘、侯、郭、谢、吴、张、黄、周、苏、杨、董、邹、詹、薛、姚、朱、李、郑、严、颜、蔡、庄、程、孟、戴、连、虞、庾、许、吕、邓、柯、施、沈、萧、叶、方、湛、翁、韩、包、赖、游、孙、曹、茅、骆、魏、金、高、唐、卓、缪、赵、卢、袁、应、范、宋、欧、龚、罗、涂、汪、余、曾、马、梁、冯、傅、彭、康、廖、胡、洪、江、雷、丁、和、顾、邱、潘、商、倪、何、阮、纪、归、伍、兰、崔、夏、白、徐、蒋、关。

与闽台间血缘、亲缘、地缘、文缘关系。闽南话实际就是保持了唐代汉语主体性的固始话、中原话，今天海内外使用闽南话的人近8 000万。最后，改革开放前出国谋生的海外侨胞有2 000多万，他们大部分出自闽粤，多使用闽南话、客家话和广东话。唐代光州固始两次移民的后裔大量移居海外，产生的直接影响是海外华人华侨被称为“唐人”。闽南曾有一百多座陈元光庙宇，闽王祠千余年香火不断，历代福建执政者都要到闽王祠焚香膜拜。陈元光、王审知在闽南发展史上创造了两个辉煌的时代，也给闽南人两次打上了深深的“光州固始根”的烙印。

• 光州固始与台湾地区的渊源 •

台湾同胞常说他们的祖根五百年前在福建，一千三百年前在河南，而有相当大一部分人的祖籍地应该是在信阳固始。

台湾同胞主要由四部分组成：一是近三四百年来从福建漳州、泉州、福州移民台湾的闽南人后裔，约占71%；二是近二三百年来从广东梅县、潮汕一带移民台湾的客家人后裔，约占14%；三是1949年前后从大陆各省跟随国民党政府去台湾的军民及后代，约占13%；四是高山族，约占2%。闽南人、客家人都是从晋唐开始因历次中原动荡、朝代更迭南迁的中原汉族。唐代陈政、陈元光父子与王潮、王审知兄弟两次各率以光州固始人为主力的军民数万人移民闽南，开发治理漳州、泉州和福州，他们的后裔成为闽南人的主体。客家民系的形成存在着南迁时间上和地域上的差异，但他们都是南迁的中原汉民，都是河洛人，因此台湾人又自称河洛郎。

闽南人移民台湾是从唐代开始的。由于中原汉民不断南迁入闽，闽地山多田少又靠海，社会发展的自然张力、闽南航海技术的发展使闽南人零零星星地移居到台湾，并扩散到海外。闽南人大规模移民台湾是明末清初。崇祯三年（1630），福建大旱，郑芝龙奏请朝廷“舶载居民数万至台湾”，开始对台湾进行有组织的大规模移民开发，漳州、泉州人民赴之如归市。荷兰人占据台湾时，鼓励大陆汉人移居台湾，这期间大批闽南人渡海到台湾拓荒。永历十二年（1658），郑成功组织东南沿海人民反清复明的北伐失利，不得不考虑移师台湾，把台湾作为反清复明基地。郑成功赶走荷兰人、收复台湾本土后，开始组织闽南子弟兵屯垦台湾，开发治理台湾。清廷统一台湾后，解除海禁，闽粤沿海居民纷纷向蔚蓝色的大海寻求发展。这一时期清廷对台湾先后实行“三严三宽”和积极抚番开垦政策，来台移民十之七八是福建泉州、漳州的闽南人，移民台湾的许多闽南人的祖根都在光州固始及周边的地区，亦即今天信阳东边的几个县域。

台湾地区有句俗语“陈林半天下，黄郑排满街”，根据台湾地区文献会统计，台湾的前十大姓氏陈、林、黄、郑、张、李、王、吴、蔡、刘占台湾总人口的一半以上，这十个姓氏是陈政、陈元光和王潮、王审知所率光州固始移民闽南的主要姓氏，并且都起源于中原地区。1953年，台湾地区进行了一次户口统计，结果发现，户数在500户以上的100个姓氏中，有63个姓氏族谱上明确记载其祖先来自河南光州固始，这63姓共67.051 2万户，占台湾总户数的80.9%。台湾至今奉祀陈元光的威惠庙、昭惠庙等有81座，其中尤以宜兰、桃园、台北数量最多、香火最盛。闽台有庙，故园有祠，在陈元光将军的故里——固始县陈集乡，有为开漳将士的后裔一心向往的国家级文物保护单位陈元光祖祠，以及祭祀魏敬夫人和入闽将士的奶奶庙。

• 信阳与客家人的渊源 •

客家人是因古代中原地区历次战乱、朝代更迭而不断南迁到闽粤赣交界区域的中原汉人，他们客居他乡，自称为“客”，传承着中原汉文化和传统习俗，又吸取融合了迁居地百越民族的文化内涵，在特定的环境中，逐渐形成了有别于其他民系的客家民系，继而又迁徙扩散到西南各地、港澳台地区、东南亚各国乃至世界各地。

从西晋永嘉之乱至清末太平天国运动的1 500多年间，客家先民经历了五次大规模迁徙。前三次（晋、唐、宋）是客家民系的形成期，主要是由中原向闽粤赣迁徙，后两次（明末、清末）是客家人的扩散期，主要是由闽粤赣向西南各地、东南亚和海外迁徙。西晋永嘉五年（311），匈奴族刘曜等人率军攻陷洛阳，中原汉人第一次大批南逃。随后鲜卑、羯、氐、羌等又相继入侵，中原地区惨遭践踏，衣冠士族纷纷南迁。他们沿颍、淮、汝、汉诸水向南迁徙，大部分滞留在淮河以南，盼望着在“王师北定中原日”重返故土，一部分最远到达江西东部和南部。信阳地区处在中原汉族南迁的重要位置，接纳了相当的中原河洛人，光州固始以水陆交通便利、自然环境优越成为中原汉人南迁的中转站和聚集地。中原汉族第二次大批南迁是唐末黄巢起义时期，士族民众又一次大批南迁。信阳地区的申州、光州也是此次祸乱的要冲。在这次迁徙中，第一次南迁留居在淮河以南包括信阳地区的大批中原汉人再次南迁，渡过长江，迁徙到相对安宁的闽粤赣地区，最远到达广东惠州、嘉应，大部分落籍在闽西、赣南，成为客家人的主体。中原汉人第三次大批南迁是金、元入侵至南宋灭亡。北宋灭亡，宋室宗亲、士绅百姓举国南迁临安（今杭州）一带。临安陷落，一部分又迁徙到闽粤赣地区。文天祥组织闽粤赣交界的客家人与元兵大战数年，失败后客家人散居广东沿海各地。第四次迁徙是明末清初，一方面客家人在抵抗清兵失败后，为避迫害远走他乡，有的漂流海外，另一方面客家民系内部人口膨胀，清政府有意识地组织客家人向广西、海南、四川等地移民。第五次是清中后期，因闽粤赣交界地区山多、田少、人众，客家人不断向沿海地区、台湾地区和东南亚移民。太平天国运动时期，为避战乱和迫害，一部分客家人四处迁徙，移民世界各地。

从中原汉人的南迁历史和客家先民的形成过程可以清楚地看出，客家先民来自中原，来自江淮，地处江淮间的信阳地区数度处于中原河洛人南迁的要地，尤其是作为中原移民中转站和江淮移民出发地的光州固始，因其特殊的地理交通、自然条件、历史因缘在客家先民和客家民系形成过程中发挥了重大作用，在河南移民史上占有重要位置，产生深远影响，成为驰名中外的中原侨乡。陈元光开漳和王审知开闽对客家人的形成也有着极大影响，相关研究表明，至少有60个客家姓氏族谱记有“秦汉以降，聚族于河南光州”的字样，他们大都与固始两次移民入闽有关。客家姓氏绝大多数根在中原，源于信阳的黄、赖、孙、潘、廖排名靠前，还有一些光州固始郡望姓氏陈、王、郑、许等。

• 信阳与上海的渊源 •

上海市简称“申”，信阳市也简称“申”，信阳因是古申国所在地而得名，上海是因纪念她的开山鼻祖春申君而称“申”。上海与信阳的渊源要追溯到春申君黄歇。

黄歇是战国时期楚国令尹，封号春申君，是“战国四君子”之一。黄歇在楚为相二十五载，励精图治，功绩卓著，使楚迁都陈郢（今淮阳）后恢复元气、称雄诸侯。

黄歇执相的第十五年（前248），主动向楚考烈王请求改封江东吴地（今常州、苏州、上海一带）。此举大大推进了江东尤其是上海的开发建设和历史发展。黄歇携其家族迁离黄国故地，带着他的门客浩浩荡荡地来到江东，在他改封的广大地域内，分设城邑，派族人管理，让他的门客协助负责开发事务。黄歇将都邑设在吴都故址（今苏州），大兴土木，使“故吴墟”得以重建。黄歇来到被当地百姓咒为“断头河”的黄浦江边，当时这条小江严重淤塞，两岸丰水期内涝成灾，淀山湖与东海之滨的广袤原野（即今天的上海市域）人烟稀少，满目荒凉。黄歇看出这片土地的价值，他用大规模军事屯垦方式，组织百姓疏通吴淞江，开浚黄浦江，将其江面拓展到300～700米，深挖至十数米，筑起了堤坝，与东海的长江出海口连通。黄浦江疏浚后，当地水系分明，泽国变成良田，经济日益发展。这条河千百年来造福百姓，至今仍承担着航运、排洪、灌溉、旅游、调节气候的重要作用，成为上海的母亲河。人们为了纪念黄歇，就把这条河叫作黄歇浦、黄浦江、春申江、申江，为他建了庙宇。至今在上海市松江区新桥镇有一个春申村，相传是黄歇当年开浚黄浦江的“指挥所”。2002年9月，在上海申博成功的欢庆晚会上，第一个节目就是歌曲《告慰春申君》，将他誉为开发上海第一人。春申君在江东重视农田水利工程建设，开凿疏通的港浦河渠甚多，开凿“西龙尾陵道”，对苏州至无锡间的河道加以整治，疏通加固东江、娄江、吴淞江。浙江吴兴的黄浦，江苏江阴的申港、黄田港等，也因春申君而得名。春申君开发治理江东，为吴越带去了先进的冶铁技术，制造农业生产器械，使其成为楚国的粮仓；带去了先进的纺织技术，与江南的蚕丝结合，为未来丝绸生产的鼎盛打下基础；使楚文化与吴越文化相融合，构成吴楚文化，为中国文化宝库增添光彩夺目的华章。

古城印象

——文化信阳的历史沧桑

信阳处于大别山、淮河之间，南有十关拱卫，北有长淮环绕，号为“中原门户”，历史上和则经贸繁荣，战则兵家必争，历经沧桑，留下了大量的文化史迹，这其中就包括古城、古镇、古村、古街。信阳州、光州古城虽已在近代战争和现代城市建设中变了模样，所幸还残存少量的城垣、古建筑供人凭吊兴叹。当你来到信阳，穿越水泥构筑的城市森林，突然发现古色古香的文庙大成殿、沧桑壁立的古城墙、跨越今古的万历大拱桥、饱经风雨的袁家大楼时，仿佛倏然读懂这座古城的历史；穿行于白雀园、泼陂河古镇、新店老街、首府街，流连于何家冲、丁李湾古村落时，你久居城市疲惫的心灵似乎有了归依之所，蛰伏心底的老家记忆忽然被唤醒……信阳留存的古城、古寨、古村落遗址，是先人们原生态的生活印记，反映了当时人们的日常生活、文化传统习俗和智慧，是我们了解历史的源头活水。

中原船城信阳州

几乎所有的地理志书都喜欢将信阳这座城市的历史追溯到申伯封邑的时代。宋代《太平寰宇记》在“卷一三二”记载：“信阳军，今理信阳县，本申州也。春秋时属楚，即古申国之地也，周宣王封舅之国。”而在当地人的意识当中，这位联合曾侯和犬戎进攻昏庸的周幽王、立太子宜臼为周王（周平王）的申伯，是该地值得纪念的重要历史人物。在信阳，与申伯有关的历史遗迹不在少数，从历代城内祭祀的申伯祠、隋唐时期的申塔、颜真卿书写的“古申伯国”碑，再到近年重新修建的信阳新八景之一的申伯楼，都是这座城市的历史延续不断的证明。

然而，这座城市的历史要比我们想象的更为久远，从此前考古发掘的具有裴李岗文化特征的南山嘴遗址来看，大约距今8 000年前，信阳地区已有先民在此居住生息。而在位于今天信阳市区的三里店、阳山、双林寺、平桥车站的古文化遗址，经考古发掘证实属于新石器中期、晚期的南方文明的屈家岭文化与北方风格的龙山文化遗存，这更让我们相信，早在数千年前，信阳文化就已拥有了兼具南北文化的特色。

今天的信阳市区由三国时期的仁顺城发展而来。蜀国名将魏延就是从这里走出去的著名将领，在今天信阳市区三里店，依然流传着他的传说。魏晋南北朝时期，信阳“北接陈汝，控带许洛，宋齐以来，

1946年美国传教士航拍的信阳城全景图

常为边镇”，独特的战略位置让这里赢得军事重镇的美名。495年，北魏孝文帝亲率大军进攻南齐，萧衍据守义阳贤首山大获全胜，成就一世英名。更能凸显这一军事重镇地位的是著名的“义阳三关”，它们历来是连接北方和南方的重要关隘，历代有史书记载的大小战争在这里发生过的超过60多次。

唐代贞观年间（627—649），信阳出产的绯葛、纻布、赀布、茶、虻虫一度成为贡品。南宋“绍兴和议”签订以后，朝廷在信阳开辟榷场，边境贸易得到发展，城市面貌日新月异。根据当时无名氏的“城边一水抱城流，城外群山拥郡楼”的诗句进行判断，当时信阳已经有了“山水城市”的概念，而这种山水相依的城市布局一直延续到现在。

城墙作为信阳历史重要的印迹，承载了当地居民的文化自豪感。1380年，距离明朝建立已经过去整整12年，一位名叫张用的千户开始有计划地重修被战争破坏的城墙。信阳城墙的周长被规划为9里30步

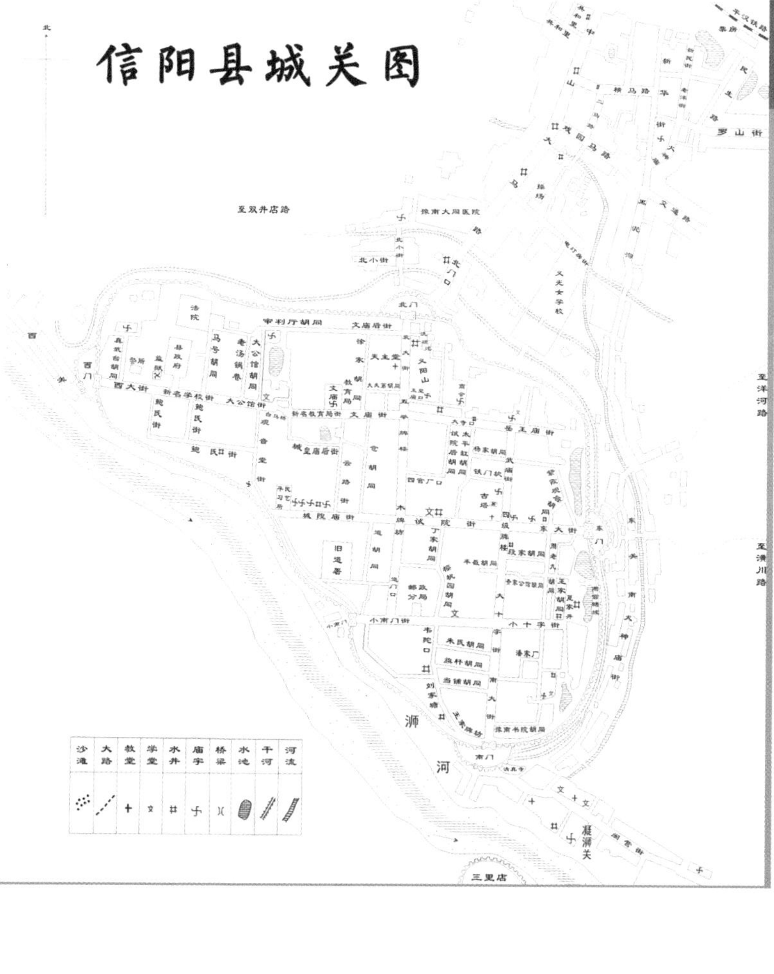

信阳古城图

信阳古城西城门

（约4 245米），城墙高度甚至也达到了三丈（10米），这些都超出一般府城的规模。要知道，同时期信阳州的上级汝宁府城墙周长才9里30步。由于这次建造的城墙轮廓形似明代福船，所以信阳城又被称为“船城”，这个名称一直延续了数百年，并成为信阳的一个雅称。现代著名剧作家白桦对于故乡信阳的记忆就是以这座不凡的“船城”开始的，他曾这样写道：

古代信阳城墙坚固高大，在我始终以为地处中原的故乡小城是一座了不起的大城。城墙很高。还有五座威武的城门，东南西北门之外，再加一座小南门，每一座城门我都攀登过，我经常在城门上看城外的山峦、城外的田垄。

当然，令人们感到惊讶的不仅是这座城市规模宏大，还包括当时先进的设计理念。城址被科学地选在浉河凸岸的冲积平原上，可减少城墙长期受到洪水冲刷。此外，义阳山也被纳入城域之内，成为一城之中的制高点。城墙西、北、东三面还挖有深一丈三尺（约4.3米）、阔六丈五尺（约21.7米）的壕沟。如此精妙的布置，连明代地理学家王士性都不禁感叹道：“汝属惟信阳据险，城筑于山冈之上，四面皆低，又浉水在前、淮河在后，最易守。”（《广志绎》）

最初信阳城墙开辟东西南北四大门。其中，东门因面向南京，为望京门，后改为震门；南门名镇远，后改为郢门；西门遥望坚山，为望坚门，后改为浉门；北门北望淮河，所以称为望淮门。由于信阳城墙形状不规则，西门与南门相距甚远，因此，当时又在这两个城门之间增设小南门，但用封土堵住，直到万历年间

（1573—1620）“以便樵汲”，才由当时的副使王任、信阳知州朱家法开启。这个格局被称为“四关五门”，并一直延续到近代。

从1380年至1515年，信阳城墙在100多年的时间里陆续完成修建，而高大雄壮的四大城楼则是在清代初期完成的。作为军事要塞的信阳城，抵御了太平天国、捻军的多次威胁。直到20世纪20年代第二次直奉战争中，这座城池使信阳创造出围城48天而不破的神话。

信阳虽有历史悠久的文化，但在20世纪初期以前只是一个普通的州县，1906年，连接北京与汉口的京汉铁路正式全线通车运行，为信阳带来了新的发展机遇。信阳的大米、竹竿、苎麻等土特产被源源不断地运往当时全国最大的商品集散中心之一——汉口。铁路的开通提高了信阳的经济发展水平。据一份可靠的报道记载，铁路中心信阳的黄包车夫，其生活水平比豫西落后地区拥有100亩土地的地主还要高。

而在7年之后，河南省内新的行政区划豫南道成立，驻地选在信阳，管辖范围包括今天信阳市、南阳市、驻马店市、洛阳市等27个县区，信阳的行政地位达到历史顶峰。几乎与行政区划调整同期，这座城市的建设也拉开序幕。其后的二三十年，信阳城市建设迎来了一个高潮。马路、剧院、旅社、公共澡堂、银行、医院、图书馆及新式社区都在原本荒凉的北关城厢外拔地而起。汽车、警察、邮政、电报、报纸等一大批近代事物此时也开始陆续进入信阳人的生活。

袁家大楼老照片

1918年，驻信阳的淮盐缉私营统领袁家骥（字俊伯，曾任信阳慈善会会长）与省城电灯公司联合开办了信阳光华电灯公司。作为人类历史上第二次科技革命中的新发明，电灯，这个在中国内地不很常见的事物第一次来到信阳。当时，信阳与开封、郑州、洛阳成为全省仅有的四个用电城市。袁家骥是袁世凯认宗侄孙、农商部总长袁乃宽的长子，依仗袁家的地位财势，先后营建了袁家大楼、大舞台、华新浴池、信阳大旅社、光华电灯公司等5座建筑，均宏伟豪华，并开辟了2条商业街，其中之一即今四一路。袁家大楼是北洋时期袁世凯家族在信阳活动的历史见证，位于浉河区火车站西侧新华东路199号信阳百货采购供应站院内。此楼为二层砖木结构，歇山式屋顶，室内铺木质地板，并有地下室。原附属建筑早已拆除、改建，唯袁家大楼保存基本完好。

1924年，京汉铁路机车段开始筹建抽水站，信阳人第一次用上了方便快捷的自来水，虽然此次供给范围仅仅限于铁路附近，但却是一个里程碑式的革新。

尽管长期受到战争的破坏，但经过数十年的发展，民国时期信阳城市面积也在缓慢发展。据统计，中华人民共和国成立前夕，信阳城区面积为4.5平方千米，要知道当时郑州城区面积不过5.2平方千米，南阳、新乡也只有3.5平方千米左右。而在今天，这一数字为90平方千米。如今，信阳城市的发展早已越出最初城墙的范围，分别向北、东两个方向发展。几十年里，城

信阳文庙大成殿

市在不经意间发生了巨变。

历史上的信阳一度远离政治中心，但并不妨碍它成为闻名遐迩的文教基地。我们耳熟能详的何景明、孟洋、王祖嫡等都是从这座“船城”走出去的文学名士。据统计，仅信阳一州，明清时期共有进士61人、举人225人，在省内名列前茅。

为了祈求文运，清乾隆十三年（1748），知州张钺开始修复供奉魁星的奎楼，这座州城从此拥有了两座奎楼。这种情况即便在当时来讲也绝对少见，能说明地方主政者对于文教的重视。始建于元代的文庙大成殿是目前市区最古老的建筑之一，已成为河南省级文物保护单位。该殿面阔5间17.5米，其中明间4.7米、次间2.8米、进深3间10米。歇山顶，上覆琉璃瓦，有脊饰，檐下两端为斗拱，中部为木雕盘龙所代替，内有3排18柱，木质圆柱，下有石础相承接，石础为青石琢成，高0.28米、束腰径1.41米。殿墙灰砖每块长10厘米、宽5厘米、厚3厘米。殿前有长25米、宽15米青砖铺成的祭祀台。

位于城郊的万历大拱桥是信阳众多古桥的代表，向人们诉说着这座古城所具备的“北国江南”的地域特性。该桥建于明万历年间，历时两年修成，桥长15米，宽

万历大拱桥

6米，是一座三孔相连的拱形石桥。大拱桥自建成迄今四百余年，历遭洪水、地震等灾害侵袭，由于设计合理、结构严谨、桥体坚固，现仍雄跨在护城河上。它体现了我国古代劳动人民的聪明才智，对文物考古、科技史、桥梁史的研究具有重要价值。

信阳可谓名人辈出，古有魏延、何景明，近有赵清阁、白桦、叶楠，然而能够让人们脱口而出的却是宋士杰，这不仅仅是因为他是毛泽东路过信阳时提及的三个信阳人之一，更多的是因为他伸张正义、专打抱不平，其事迹被改编为曲剧《宋士杰告状》，给人们留下难以磨灭的印象吧。其中有句唱词便是：“宋士杰居住在信阳，西门外开了一座小小的店房。”戏曲艺术家马连良那韵味十足的唱腔至今让人回味不已……

· 黄歇故里光州城 ·

知名作家叶楠把潢川和凤凰古城相提并论，他说：

潢川城很美丽。我离开潢川后，曾到过很多县城，感到都没有像潢川城那样美丽。当时城里的小潢河上，有座镇潢桥，桥上有铁水牛，一条河把潢川分成了南北两个城。城里还有清真寺，三山夹一井，一步三空桥，小南海、铁旗杆和那一个个夏季满池荷花的池塘。潢川的景色真是美极了，小苏州的名号名不虚传，这里是很能陶冶情操的。

现在架桥技术发达，跨江跨河发展的城市越来越多，而在技术相对落后的古代，一条河一条江往往就是一条“天堑”，“一水隔两城”的城市并不多见，而潢川就是其中之一。

今天潢川“一水隔两城”的城市局面并不是天然就有的，这个变化始于南宋时期。今天的潢川南城在2 000多年前已形成。1195年，光州知州梁季泌扩建南城，城市始扩至今北城的部分地区，当时还是一条小沙沟的小潢河此时才成为城市内河。但城市的大致格局，这时依然是一

光州彩色老照片

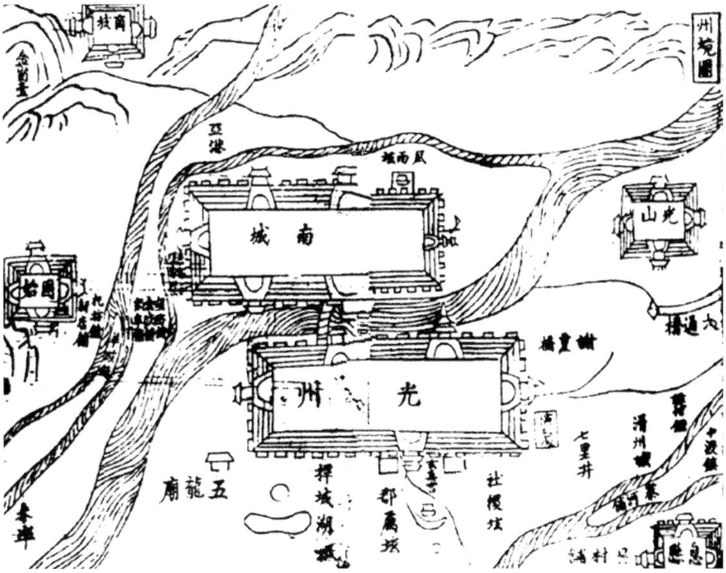

顺治『光州志』上一水隔两城之光州（潢川）地图

方形土城。在清顺治《光州志》中有这样一段记载：“今州治前潢河原止一支流小沟，古志土城四门。洪武初，河犹自沙沟转而东，郡兵部尚书张安仁以形家言，议改今河，人文遂盛，河流始大，遂筑北城五门，南城六门，甃以砖石。”这北城五门是来运门、永和门、迎恩门、清晏门、大顺门，南城六门是东门、西门、宁安门、康济门、小南门、大南门。“议改今河”之事，在乾隆、光绪《光州志》中均有类似的记载。今天穿城而过的小潢河在明时被改道、不断扩展后才成为今天的模样。在生产力低下的过去，这可谓一个大工程了。至顺治时，潢川城已是今天的格局了。北城自建成后，官府多迁至北城，南城多为商铺民居。据志书记载，清时，潢川城池有街道19条，其中10条在南城。民国时，城内有街道25条，其中南城占14条。

潢川古为黄国，是中华黄姓发源地。从考古实物和历史典籍记载可知，黄国存在的时间是1 400年左右，在今城西约6千米处有黄国故城。鲁僖公十二年（前648），楚灭黄，黄地入楚。西汉初置弋阳县，东汉初改弋阳为弋阳侯国，三国魏黄初元年（220）置弋阳郡，弋阳县为郡治；北齐武平元年（570）更名定城县，后北周攻占定城，改弋阳郡为淮南郡，定城为郡治；隋开皇元年（581）废淮南郡，复置定城县，仍隶弋阳郡。唐武德三年（620）改弋阳郡

日军攻占光州城时的航拍图

为光州，属淮南道。唐太极元年（712）光州州治由光山迁至定城。两宋时期光州均隶属淮南西路。元至元三十年（1293）光州改隶汝宁府，至清雍正二年（1724）升为光州直隶州，直隶河南布政使司，领光山、固始、息县、商城4县。1913年，废州设县，更名潢川，设河南第九行政公署，辖固始、商城等7县。1952年，潢川及其辖县并入信阳地区。

从西汉初年到盛唐设州，潢川南城经历近千年的建设，已颇具规模。史载后唐朱全忠以军四十万围光州，时刺史柴再用严加守备，朱全忠半月未攻下，只得退兵。由此可以想见当时光州城池之坚固。进入五代十国，各执政者仍在不断地加速扩建。后周显德二年（955），周世宗亲下诏书，明文规定："农闲与板筑，农忙则罢役。"之后宋高宗绍兴十年（1140），岳飞为河南北诸路招讨使，为抵御金人侵犯，亦令牛皋等数次修城。在后来的战争中，修复的光州城保护了大量军民，囤积了大量粮草，为抵御金兵侵略发挥了重要作用。

历史上光州古城遭受最严重的破坏便是抗日战争时期，潢川作为武汉会战的北线战场之一，1938年日军右路军第三和第十两个师团从固始方向沿公路西进潢川，撞上了国军一代名将张自忠。张自忠从9月9日一直打到9月19日，整整守了10天，比原来预定的坚守7天超出3天，最后又在敌人面前安全撤退。潢川阻击战极大振奋了全国军民的抗日斗志和必胜信心。遗憾的是，这座让日军感叹城墙太厚的古城，在日军撤走后不久，便被县长李庚白拆毁，理由竟是怕日本人再次占领！几十年过去了，2002年秋，潢川县对小潢河两岸开始了大规模的拆迁治理，昔日光州城沿河两岸古老的景观从此消失。今天我们能够看到的也只有2003年县政府在南宋时期老城墙原址上复建的城墙，以及老城墙上的望河楼了。

光州老城墙没了，好在我们依然可以从清真寺、三义观、天主教堂、基督教牧师楼、望河楼，以及小潢河上残存的镇潢桥墩、街巷纵横的南城弋阳古镇窥见光州古城的风貌。

光州古城墙

弋阳古镇始建于西汉初年，是目前中原地区特别是信阳市范围内比较少有的、保存相对完整的古城古街社区。弋阳古镇建筑古朴，街巷纵横，素有“九曲十八巷”之美称。从石板铺路的小巷到“三山夹一井”的围墙，从青砖灰瓦的屋舍到木柱挑梁的门店，从雕窗的阁楼到合围的厢房，勾画出一幅南方古城特有的明清建筑景观，依稀可寻历史记忆中的明清建筑遗风。

在小南海周围不足一平方千米的范围内，依湖而建的南海观音禅寺、清真寺、天主教堂、基督教堂、三义观五大宗教活动场所，呈现出五教和睦、共生共荣的独特景象，已成为潢川南城特有的文化符号，也是古老光州悠久、辉煌且包容的历史与文化的象征。

清真寺位于潢川南城南湖畔，始建于清乾隆十九年（1754）。潢川历史上共有4座清真寺，分别为大寺、西寺、东寺、南寺。现仅存南寺，是信阳市保存最完好的清真寺建筑，由清举人马佩玖于同治十三年（1874）捐资重修。该寺主要建筑坐西朝东，两层门楼，两进院子。大门楼3间，2001年翻建，阿拉伯式建筑风格，占地近

清真寺

40平方米，走廊上悬荷叶匾，上书“清真寺”。二门楼3间，乾隆二十四年（1759）建，占地近50平方米。礼拜殿5间，乾隆十九年（1754）建，占地近170平方米，为砖木结构，斗拱檐、花格门，古朴壮观，由卷棚、后殿和庑殿式后窑（“文革”时被拆除）三座建筑相连组成，正门悬挂有白崇禧题赠的“兴教建国”匾额。讲经堂5间，乾隆三十五年（1770）建，占地近110平方米，正墙有“主降木铎”等匾额。望月楼3层（“文革”时被拆除），是阿訇观月、宣经、斋戒的地方，是伊斯兰教寺院的特有建筑。整座阁楼结构精巧，装饰繁多，是清真寺最精致的建筑。寺内青砖铺院，古桧掩映，寺殿雕梁画栋，巍峨耸立。寺门前有一块场地，四周湖水环绕，绿柳垂荫，夏日荷花满湖，清香怡人，常令游客流连忘返。

三义观建于清康熙四十年（1701），位于潢川县南城的南湖北岸。该观坐北朝南，观内大殿供奉“桃园三结义”的刘备、关羽、张飞的塑像。现存山门（3间，长10.8米，宽5米）、大殿（5间，长18.6米，宽7.2米）、二殿（5间，长18.6米，宽10.2米）、三殿（5间，长18.6米，宽11.7米）及东西两边的配套厢房共计80多间，总占地面积4 556.52平方米，足见这处古建筑当年的宏大规模。观内大殿前的一对铁旗杆为三义观仅存的遗物，铸造于嘉庆十四年（1809），为圆柱体，高21米，直径28厘米，重3.5万斤。铁旗杆铸造精细，疏密有致，标志着清代冶铸工艺的辉

铁旗杆

煌。顶端有一对展翅欲飞的雏凤，背负风火轮，轮中央有“日月”二字，凤翅之下有一对空心火轮，再下是3个“卐”字方斗，四角设“S”形钩，悬风铃4个。在第二和第三个方斗之间和第三个方斗下各铸有一条铁龙，龙凤之下虎头莲花衔着一副铁铸对联，上联是“铁杆颂德高千尺”，下联是“铜柱表诚燦九霄”。底座分六面七层，铸有铭文、牡丹花及纹饰。三义观作为展示清代商业经济的历史文物，有着珍贵的研究价值。特别是铁旗杆，历经200多年历史沧桑，至今仍基本保存完好。

镇潢桥原名光州大桥，初建于北宋时期，最早为“编舟为桥”的舟桥，后改为“架竹为桥”的竹桥，明代改为石墩木板桥，取名“镇潢桥”。小潢河在历史上多次泛滥成灾，两岸的南北二城（尤其是地势低洼的南城）屡次遭受洪水威胁。有诗叹曰：“潢水汤汤浮两城，吞南噬北失年庚。春汛千尺生白浪，黎民百姓饱长

被拆前的镇潢桥

鲸！”明成化十九年（1483），光州知州钱针组织民工修建了镇潢桥。镇者，治也。镇潢者，治潢水泛滥之意也。明万历三十一年（1603），光州知州陈锡爵组织民工“抹石磊磊”，加宽桥墩。清康熙五十年（1711），因潢水泛滥，桥南被冲倒五个桥墩，知州刘学礼组织民工修复。乾隆六年（1741），桥北三墩忽陷落，又经修补。乾隆二十三年（1758），知州吴一嵩组织民工将桥址向西移数十丈，即南起凝安门，北接大顺门，建成至今已有250余年历史的镇潢桥。桥北第一墩上铸造铁牛一头，以示“铁牛一声吼，洪水低下头”之意。

1938年潢川沦陷时，日本侵略者放火烧毁了镇潢桥。1947年，刘邓大军挺进大别山，国民党五十八师逃窜时又放火烧毁了桥板。中华人民共和国成立后，在中国共产党的领导下，镇潢桥重获新生。潢川刚解放，当地政府立即用钢轨、松板铺设桥面，并加修木制栏杆。1966年再次翻修一新，除加高桥墩、巩固基础（保持原八墩九孔的基本形状）外，还增设了消防设备。桥身用水泥沙浆砌实，桥板全部改为混凝土。桥两面栏杆全部换为钢筋水泥栏杆。镇潢桥与1956年新建的近代交通大桥于河上对峙，给古老的潢川城增添了艳丽的色彩。可惜，镇潢桥于2003年因建新桥而基本被拆除，现仅遗存一桥墩一桥孔。

望河楼、观月亭位于潢川县南北两城的中心，登楼远眺，全城风光尽收眼底。1932年，经河南省清乡督办主任兼豫

望河楼

南“剿匪”总指挥张钫倡导、潢川各界人士捐助，在“古今庙”旧址建设望河楼。“古今庙”又称“汲古庙”，始建于清末，民国初年神倒屋塌。望河楼原高5层，约26米，集楼、台、亭、阁（附属建筑）于一体，因面临小潢河，故名。观月亭原名清凉亭，修复后改称观月亭，附属建筑为丁字楼。昔日这里是豫南颇具规模的图书馆，藏古籍数万册，往来志士仁人络绎不绝。1938年11月，潢川战时教育工作团在望河楼成立，由中共党员钱瑚任指导员，使望河楼成为潢川抗日救亡的中心。

清初顾祖禹所撰《读史方舆纪要》曾写道：“（光）州襟带长淮，控扼颍蔡，自古戍守重地也。”这里不但历史悠久，也是英雄辈出之地，更是“莫道楚乡风物陋，文章屈宋到如今”的人文荟萃之地。春申君黄歇，为战国四君子之一，官至楚国令尹，掌权20余年。“竹林七贤”之一的刘伶埋骨光州，留下“光州十景”之七的“伯伦古冢”供人凭吊。及至元代，延祐二年（1315）马祖常、马祖孝兄弟二人同时中进士，被传为千古佳话。与他们类似的还有明时父子皆进士的刘绘、刘黄裳。明时州人张安仁官至兵部尚书，熊翀为户部尚书，喻时、芦士杰为分别明清两位漕运总督。

中州名镇白雀园

光山县白雀园镇位于县城东南部38千米处，东与商城县相邻，北与潢川县交界，南与新县接壤。全镇南北长22千米，东西宽7.8千米，东南部多为高山，北部属丘陵地区，南部大尖山海拔高度为345米，地势南高北低，白鹭河纵贯全境。

据《光山县志》记载，在明嘉靖十年（1531）以前，白雀园是一片田园土地，叫傅家村。村两侧有大片竹园，园内常年宿集大量白毛红嘴的鸟，人们将其视为吉兆，于明嘉靖三十四年（1555）改称“白雀园”，沿用至今。另一种说法是：远古时代这里是两河交汇的河汊口沼泽地，成千上万的鹭鸶在此聚集，因鹭鸶满身通白，当地百姓便称之为“白雀”，把河称为白鹭河，把河两岸人居之地称为“白雀园”。

这里处于连接鄂东北、豫东南、皖西

的交通要道，自古为兵家必争之地。几千年的封建社会，王朝更迭，战乱频繁。历史上逢战争年代，生灵涂炭，或死于兵燹战乱，或流离迁徙。据载，明朝末年，白雀园几成“荒城废堡，败瓦颓垣，沃野千里，有土无人”。清顺治、康熙时期，朝廷采取鼓励人口发展政策，江西、湖北、山东等省人相继移来，形成大集镇，当时居住人口达2 000余人。

古镇北首有座东岳庙，该庙明末清初始建，“文革”时被毁，2005年重建，香火甚旺。每逢东岳庙庙会，善男信女蜂拥而至，其中多为烧香还愿的人或乞神降福者。东岳庙耸然壁立，与南面的香炉峰遥相呼应。远望香炉峰，似乎香炉峰低于东岳庙，向南步行1.5千米登上香炉峰，再遥望东岳庙，又觉东岳庙低于香炉峰，给人以幻觉和遐想。有诗赞曰：

乱山环合势如盆，二水交流下东门。
北岗逶迤凤凰地，南山巍峙香炉峰。
高檐斗角门户对，乱石铺路街巷深。
雄鸡报晓闻三县，繁华直逼汉阳城。

位于白雀园陈小集子东首有个陈氏宗祠，光绪十年（1884）建成。它是以仿照古典式庙宇祠堂的形式修建的。祠堂的门楼为八角玲珑式，两侧为古朴的走廊，门下系石阶，石阶两旁为石栏杆，上面用石雕塑的石狮、石虎、石猴栩栩如生。门前广场竖一对旗杆，高33米多。祠堂内有中殿、大殿，左右均有厢房，四周用木雕

白雀园镇一景

白雀园民居细部

塑成各种图案，如“八仙过海”“桃园结义”“郭子仪上寿”“二十四孝”等。“文革”期间部分图案及中殿被毁。

白雀园内有条明清古街，总长2.5千米，宽约5米，青石条铺地，大多为明清时期的建筑，现保留完好的古民居有300余间。房屋为梁架式砖木结构硬山建筑，多扇木板门，木花格扇，带木阁楼，三至五进院布局，有浓郁的豫南民居建筑风格。建筑物上的花格窗棂、梁柱、柱角、天窗、斗拱、雀替、棚顶、廊柱、廊檐、墙头装饰、屋顶兽形砖饰等都保存完好，有极高的观赏和研究价值。街上的店铺以传统手工竹器、纺织品、熟食、缝制衣兜、剪纸、纸扎、绣花、香烛、蚊香、茶叶、杂果、中药材销售等为主要内容。此外，每逢冬季农闲时节，民间常常组织舞龙、舞狮、皮影戏、旱船舞、踩高跷、大鼓书、闹花灯等民间文艺表演。

明清时期，为了防止外来强盗、土匪，白雀园建有石质城墙和墙垛，称“白雀寨”，设有南门、北门（城门楼墙垛仍在，古称承恩门）、大东门（古称朝阳门）、大西门、小南门、小西门。北门内有一座桥，南门外有一座桥。白雀寨四周还有东、南、西、北四口井，因当年红军汲用井水，又被称为“红军井”。

白雀园是一块红色热土。1930年4月，中共白雀区委、区苏维埃正式建立，同年6月又建立了中共白雀市委、白雀市苏维埃。白雀园革命政权建立以后，迅速在全区实行土地改革，并建立了赤卫军、工会、妇女会、儿童团等组织，同时建立了苏维埃经济公社、销售合作社、工农俱乐部和列宁小学。随着革命的发展，白雀园在鄂豫皖苏区的地位越来越重要，是鄂东北、豫东南、皖西北三块红色区域的交通要衢。这里不仅是白雀区、市党委和苏维

白雀寨东门

埃机关的驻地，同时是光山赤卫独立师师部、红七十三师师部、鄂豫皖红军招待所、鄂豫皖中央分局军委临时革命法庭、赤色民警局等红色机关的所在地，还设立过红军枪械修造所、红军医院、苏维埃工农演讲所等机构。抗日战争时期，这里是中共光山工委驻地，工委机关设于彭家湾。解放战争时间，这里先后为光商办事处、中共光商工委、白雀园镇委、光商民主自治区等机关驻地。同时是中原军区一纵队一旅（皮定均旅）旅部的驻地（旅部设新光中学），一代名将皮定均在白雀园战斗长达半年，其妻子张烽在白雀园小学任教员。

1947年8月，刘邓大军挺进大别山后，白雀园于1947年9月恢复建立了中共光商工委，10月在彭家湾成立了中共光商县委、光商县爱国民主政府、光商武装支队。1948年3月，光商县改为白雀县，白雀县党政军机关一直驻扎于彭家湾，同年底移驻白雀镇，直到1949年5月26日合并入光山县。中华人民共和国成立后，1958年4月，国务院副总理李先念到白雀园重游战斗旧址，会见了干部黄文儒、周仁信、邹善安，并同乡干部在麦田里合影留念，同年7月2日，又致信白雀乡党委“提高劳动生产效率”，祝贺白雀乡农业生产获得了丰收。

2007年，白雀园镇被列为第二批河南省历史文化名镇，2014年又被列为第六批中国历史文化名镇。

• 豫南名邑泼陂河 •

泼陂河镇始建于元朝，明时称“泊陂店”。泼陂河发源于大别山主峰白马尖的北坡，由南向北流经新县后，流入泼陂河镇，与泼陂河镇境内的塔沙河汇合，再北流与晏河汇合，名叫官渡河（小潢河），并由此流入淮河。清乾隆时，因河水湍急如泼，故名“泼陂河”。还有一个说法是，这条河原名叫“破河”。破河里面住着一个老龙王，每到雨季，老龙王就裹挟着滔滔洪水呼啸而来，冲塌河岸，拔树倒屋，人畜遭殃。南北两岸唯一的一座桥也常常被洪水毁掉。后来，镇上的人凑钱修了一座九孔石桥，就是现在的永济桥。事实上，这座桥主要是由明末广西巡按御史毕佐周出资修建的。

永济桥是河南省现存最大最长的古代石拱桥，始建于明代万历四十八年（1620）。当时桥上游右岸为龙王庙，左为观音庙，桥南端有禅堂。其桥由境内乡绅及殷实好施者捐资修建。由于河面宽广，河沙淤积，桥墩基础修建十分困难，天启二年（1622）春，御史毕佐周告老还乡，亲自主持修桥事宜并带头捐资，多方求助，历时八载，于天启七年（1627）落成，并在桥头竖一牌坊，名为“永济桥”。清康熙七年（1668）洪水暴涨，桥局部被冲毁，后又多次重修，因捐款者众多，人称“万金桥”。1938年7月，国民党一〇三师工兵营为抵御日军，用炸药将此桥炸毁两孔。后当地商人苏传荣带头捐款捐料将被毁桥孔补为平面。1955年，河南省交通厅用石料将此桥恢复了原貌。专家从历史文献、建造技术、桥梁雕刻、出土遗物等方面考证，确定此桥为明代建筑。

永济桥通体用花岗岩建造，南北全长101米，东西宽10米，桥底海墁石至桥面高10米，9个拱形孔呈“八”字形，为撇肩圆弧石拱桥。2000年，永济桥被河南省人民政府公布为省级文物保护单位，2013年5月

泼陂河明清街

龚冲村

被国务院公布为第七批全国重点文物保护单位。

永济桥呈南北向横跨于泼陂河上，连接南北两街。街南北长2 000余米，东西宽6米，是一条保存较好的明清商业街，人称“光山小汉口”，可见当年商贾云集，商贸繁荣。街道原来均用花岗岩板材铺成，1958年整修为碎石路面，1979年又改为柏油路面，现为水泥路。街两旁大多为明清时期的梁架式砖木结构硬山建筑，多扇木板门、木花格扇、木阁楼，三至五进院落布局，檐柱上置雕花额枋，布瓦覆顶，古朴典雅，具有浓郁的豫南民居建筑风格，是研究我国古代民居建筑的样本。

古镇北有一座海拔不高的小山，叫紫云山，紫云山下有一汪深潭名叫大石潭。泼陂河由南向北蜿蜒而来，一头撞向小镇北头的紫云山，呈90º角折向西去。河水经年累月的淘蚀，在紫云山脚下掏出一口深潭，这就是大石潭。泼陂河古镇的人们习惯地把这里叫作“大石（shì）头”。传说潭中有巨龙，常兴风作浪，危害百姓，后来有高人在潭西500米处的永济桥桥孔安装了“斩龙箭”，射瞎一只龙眼，龙从此潜于潭中。

古镇不远处有一处小山村叫龚冲。村内古树参天，古宅鳞比，古泉流淌。龚冲虽只有几十户人家，却人才辈出，不仅是西域风情画派创始人徐庶之的故乡，村前的跑马岭林场更因清朝武举人徐有义在此骑射而得名。村中有三座明清“拉弓”大门楼，高大威风，古朴庄重。门楼上方有八卦形状的窗洞，内有圆形雕花木窗，浅绘着花虫鸟鱼、人物故事，栩栩如生。山墙上的青砖马头墙，用砖雕组成“回”字形和水波纹图案，格外惹眼。

泼陂河古在镇、在桥，美在山、在水。泼陂河水让古朴庄重的泼陂河镇有了灵动的色彩。清乾隆三十六年（1771）进士、光山知府杨殿梓游览此地时，看到泼陂河美景，情不自禁赋诗一首：

看山重渡泼陂河，水似玻璃静不波。

一水洗将青黛出，晓岚秋色在烟萝。

寥寥几句，山之翠、水之清、秋之美跃然纸上，勾勒出一幅绝妙的泼陂河山水画卷。

2007年，泼陂河镇被列为第二批河南省历史文化名镇。2014年，龚冲村被列为第三批“中国传统村落”。

• 红军长征出发地何家冲 •

何家冲村位于罗山县铁铺镇，占地面积20平方千米，现有1 356人。村落始建于明代，明末清初形成规模，延绵800年，至今保存完整。何家冲村坐落在大别山西端的鸡笼山西北坡，东、北、南三面环山，古树老宅、青砖黛瓦，有着江南乡村的秀丽雅致。何氏祠与何氏老宅分别建于明代和明末清初，建筑分别体现了传统豫南祠堂建筑和民居特点。

何氏祠为砖木结构，平面呈长方形，东西宽19.79米，南北长28.06米，以大门中心线为中轴线呈东西对称，由倒座、正房和东西厢房组成一个四合院，共有房屋16间。它的建筑风格吸收了南方宗祠建筑的特点，如燕尾、防火山墙建筑，是大别山地区其他宗祠建筑所没有的。倒座面阔5间，大门居中，在明间的两道梁架侧砌两道砖墙，高出两边屋面0.5米，墙上彩绘花草图案。大门上方有石雕“二龙戏珠”并施彩，石雕上方为墨书“何氏祠”三字。门楣的木枋上雕刻卷云纹图案。正面墙檐下彩绘民间故事图画。屋顶用小灰布瓦，装有三角形的瓦当和滴水，其上模印植物花纹图案。山墙上用天蓝、朱红两色在白底砖墙上绘墙头花，为植物花草图案。大门砧为一对石鼓。梁架为七架。明间、次

何家冲鸟瞰

间的后墙为槛窗，门楣上方装有木格扇。后檐为廊，施两根檐柱，卷棚顶，石柱础为宝瓶莲花座形状。穿插枋中部有扇面木雕，内容为“断桥”“刘海砍樵”，“文革”期间被破坏，残迹依稀可见。廊檐的两端各有一拱形门通往庭院外，门头为砖券，正面有半环形的砖雕卷叶花纹带，施彩，宽约0.2米。院为长方形，东西长9.7米，南北宽8.4米，低于倒座地坪0.2米。院的东西两侧各有厢房三间，结构相同。梁架上施柁墩，柱承五架梁，五架梁承瓜柱和三架梁。无廊檐柱，出檐用斜撑支顶，上雕有“回”字形图案。东厢房靠北间的前墙上嵌石碑一通，刻记着何氏家族的变迁及族规。花脊由小青砖灰布瓦砌成，脊正中有一砖制成碑形。正房为5间，

何家冲街景

央视网

何家冲：长征出发地，桂花遍地香

何氏祠

堂屋3间通面阔12.19米、进深9.01米，两边耳室各3.6米、进深10.71米。地坪高出庭院0.85米，有五级石台阶，两侧安垂带石。两边耳室对廊开门，拱形，门头上有半环形带状植物花纹。耳室同东西厢房的廊檐有石阶相通。施廊檐柱两根，抹角方柱，石柱础为须弥座形状。穿插枋上有扇面木雕图案。堂屋3间的前墙原为格扇门、槛窗，现在仅存木格扇，槛窗为土坯墙所代替。七架梁，使用柁墩承托其上梁架。堂屋同耳室之间为砖砌墙体，并突出屋顶，起平台，上铺瓦，即为防火山墙，并彩绘有花纹图案，前坡三台级，后坡四台级。花脊，两端装有吻兽，“文革”期间被砸烂。山墙上彩绘有花纹、太极图等。后墙檐有砖雕花纹。

何氏老宅属民居型组群建筑，其中门楼最具特色，从东向西等距离排列四门，屋檐向下的弧线和砖墀头高挑的弧线形成对比，造型丰富。四个院落平面布置基本相同。院与院以墙分隔，疏密兼置，相互围合不同空间。建筑正脊用灰瓦叠落，并叠有脊饰，中部渐低，渐向两方翘起，造型别致轻巧，体现了大别山区独特的建筑特点。

何家冲是一个典型的豫南山村，因1934年11月16日红二十五军长征从这里出发而久负盛名。何家冲1996年11月11日被国务院公布为第四批全国重点文物保护单位，2009年11月被评定为国家AAA级旅游景区，是全国一百个红色旅游经典景区之一，2010年被中宣部批准成为全国爱国主义教育基地。老一辈革命家邓小平、徐向前、李先念、刘华清、程子华、郭述申、王震等曾为何家冲题词。2005年，国家军委原副主席刘华清亲笔为红二十五军军部旧址题写了“红二十五军长征出发地纪念馆”馆名。

2012年何家冲荣获“国家文明村镇”称号，被公布为第一批“中国传统村落”。

• 传奇东岳村 •

东岳村位于光山县文殊乡，距县城30千米，因村内有东岳寺而得名。全村总面积18.35平方千米，共39个村民组980户居民3 810人。东岳村传统建筑群由寺庙、祠堂、明清街和普通民居四部分构成，南北风格融合，地方特色突出，保存完好的历史建筑面积达7 260平方米。这些古建筑群及古建筑点构成和支撑了东岳村的空间框架，体现了东岳村的特有风貌和文化底蕴。

东岳村的地貌属于浅山丘陵，山清水秀，人杰地灵，文化深厚。漫步村内，古树古寺，老人老屋，原生态的朴实味道十分浓郁。除村卫生所、养老院、文化大院、办公楼和居民新村是新建外，东岳村基本上保留着以前原汁原味的模样。

东岳村

作为豫南地区具有代表性的建筑形式，徽派民居在东岳村留有不少，不过因时间久远，很多已显破败，但风格可辨。东岳村195号民宅，高大的门楼依然挺拔，门口两侧刻有“国恩”“家庆”字样的砖雕依然精美。从屋顶高出的马头墙看，这些门楼具有显著的徽派风格。在东岳村肖窑村民组，有多处徽派门楼及一处返修的后宅留存。该处后宅山墙，石头镂空窗户朴拙古雅，尤其是屋檐下仅存的一处山羊砖雕，虽历经上百年风吹雨打，至今仍栩栩如生，令人叹为观止。该处院落门前，两个成人都合抱不了的大皂角树根部已经中空，但长势依然良好。

说到东岳村，不能不提东岳寺。东岳寺建寺于明永乐十一年（1413），为纪念东岳大帝而建，以传承和发展天台宗经典《法华经》，实现儒、释、道三教合一为宗旨，是佛教天台祖庭净居寺的支系庙宇。据史料记载，最兴盛时全寺占地面积7 000多平方米，古建筑面积5 060平方米，与现净居寺寺院布局类似，整个建筑为“三高二矮”式房屋，寺的主体建筑面阔五间，进深三间，为九架砖木结构；东西厢房属砖木结构，山门为风火墙；雕梁画栋，古朴典雅。东岳寺饱经战乱之苦，寺内菩萨塑像曾遭破坏，但寺庙部分主体建筑保存较完整。2005年，在宗教政策关怀下，东岳村多方筹资60万元，在专家的指导下，坚持“修旧如旧”的原则，修葺了东岳寺。如今，东岳寺基本恢复了历史原貌。寺庙院中有一口古井，系清代所筑，占地面积约10平方米，井口直径为0.6米，井内壁由青砖垒砌，井水甘甜，水源充沛。古时候，方圆十几里的村民都吃这口井的水，此井保存完好。20世纪90年代，村民为了保护这口井，在上面建了一个凉亭。

早在20世纪二三十年代的土地革命时期，东岳村就建立了杨湾苏、茅塘埂、四角洼、上张湾、熊洼等5个苏维埃政权组织，村内的革命活动堪称风起云涌、如火如荼。在东岳村扬湾村民组的水塘边，有一排并不起眼的砖瓦民房，至今仍居住着两户村民，但若不是立有石碑，外人很难想象得到这里就是李先念故居。李先念故居保存完好，为清代砖木结构，二进四合院格局，面阔7间，主房和到厅均为五架抬梁穿斗式建筑，坐西北门朝东南，占地面积约274.9平方米（21.89米×12.56米），建筑面积214.5平方米。主房共7间，两侧各有偏房两间，主房对面是到厅，到厅中间为一虎头高昂门楼，这间门楼恰好把6间到厅均分为两份。原民宅主人因与继承人分开居住，又在长方形院内建一隔户墙，意即两户共用一个大门楼外出，大院分为两户，各自拥有一独立小院。主房结构彰显出豫南民居典型风格，两份主房（左4间、右3间）均为同样的五架抬梁式穿斗架结构的瓦房，布局为三明两暗的硬山墙。柱高约4米，架长约3.2米，廊檐为重檐，廊檐水平宽度约1.4米。每间主房的前墙上方有一个同规格的拱券，主房屋脊上采用出檐建筑，房顶配装有瑞兽，此房为当时经济地位显赫的人士所建造。到厅（一进）矮于主房（二进），每间径深小于主房，宽与主房一致，两份到厅外墙均为包青墙，院内为土坯墙，室内均为三架套五架结构，每根木柱高约3.5米，上端全为木棚檩、灰瓦覆盖。

村北石岗村民组内的采石场遗址至今有2 000多年的历史，是红石（花岗岩）制品生产基地，主产手工凿制猪槽、门枕、石磨、碑套、石狮等石质工艺品。这里自古代以来就是鄂豫皖三省交界地区最大的石器加工基地。相传，战国时期，鲁班率徒自息县沿淮河南下，经过此地，指点石刻艺人迷津，现在当地还流传鲁班对此地的预言："欲采日进元宝，不采出一侯相。"当地百姓为纪念鲁班师徒，迄今还保存着鲁班的雕像、鲁班洞，建有鲁班香炉等。明清时期，采石场旁建有一条街，叫"鲁班街"，石刻艺人和商人在此交流工艺，交易产品。原鲁班街全长600余米，宽约7米，街道两旁建有商铺，后来这里的商铺被毁，集市迁出，现遗址仍保存。这个遗址是在第三次全国文物普查中发现的，并且被收录到《河南省第三次全国文物普查的重大发现》一书中。

不仅是石刻，东岳村烧陶技术自从宋代就已远近闻名，不少地方是因窑而得名，比如肖窑、杨窑、王窑等。相对于石刻、烧陶，东岳村的非物质文化遗产更是精彩纷呈。2009年，信阳市人民政府公布第二批非物质文化遗产名录，全市共64项，光东岳村就占了10项，分别是狮子舞、皮影戏、光山大鼓（曲艺）、竹马舞、皮影制作、旱船舞、东岳寺的传说、闹台锣鼓、东岳寺二龙戏珠的传说、猪八戒庙会。东岳村的花鼓戏还被列入河南省省级非物质文化遗产名录。时至今日，东岳村还保留了很多传统习俗。比如，正月十六有影响方圆数十里的东岳寺庙会，二月二是传说中的猪八戒生日，有祭祀猪八戒的庙会，三月十七有鲁班庙会等。

2012年12月，东岳村被国家住建部、文化部、财政部公布为"中国首批传统村落"。

• 古村老宅丁李湾 •

新县八里镇西北部有个神桥村，分为丁李湾一组、丁李湾二组两个村民组，现有122户415人。丁李湾前有水塘，呈月牙形，名"望月塘"，对面有座山，形似弯

丁李湾全景

月，叫“月亮山”。湾、塘、山合构而成一幅天人合一、别具豫南山乡风韵的“月色”画卷，成为电视剧《兵法乡村》的实景拍摄地。

据李氏家谱和村里现存的石刻碑文记载，丁李湾始建于元末明初，距今已有700多年历史。据传，因李姓无嗣，抱养丁姓外甥，其后人居住此地，故名“丁李湾”。

丁李湾老宅

村落形成于明嘉靖中叶，兴盛于清朝乾隆时期，直至民国时期仍有“新集城一圈，不如丁李湾一湾”的说法。丁李湾盛时有田地万余亩、房屋11排。每排长700余米，宽50米。每排3套，每套正堂3间，与厅房、侧厅、左厢房、右厢房融为一体共一门楼，计有600多间房屋。清道光年间（1821—1850），当地人李维屏官至四川隆安知府，此时村落四周城墙环绕，绵延10余里，并筑城楼防御，楼内枪炮护卫，有保安队员近100人，居民达800人。丁李湾现有房屋百余间，80%的传统建筑至今保存完好。

整个建筑群以古围墙为界，依自然山

丁李湾望月塘

势而建，由围墙、炮楼、里巷、祠堂、书院、民居、古井、池塘等组成。民居融徽派气质与北方宅院风格于一体，布局多以三间两廊、三间一边廊、三房两厅为主，因与巷道的相对关系而有所变化。民居里外通透，邻里间一门相隔，便于疏散、保护，有民居与祠堂结合的明清古村落特点。门楼、宅院均由石头铺砌成高地基。房屋青砖黛瓦白墙，高门楼，天井院，马头墙，每套门楼周围刻有“兽”字门碑，室内正堂四角装饰有银铃。房屋均为砖雕檐，檐顶上各种砖雕吉祥物。雕花窗棂镂空透光，楼檐翘角凌空飞举。门楣、门栏、门墩带有花纹装饰，古朴典雅。各种木雕、砖雕、石雕美轮美奂，蔚为大观。巷道地面由石块、石板铺成，两边留出雨水槽、排水沟。里巷有防护门、掩护门、逃生门，安全防御设施齐备。

这里整齐划一的“斜门楼”形成奇特的“歪门斜道”的建筑特色。这种“歪”“斜”的民居样式在乡土气息浓郁的豫南山村随处可见，据说是从风水之说，使“财不露外”，包含了古老的宅居思想、传统的建筑智慧和积福聚财的民间追求（一说是为了朝向祖地），这在李维屏老宅的“八”字形斜门楼上体现得最为充分。

丁李湾2003年被列入首批“河南省民俗民居村”名录，2012年被公布为第一批“中国传统村落”。

• 红色首府街 •

首府街位于新县县城首府路，东西走向。首府街原名新集正街，1947年刘邓大军解放新集后更名为解放街，中华人民共和国成立后更名为中原街，1995年更名为首府街。原新集正街东接河街，北连十字街，西临小西街，南通城墙。鄂豫皖苏区时期，东街区自北而南依次设有鄂豫皖省苏维埃政府消费合作社、鄂豫皖省苏维埃政府招待所、鄂豫皖省苏维埃政府、中共中央鄂豫皖分局及鄂豫皖省委、鄂豫皖省苏维埃政府银行，西街区自北而南依次设有新集市市委及市苏维埃政府、鄂豫皖省苏维埃政府政治保卫局、红四方面军后方总医院第六分院、鄂豫皖军委及红四方面军总部，是鄂豫皖苏区党政军首脑机关所在地。

新县县城由长潭驿、新集发展而来，地处鄂豫交界，是中原通往吴越、荆楚的要道，旧时为光山县管辖，明代以前为路途店铺，称作“长潭店”。明嘉靖三十年（1551），光山知县沈绍庆在此建长潭公馆。明万历二十八年（1600），光山知县李养正建长潭驿。至清康熙年间，长潭已成为豫南重要的集市。长潭集市兴起后，在长潭南二里处的河滩草坪上有几户人家建房开店，称为“新店”，后来逐渐发展

鄂豫皖军委及红四方面军总部旧址

成为新的集市，故称“新集”。清咸丰年间，曾瑟楼在新集始建石寨，称新集寨，新集正街就是这时期开始兴建的，至清朝末年，新集豪绅曾宪铸、刘基敬对街区进行改建、扩建，至此整个街区定型完善。东街区房屋主要由刘基敬家族居住，西街区房屋主要由曾宪铸家族居住，总面积1.6万多平方米，有房屋700余间。由于战争损毁和改建，现保存174间，面积5 600多平方米。房屋均为木质梁柱窗门，眠砖到顶。房屋布局规整，庭院对称，廊檐宽阔，门楼高耸，青砖黛瓦，雕梁画栋，为清末豫南典型的民居建筑风格。

20世纪20年代，新集周围全部用石条垒砌成高两丈余、宽7尺的城墙，被称为“石头城”。新集城三面环山，东临小潢河，有4个城门，大门均用铁皮包裹。城上有大土炮十数门，其中有清同治年间铸造的重炮多门。1936年出版的《光山县志约稿》称新集“百年来商业最盛，为光山第一富区”。

自鄂豫皖苏区党领导的农民运动兴起后，鄂豫边界的土豪劣绅麇集新集。城内豪绅曾宪铸、刘基敬散财发粟，招兵买马，扩充武装，拥有民团100多人，控制红枪会数百人，纠集各股地主武装千余人，固守城池，对抗革命。鄂豫皖苏区的红军曾于1929年7月25日和1930年7月3日两次攻打新集，均告失利。1931年2月11日，在徐向前、王树声的指挥下，红军第三次攻打新集，采取坑道爆破作业的方法，一举攻占全城。为悼念牺牲的烈士，鄂豫皖

沈泽民在鄂豫皖省委的办公旧址

中共中央鄂豫皖分局、鄂豫皖省委旧址

省苏维埃政府秘书黄介人题写了挽联："碧血染身精神不死，青山埋骨草木生香。"1931年5月，鄂豫皖省苏维埃政府设置新集市，市委书记为张永黄，政府主席为秦汉文。7月1日，新集更名为英斯克。新集被攻克后，鄂豫皖苏区党政军首脑机关迁入或在此建立。新集成为鄂豫皖苏区的首府和政治、经济、军事、文化中心。

1932年9月，红四方面军未能打破敌人的第四次"围剿"，9日，新集沦入敌手。1932年10月，国民党政府为加强统治，析光山、黄安、麻城各一部分，以国民党河南省政府主席刘峙的字"经扶"为县名，以新集为治所，置经扶县。1947年8月28日，刘邓大军六纵十八旅一部在肖永银的率领下攻克新集。10月1日，刘邓首长亲自部署中原独立旅袭占新集。1947年12月30日，根据刘伯承、邓小平提议，经扶县首届工农兵代表大会与会代表500多人一致通过，改名"新县"，仍以新集为治所，意即人民建立了新政权、过上新生活。1948年10月8日，在鄂豫军区司令员王树声、二分区司令员熊作芳的指挥下，集中军区和二分区武装最后一次解放新集。

首府街现有中共中央鄂豫皖分局及鄂豫皖省委旧址、鄂豫皖省苏维埃政府旧址、鄂豫皖军委及红四方面军总部旧址、鄂豫皖省苏维埃政府政治保卫局旧址、鄂豫皖苏维埃政府税务总局旧址5处国家级重点文物保护单位。

中共中央鄂豫皖分局及鄂豫皖省委旧址位于首府路东侧中段。旧址坐东朝西，东西长90米，南北宽22米，总面积1 980平方米，原为新集城豪绅刘基敬宅院。大门朝首府路，南接休闲广场，北连鄂豫皖省苏维埃政府，后墙紧靠河街（生产街）。大门为门楼式，顶部是花砖挑脊，两端有燕尾山墙，下部有石鼓门蹬一对，左右临街墙上为五对图案花窗。大门和二门门框用石条雕成，大门框上方悬挂着徐向前1980年4月为旧址题写的“中共中央鄂豫皖分局旧址”匾额。门左边镶嵌着一块白色大理石碑，上面刻着分局简介。旧址从前到后有五进大院，七栋老式阁楼，每栋7间，加上其他房舍，共61间。中间一条长廊把整个建筑分成南北两部分。从门楼进入长廊有一道木隔扇门，里边是长方形天井小院。长廊两边的房屋各自组成四个四方天井院，院内地坪用石条铺砌，四周有廊檐围绕。明间前墙是6尺高的隔扇，暗间则是半截隔扇或是方形大吊窗，檐柱上原来镶嵌有精美的卷草花撑，少部分仍保存着。第一栋7间房屋（原大门楼、招待所、列宁室、儿童局）因街道改建，于“文革”期间被拆掉，大门楼及第一栋原临街墙面按原样移修在现在临街的第二栋房屋位置外，其他建筑基本都保持着当年的面貌。1988年1月中共中央鄂豫皖分局及鄂豫皖省委旧址被国务院公布为全国重点文物保护单位，2001年6月被中宣部公布为全国爱国主义教育示范基地。

鄂豫皖军委及红四方面军总部旧址位于首府路西侧中段，坐西朝东，大门朝首府路，北接红四方面军后方总医院第六分院，南连古戏台广场，西临红星街。大门上方悬挂李德生题写的“红四方面军总部旧址”匾额。原为新集城豪绅曾宪铸宅院，有房屋7排，共60余间，总面积1 600平方米。中部有一长廊将此房隔为南北两组庭院。两组庭院房屋大多同山共脊，每排房屋之间都有大小不同的天井小院，排列整齐，布局井然。前排临街的6间均为做生意的铺面，第二排每边3间的中部各有一大门楼，条石门框。进入大门后转入中间长廊，可达后边各排房间。1997年，按县市政管理规划要求，向后平移2.6米，按原貌建成四水归池的房屋三层，形成大小庭院6个、木楼1座、房屋32间，靠北面第四间大门处走廊前后穿通。总占地面积1 162.8平方米，建筑面积833平方米，庭院面积225平方米。1988年1月鄂豫皖军委及红四方面军总部旧址被国务院公布为全国重点文物保护单位，2001年6月被中宣部公布为全国爱国主义教育示范基地。

1989年，新县县城被命名为省级历史文化名城。

•“小汉口”新店街•

新店老街位于商城县达权店镇新店村。明初，有梅、吴两姓首先在上岗岭上搭两间草屋做生意，后发展成长1 021米、宽8米、门面房500余间的街道，经营种类有轧花、印染、饮食、加工、制衡器、制鞭炮、屠宰、贸易等，久盛不衰，出现了不少名商富贾，被称为“小汉口”。抗日战争时期，新店街受到日军的蹂躏，后又遭灌河洪水的侵袭，生意逐渐萧条。现在古街区保存完好，原貌尚存。

新店村位于达权店镇镇政府以西6.8千米处，全村共有14个村民组395户1 634口人，总面积6平方千米，其中耕地面积45.3公顷。新店又称梅吴店。据史料记载，明洪武三年（1370）始，从江西、湖北有移民至淮南，至永乐十四年（1416）先后移民多次，在此期间，梅、吴两姓从江西瓦西坝徙居于此，率先在上岗岭（现称上店）搭两间草屋做点小生意，也有传说是卖白酒（自制的糯米酒），后有多姓人家也在上岗岭东西两侧建房经商。由于集市快速发展，又先后在上岗岭南下侧，以及下店、营坊河湾、史河对岸一块名为漫水河的空闲地里建店铺。集市框架进一步拉大，最终更名为新店。如果从1416年算起，新店街至今已有超过600年的历史了。

新店街从东向西由四部分组成：第一部分是营坊，全长207米，也是最北头，与省道S216线相连，据清嘉庆《重修商城县志》记载：“新店集守兵五名，营房七间。”又因十二道河经过，商人在小河的两岸建有店铺，取名为营房河湾。由于“房”与“坊”音近，后称营坊河湾；第二部分是上店，也叫上岗岭，全长280米；第三部分是下店，也叫下岗岭，全长354米；第四部分是漫水河，全长约180米，1954年遭洪水冲毁，商人逐渐搬离，集市

新店街街景

消失。

新店街现存清代中晚期及民国初年的建筑13 340平方米，集市建筑以单檐为主、穿斗梁架，大多依照明清《工部法则》构造，或五穿五柱、七穿七柱、七穿三柱，少有四穿者，柱础一般为石抱鼓；多为砖木、土木结构，青瓦屋面，大多为连排街房，房通高在4～5米，门厅面阔3.8米左右，厢房梁架出挑为檐。房主与房主之间共享山架或山墙相隔，自成一院，无论门面几间都在门厅后设四合院、大小天井，花台屹立，小巧玲珑，同时在门厅中设门楼连厅，可穿行所有院落的楼层到所有房间，俗称走马转角楼。裙板装修较少，成色大多陈旧，偶见腐朽的穿、柱，保存完好度在70%以上。临街一面无出檐现象，门面用铺板开、关，作为店铺营业。建筑上处处可见垂柱雕花、出挑蹲狮、浮雕雀替，颜色至今鲜艳。其厢房、后房若干，室内光线暗淡。街区道路全部用鹅卵石铺就而成，内设七八个饮水巷，小巷一般宽1～1.5米，巷子尽头或开挖深井，或直通河边，便于居民淘洗、乘凉、休闲。

考古探秘

——远古信阳的地下传奇

信阳大规模的文物考古工作兴于20世纪七八十年代。这一时期，在文物工作者的辛勤努力下，一大批新石器时代遗址被发现，众多的东周淮上故城被确定，一批批古墓葬被发掘。几十年来的考古探秘揭开了信阳历史的神秘面纱，信阳历史文化的独特面貌展现在人们面前：早在8 000年前，北方的裴李岗文化已发展到这里，此后仰韶文化、龙山文化在此蓬勃发展；到了夏代，这里已是夏王朝的统治区域。商代中晚期，信阳成为商王朝抵御南方荆楚势力的屏障；东周时期，淮河上游小国林立，有周王室分封的息、番、蔡、道、蒋、沈、曾、唐、顿、申、吕、许、厉等，有东夷集团嬴姓和偃姓封国黄、江、赖、柏、蓼及本地荆蛮集团和其姓不详的鄂、胡、弦、郧、贰、轸、长、房等。考古工作的成果展示了中原文化、楚文化、吴文化在此地交流融合，并形成了独具特色的信阳古代文明。据最新调查数据显示，全市发现文物点1万多处，其中历史遗址379处、古墓葬131处、石窟石刻71处、革命历史遗迹176处、革命历史纪念地28处；已列为各级文物保护单位的500多处，其中全国重点文物保护单位11处、省级文物保护单位98处、市级文物保护单位114处、县级文物保护单位345处。

• 信阳文明曙光的初现 •

信阳大部分区县位于淮河两岸，温暖的气候、优越的地理位置，为人类繁衍生息提供了条件。早在8 000多年前，信阳境内的淮河两岸就出现了相当规模的原始农业，考古发现有大量新石器时代文化遗存。裴李岗文化、仰韶文化、屈家岭文化、龙山文化等先后汇集于此，交相辉映。远古先民筚路蓝缕，掀开了农耕文明的创世篇章。目前信阳境内共有县级以上新石器时代文化遗址80余处。这些遗址包含南山嘴遗址、盘龙岗遗址、徐畈遗址、霸王台遗址、平寨遗址、秦楼遗址、沙冢遗址、龙王台遗址等，特别是沙冢遗址、龙王台遗址所处的新石器时代文化晚期标志着信阳文明的晨曦。

沙冢遗址

沙冢遗址位于淮滨县城西北30千米处的麻里乡尚营村肖南村民组，一条小河自西向东绕经遗址北端，遗址坐落在一个宽阔的冲积平原上，隔淮河支流洪河与驻马店市新蔡县相望。遗址为台地，呈扁长形，北宽南窄，南北长80米，东西平均宽20米，高出地面约5米。当地群众因其台地上土松如沙、平地凸起，故名“沙冢”。

沙冢遗址土质呈灰色，极为疏松。遗址文化内涵丰富，1985年，文物普查时已发现新石器时代房基柱洞、灰坑、墓葬等，当地群众还时常在遗址上捡到石斧、石锛、石镰、石镞、石锥、骨镞、骨锥、骨针及大量的蚌壳、鹿角、兽骨等遗物。陶器多为夹砂灰陶、黑陶，红陶次之，器型有鼎、鬲、罐、盘、豆、杯、钵、红陶鸟和陶球等，纹饰有篮纹、绳纹、刻画纹、压印纹、弦纹、附加堆纹等。

怀着探知该遗址文化内涵的渴求，1979年10月，信阳地区文管会、淮滨县文化馆对该遗址进行了调查试掘工作，在遗址的西北部布3米×10米探沟1个。经发掘，遗址文化层共有10层，文化层厚约5米，出土陶器、石器、骨器等文物近千件。在探沟底部清理发掘一座新石器时代晚期墓葬。墓葬东西排列，东西长2.7米，南北宽1.5米，深0.6米。墓中陪葬品有兽牙一颗、猪下颚骨10块、玉项饰5件、陶器19件，陶器多为磨光镂孔黑陶，部分陶器刻画有文字符号。

沙冢遗址具有浓厚的地方特色，是一处早期龙山文化遗址，出土文物与湖北京山屈家岭文化晚期的出土器物极为相似，其中钵形鼎与屈家岭盘口球腹鼎基本一致，只是两者在陶质、陶色上有所不同；沙冢的高柄壶形鼎和圈足壶形鼎与屈家岭的壶形器一致，沙冢的陶盘、罐、杯等器物等也可在屈家岭的豆、罐、杯中找到相似的元素。同时，沙冢的钵形鼎可在河南洛大庙龙山文化中追溯渊源，高柄镂空杯可与山东大汶口文化的高柄镂空杯相媲美，沙冢的三角镂空装饰又是江苏青莲岗文化的一种常见的特征，沙冢陶器上的五个原始符号又和青海乐都柳湾的原始彩陶纹相似。所以，沙冢遗址集多种文化因素为一体，又兼具当地特色，是信阳地区多种文化交错、融合的体现。

沙冢遗址的考古成果表明，新石器时代中晚期，屈家岭文化进入信阳地区，并在这里开始与中原地区和当地文化交融。

龙王台遗址

龙王台遗址位于潢川县张集乡高寨村，距县城37千米。这里地处大别山北麓垄岗与丘陵、平原交界处，地势东高西低，中北部地势较平，中南部有三条泥沙河分别由潢川县江家集和商城县入境，至遗址北部注入春河。这里坑塘遍布，土壤肥沃，亚热带和暖温带植物兼而有之，农林牧副渔业综合发展，素有“鱼米之乡”的美誉。

龙王台遗址高于地表约13米，遗址呈不规则长方形，东西长约318米，南北宽约112米，遗址总面积约3.5万平方米。已开展的几次文物普查都对该遗址进行过小规模的勘探和发掘，在距地表1～2.5米处发现灰坑6处，灰坑口径1～1.5米，深1～3米，形状有椭圆形、袋状形、长方形等，内出土有鹿、狗、羊、马等动物骨骼，还出土有陶片和食物残骸等。在遗址偏南方距地表约2米处发现废弃土井一眼，口径1.5米，深3米。发现红色陶圈井一眼，井已塌陷，仅有两层井圈，高约1米，其内散存有残陶片。残陶片陶质灰黑，较疏松，素面光滑，壁薄如纸。另发现一处夯土建成的高台，夯窝密集，排列有序。在遗址四周断壁处发现石箭头、石斧等遗物。

龙王台遗址是信阳市众多新石器时代遗址中范围较大、出土石器较多的一处。1977年12月，在龙王台遗址附近出土了裴李岗文化的石磨盘，它表明该遗址是一处新石器时代早期的古文化遗址，综合其他发现，其可能延续至龙山文化中期。龙王台遗址对研究信阳市新石器时代文化早、中、晚期之间的继承和发展的关系具有重要价值。

楚国别都——城阳城

城阳城址保护区位于信阳市平桥区长台关乡境内，距信阳市北25千米，东临淮河，中间有一“十”字江，分内城和外城，城内四周有护城河，总占地面积4.98平方千米。

1956年3月，信阳遭受多年不遇的干旱，炙热的太阳烤着大地。看着自己亲自播种的小麦将颗粒无收，人们心急如焚，于是便张罗着打井抗旱。信阳市平桥区长台关乡邱庄村小刘庄西北垄岗上有6个大土堆，其中一个土堆常年潮湿，农民们便在这个潮湿的土堆上打井。当打到深约7米处，掘出几条方木，他们便进入里面（后来发掘时方知是进入了墓的前室及右侧室），发现了部分铜器和漆木器，并送到当时的区长刘元标家保管，随后他们又派人向县里做了汇报。信阳县人民委员会得知后，立即派文教科的涂梅前往了解，经核实后将该墓封闭，并将情况转报河南省文化局。1957年3月，河南省文化局文物工作队会同信阳专署、县人民委员会和长台关乡人民委员会等部门成立古墓发掘委员会，进行考古发掘工作，至5月，一号墓发掘全部结束。

城阳城一号楚墓（也称长台关一号楚墓）是一座保存完整的大型木椁墓。它由墓圹、椁室、木棺三部分组成，分内棺和外棺两重。一号墓随葬器物有：乐器，包括铜编钟、鼓、木瑟等；生活用具，包括漆木器（如杯、杯豆、圆盘豆、高足方盒等）、陶器、铜器等；兵器，包括戈、镈等；车马器，包括车盖、盖弓帽及盖弓、车官饰、车軎、钩状饰件、条状饰件、方形饰件、马衔、繁缨座等；此外还有木俑和镇墓兽、装饰品、丝织物、竹编、书写工具和竹简及植物种子遗骸、杂器等，出土文物近千件。其中出土彩绘漆木器300余件，部分器物用石黄、赭色、深红、银灰等色彩勾绘成绚丽多姿的图案，光亮如新，墓主人彩绘棺上栩栩如生地再现了贵

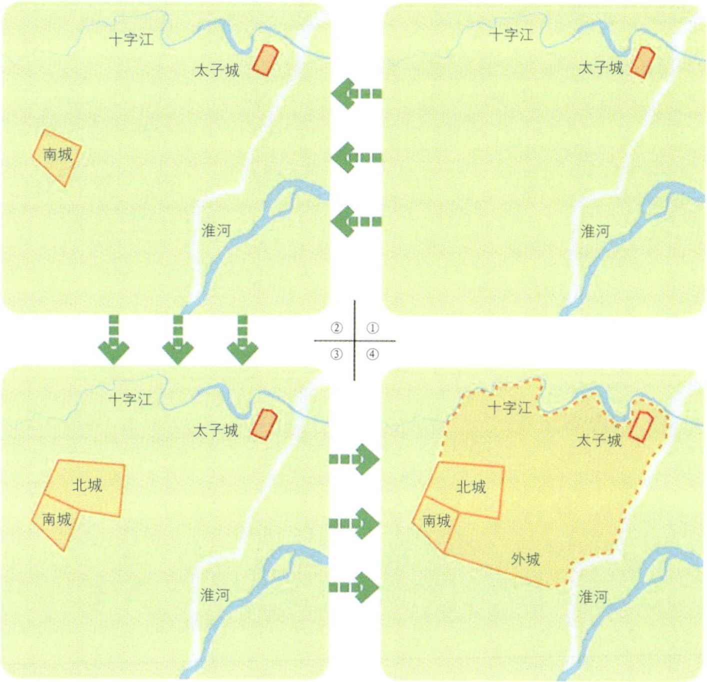

城阳城址的变迁

族们狩猎、宴饮、伎乐、歌舞、征战的风俗，在其他漆木器上则绘有巫师显法降灵等内容。出土的13枚青铜编钟音律准确，一钟双音，可与现代乐器媲美。根据编钟上刻的铭文，郭沫若考证墓主人是司马眅。

1958年在距一号墓东约9.07米处发掘了二号战国楚墓。二号墓与一号墓结构与规模相似，同为大型木椁墓。二号墓共发现文物414件，其中以漆木器居多，铜器、铁器较少。一号墓出土的镇墓兽和二号墓出土的凤虎鼓座，其造型及所绘图像反映了楚人对自然界的迷惑不解和笃信神巫的习俗。据考证，二号墓下葬年代晚于一号墓。

城阳城一、二号楚墓是我国发现较早而且保存完整的楚墓，它们的发掘在考古学上具有重要意义。墓葬之大，陪葬品之多，被誉为“我国考古史上的空前发现”。城阳城一、二号楚墓的发掘，为研究楚文化提供了大量宝贵的资料，在学术界掀起了研究楚文化的高潮。多年来，国内外很多著名专家学者都实地考察过城阳城址。郭沫若、顾铁符、黄盛璋等都曾对城阳城址的历史、文化进行深入研究，并发表重要学术论文，对其历史地位和文化价值给予极高的评价。

城阳城址内四周城墙至今保存完好，壕沟故廊依稀可见，城址区域还有十字江、锅底湖、跑马岭、晒金场、千年古井、千年古桑等遗迹和传说，都具有极其深厚的文化内涵。

经过多年的科学发掘和考古研究，可以确定城阳城始建于春秋早期，是当时楚国的军事重镇，距今有2 700多年历史，曾作为楚的临时国都，是楚国北攻东进的军事重镇，证明了春秋时期信阳文化高度发达的状况。公元前278年，秦破楚郢都，楚顷襄王流亡于城阳，接受庄辛的“亡羊补牢”之谏，收复大片失地，扩建城阳作为临时国都，使楚国延续55年。城阳城在秦、汉、魏、晋时期为城阳县、郡，是当时信阳地区的政治、军事、经济、文化中心，隋唐以后废弃，前后计1 000多年。

城阳城址是我国现有六座“楚王城”中面积最大、保存最好、具有重要考古价值的一座古城址。1963年楚墓群被公布为河南省第一批重点文物保护单位，2001年城阳城址被国务院公布为第五批全国重点文物保护单位。

• 黄君孟夫妇墓揭开黄国历史 •

据文献记载，黄为东夷族嬴姓，商周之际，自今山东境内沿淮河逆流而上到达今信阳地区，并在此立国，于西周晚期得到分封，成为周王室抵御楚国的南部屏藩。春秋时期，黄国成为淮河上游最强大的诸侯国，创造了光辉灿烂的黄文化，也是淮河上游地区唯一的灭国时间在史料中有明确记载的诸侯国。那么，古黄国究竟在何处，它的辉煌真如文献记载吗？

玉虎

1983年4月，信阳市光山县上官岗砖瓦厂的工人像往常一样在工地上忙碌着，忽然，几位工人在一个叫宝相寺的地方挖出一片与周围土质不同的土壤，有人怀疑是一座古墓葬，于是立即停了下来，并报告了当地文物部门。他们无论如何也没有想

黄夫人壶

黄君孟鼎

到，这一举动竟带来了一座重要古墓的发现，为文物部门探索和研究黄国历史揭开了序幕。接到报告后，信阳地区文物部门立即对古墓进行了抢救性发掘。

考古发掘表明，这是一座长方形的竖穴土坑墓，墓内有两套棺椁（分别被称为一、二号墓）并列排放。其墓地有高大的封冢和庞大的椁室结构，并设置边箱分放器物。这种丧葬之制后来为大多数楚贵族所承袭。棺椁使用的是方木，经中国林业科学研究院材性室测定，椁板为栎木，棺板为梓木。棺头、棺尾、棺壁、棺盖的棺板制作工艺精湛，棺盖顶部和四周有彩绘，绘有黑地朱红窃曲纹和波纹。二号墓棺椁完整，彩绘棺板色彩鲜艳，尸骨保存完好，经河南医学院（今郑州大学医学院）人体解剖室鉴定，墓主人为40岁左右的女性。该墓出土鼎、豆、壶、罐、盉、鬲、盘、匜、戈、镞、瑗和璧、玦、环、堵、璜、玉虎、玉鱼、玉蚕、玛瑙、黑串珠、玉雕人头等大量青铜器、玉器，以及竹木器、麻鞋底、丝织品等文物。多件青铜器上铸有“黄君孟”“黄子作黄甫人孟姬”等字样的铭文，如“黄子作黄甫人孟姬行器，则永宝宝霝冬霝后”等。据铭文判断，男性墓主人“黄君孟”应为黄国国君，女性墓主人名叫“孟姬”，是其夫人。因此，该墓葬被称为“黄君孟夫妇墓”。后经考古研究和对出土器物造型、纹饰和器物组合等判断，该墓是一座春秋早期墓葬。

黄君孟夫妇墓发掘的意义重大。首先，二号墓出土的紫色绣绢和“绢纺”纬重平组织织物（双根经线又加捻），是我国纺织史研究中极为珍贵的标本。紫绢，史称“齐紫”，史载“齐桓公好服紫，一国尽服紫。当是时也，五素不能易一紫”，“齐冠带衣履天下”。所以，黄夫人孟姬身穿的紫绢可能来自齐国。其次，黄君孟夫妇墓中出土了多件蚕纹玉器，且雕工精湛、娴熟，形象生动、逼真，证明信阳当时已会养蚕。据此推测，黄夫人孟姬身穿的紫绢也可能产自当地。再次，所出土的彩绘棺、黄夫人发型、玉雕人头、人首蛇身玉饰（传说中的伏羲女娲神像）、竹排箫、麻鞋底、竹弓等都是考古史上的第一次发现，这些发现为墓葬棺制、发型服饰、神话传说、古人体形、古代乐器和竹木、丝织品的研究提供了实物资料。出土的竹排箫是我国迄今发现最早的竹排箫，并且十分完整，彰显着古乐器的迷人魅力。黄夫人孟姬骨骼保存完整，头发亦保存完整好，梳偏左高髻，造型别致。发髻上插着两个木笄，其中一个木笄有玉堵。最后，该墓所出土铜器组合十分完整，已成为我国春秋早期青铜器断代的标准器。

黄国国君及夫人合葬墓被发现，黄国历史如何？其都城又在何地？

黄是我国上古氏族部落东夷族的一支。东夷又称“九夷”，《后汉书·东夷列传》曰：“夷有九种，曰畎夷、于夷、方夷、黄夷、白夷、赤夷、玄夷、风夷、阳夷。”清人雷学淇认为：“黄、白、赤、玄，以服色而别者，与方、风等皆近海之夷。”据此可知，黄人出自东夷，且

黄夫人孟姬发型还原示意图

因其尚黄服而得名。夏代时，东夷各族与夏王朝战争频繁，当时黄夷分布在今山东境内。西周时期，东夷被平定，黄人迫于压力，逐渐南迁，最后沿淮河逆流而上，到达上游一带，并被周王室封在当地建黄国。

历史上的黄国位于河南省信阳市潢川县境内。《汉书·地理志·汝南郡》颜师古注引应劭曰："弋山在西北。故黄国，今黄城是。"这表明西汉弋阳侯国境内的黄城就是黄国故地。东汉、晋时在黄国故城设置了乡亭和弋阳县。《后汉书·郡国志》司马彪注曰："（弋阳侯国）有黄亭，故黄国，嬴姓。"《左传·桓公八年》杜预注曰："黄国，今弋阳县。"南北朝时改弋阳县为定城县，唐宋元沿用不改。《元和志》载："黄国故城在（定城县）西十二里，春秋时黄国，后为楚所灭。"古定城县于元、明之际废，入光州，故治所位于今潢川县。

黄国故城位于潢川县城西6千米处的隆古乡，它始建于周成王平定东夷之后。2006年5月，国务院将其列为第六批全国重点文物保护单位。城址平面略呈长方形，城内总面积约2.8平方千米，其建筑规模完全吻合春秋时期"子爵，城三里"的等级制度。城外至今还有壕沟遗迹。城墙夯筑而成，夯迹清晰可见，每层厚10～14厘米，夯土层中有鼎、敦、壶、鬲、豆、罐等陶器碎片。现存三处城门豁口，墙厚、门阔、路基硬，可见当年城门的巍峨、都城的雄风。城内有夯土筑成的高台"黄君台"（宫殿区），高3～4米，平面呈曲尺形，面积约14 500平方米。城外西边是一处密集的墓葬区，有周代铜器出土。1999年6月至2000年底，河南省文物考古研究所又在此发掘古墓葬60余座，出土铜礼器100余件。大部分墓葬均随葬铜器，铜器组合为鼎、敦、豆，部分墓葬有簠、壶、豆、盘、匜、簋等铜器出土，其中9号墓所出铜盘内有"□夫人曾姬之盘"铭文。这表明黄国的历史地位很高，与文献记载的黄国相符。

• 番国故城遗址 •

番国故城遗址位于河南省固始县县城及城北一带，是一座规模宏大的东周时期的遗址，2001年6月被国务院列为第五批全国重点文物保护单位。

考古调查发现，番国故城遗址分内外两城，内城位于外城的东北部。两城的土城墙大部分尚存，有些地段还相当完整，有些地段虽被夷为平地，但墙基及四周轮廓清晰可见。外城周长13.5千米，北墙长2 325米，分12段10个缺口，中部有一段长72米的缺口，是城的北门，被称为“北山口”，是通往安徽阜阳的咽喉要道。城墙紧靠史河南岸，依自然地势蜿蜒筑成。百余米宽的史河为护城河，是其天然屏障。外城南城墙早已被夷平，护城河东西一线明显可辨。据出土器物分析，该城与文献记载相符。

内城东城墙和北城墙是利用外城的东、北城墙，只有西城墙和南城墙另行修筑。在城墙的夯土层内发现有春秋、战国时期的鼎、鬲、豆、盆、罐等陶器残片。20世纪七八十年代该遗址连续发现楚国金币“郢爰”，现收藏于河南博物院。1980年以来，在古城内东南角万营山附近发现春秋、战国墓8座，出土一批青铜器，有鼎、簋、盆、壶、剑、戈、矛、车马饰等。1978年以来，考古工作者在番国故城出土了几十座大大小小的楚墓，文物遗存十分丰富，为研究楚国在江淮一带的政治、经济和文化的发展提供了实物佐证。

春秋早期，番国已成为淮河上游地区的诸侯国之一，它可能位于今河南省信阳市北25千米处的城阳城址一带，后东迁至固始、淮滨一带。多年来，在信阳附近发现的春秋早期墓葬都与之有关，这些发现主要有：信阳市平桥区长台关乡甘岸大队发现的一座春秋墓，出土一组青铜器，计盘一，匜二，其中一件匜腹内壁有铭文4行17字：“隹（惟）番伯畣自作匜，其万年无疆子孙永宝用。”盘、匜与三门峡上村岭虢国墓地所出同类器物类似，具有浓厚的中原文化特征，时代为春秋早期；1986年6至7月，信阳地区文管会清理了信阳平西五号墓，出土有鼎、鬲、盆、壶、牺尊等各一件，根据铭文字体及纹饰特征判断，这组器物为春秋早、中期之际的器物。其中出土的鼎与黄君孟夫妇墓所出铜鼎类似。

据考古发现可知，春秋早期，番国青铜器已出现两个特点：一是器物组合已由中原地区的组合发展为江淮地区的组合；二是铜器铭文字体向隽秀发展，出现南方文字的某些特点。这些说明，番国已逐渐脱离中原文化体系，地方特色和南方文化因素在不断加强。

• 固始县侯堌堆一号墓——吴王夫差夫人墓 •

前504年夏天，奉吴王阖闾之命，吴国太子夫差亲率大军伐楚。当时的吴国十分强大，所以，大军一路攻城略地，所向披靡。大军来到了楚国的附庸国番国都城下，迫于吴军的强大攻势，潘子成周只得举旗投降，献出城池，番国彻底灭亡。于是夫差率军入城，在番国宫殿宴请文武大臣，庆祝胜利，太子夫人亦到场，所有吴军都沉浸在喜悦之中。也许是多日的鞍马劳顿，也许是突发疾病，太子夫人竟卧床不起，不久便命丧黄泉。夫人的溘然长逝，使得夫差悲痛欲绝。面对当时的局面，夫差下达了三项指令：一、立即派阴阳先生在周围选择墓地，将夫人就地下葬；二、将军中所带及缴获的铜礼器和贵重物品全部随葬，夫人贴身奴婢全部殉葬；三、吴军即日班师回朝。

日月如梭，岁月无情。两千多年过去

侯堌堆钮钟 镈钟

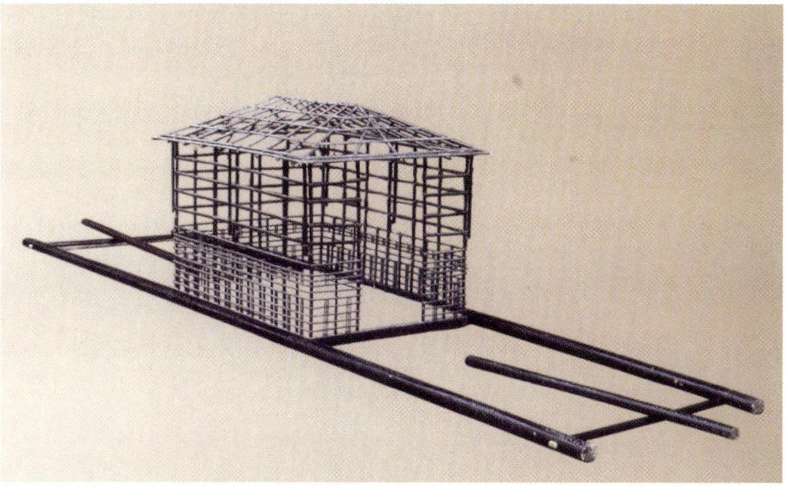

侯堌堆一号墓屋顶式肩舆（复原）

了，吴王夫差夫人的墓葬到底在何处？这个问题一直是萦绕在人们心中的谜团。

时间到了1978年3月6日。这一天，固始县城关镇砖瓦厂的工人在备土工程中，发现了用于陪葬的木椁室，工人出于好奇，从中取出2件镈钟和车马饰件等文物。接报告后，河南省文化局派考古人员联合信阳地区文物管理委员会对陪葬坑进行了发掘；1978年8月，又开始发掘主墓（侯堌堆一号墓）；1979年5月发掘工作全部结束。

侯堌堆一号墓位于固始县城东南隅1 500米的土岗上。该土岗为高出地面约50米的小山丘，因两山丘相连，当地俗称“罗汉献脐”，又名“侯堌堆”（当地群众称侯王的墓为“侯古堆”），土岗南、北、西三面为丘陵，东临史河，主墓即位于山丘的中间，陪葬坑在该山丘的偏北处、主墓的北侧。

一号墓墓口以上的封土堆呈圆锥状，高7米，直径55米。封土堆全部为夯筑而成，且系平夯，夯层厚约40厘米。墓坑内系沙和石混合封填，墓底有厚0.5米的青膏泥。墓坑总面积为170多平方米。该墓系“甲”字形长方形竖穴，墓道位于墓坑的东端，呈长方形斜坡状，东西长11米，南北宽4米。墓葬为一棺两椁。在主棺周围即内外椁之间及外椁的四周共有17具殉人。

侯堌堆一号墓和陪葬坑出土器物相当丰富，不仅有青铜礼器、乐器、车马器、杂器和漆木肩舆及玉器、陶瓷器，还有彩绘木雕盘龙和镇墓兽等。其中，三乘肩舆的出土尤为珍贵。它们制作颇为精巧，包括屋顶式和伞顶式两种类型，说明在此之前，肩舆已有了一段较长的发展过程。铜肩舆构件有龙首形铜插件、兽头形铜包头、铜肩舆足、肩舆横杆铜包头、肩舆抬杆铜包头等。

根据随葬器物的形制、花纹和制作工艺，以及青铜器上的铭文，侯堌堆一号墓年代上限应为公元前6世纪，即春秋末年。出土铜簠铭文为“有殷天乙唐（汤）孙宋公栾乍（作）其妹勾敔夫人季子媵（簠）”。由此可知，此铜簠是宋景公为其妹季子（勾敔夫人）出嫁时所做的媵器。结合历史记载，墓主人可能就是宋景公的妹妹勾敔夫人，她生前嫁于吴太子夫差。《史记·吴太伯世家》记载：“（阖闾）十一年（前504），吴王使太子夫差伐楚，取番。楚恐而去郢徙鄀。”这里的番即潘，楚邑名。又据《左传·定公六年》记载：“四月己丑，吴大子终累败楚舟师，获潘子臣、小帷子及大夫七人，楚国大惕，惧亡。”晋杜预注疏曰：“终累，阖闾子，夫差兄。”唐司马贞认为，“此（终累）为夫差，当谓名异而一人耳”。以上记载说明，春秋末年（前504），吴王使太子夫差伐楚，先行取番。就是在本次伐楚中，吴太子夫人发病致死，适逢夏季，只得葬于此地。正是由于墓主人所处的特定的时代背景和丈夫的领兵元帅职位，所以她才享有上层贵族的一切特权，死后可以将她的亲近奴婢“赐死”为其殉葬。

• 蒋国故城遗址 •

蒋国故城地处白露河和淮河汇流处的中间偏南地带，北靠期思死河。根据文献记载、古城内外出土文物及对古城西部墙址中段的剖解考证，可以断定蒋国故城的年代上限为西周，下限为汉代，属西周至汉代古城。蒋国故城保护范围包括城址区、墓葬区、孙叔敖墓和庙址、期思台地新石器遗址等，总面积约400万平方米。

据《左传》《水经注》记载，前617年，楚灭蒋封楚大夫复遂为期思公，建立期思邑，辖地大约为今河南淮滨、固始、商城及安徽霍邱、寿县部分地区。西汉初，期思地属淮南国英布封地，后贲赫揭发英布有功，被封为期思侯，期思为贲赫封地。两汉之间一直设期思县，东汉初年光武帝刘秀封臧宫为期思侯。期思县延续到唐朝初被废，划归固始县，总共存在约824年。1952年，淮滨县设立，期思由固始县划归淮滨县管辖。

蒋国故城遗址地表西部城墙约400米，残存高度4～5米；东部城墙长约500米，残高2米左右；南部城墙残长1 400米，由东经西断断续续，现绝大部分为耕地。古城北部紧靠期思死河，成为天然的屏障。城墙断面上窄下宽，呈梯状，南部墙址护城河

蒋国故城出土文物

尚存。在城墙中下部夯土层中，发现有陶鼎足、鬲足及残片等，出土有绳纹陶罐，西周铜镞，春秋、战国铜剑、戈、矛、镞，春秋楚国金币郢爰和较多蚁鼻钱，以及汉代绳纹砖瓦等。在城墙的西南角外侧，因地势较洼，北部多年顺南流水紧依城墙壁形成一条小沟。由沟壁看城墙暴露出的结构及城内所挖的一些深沟沟壁断面分析，文化层厚1.5米左右，可分春秋、战国、汉代及其更早期的陶片所反映出的文化层。

蒋国故城东南约500米的唐营村为蒋国的主要墓葬区，有大面积古墓群。1982年当地农民在挖排水沟时，发现一座春秋时代的竖穴土坑墓，出土了一批残陶、鼎、壶、罐等器物。1990年唐营村窑坊在此地取土生产时，发现一批竖穴木椁墓，后经河南省文物研究所调查，确认该地为春秋战国时代墓群。当年12月，省文物研究所委托信阳地区文管会、淮滨县文管会，对此地窑坊破坏的四座墓进行抢救性清理，出土了一批已损坏的陶器及铜剑、戈等，陶器多为鼎、壶、罐、豆等，陶质为灰胎黑衣彩绘陶。

蒋国故城西北部的台地被称为孙叔敖埋蛇岭，经地方学者研究考证，此台地乃为孙叔敖子所封之寝丘。岭下有孙叔敖庙和墓。《水经注·淮水》载："（淮水）又东过期思县北，县故蒋国……城之西北隅有孙叔敖庙，庙前有碑。"明成化年间重修重修孙叔敖庙志碑碑文载："庙西下即其墓。"《说苑》、《绛史》、清乾隆《光州志》、清嘉庆《固始县志》等都载有东汉延熹三年期思令段光书、王延寿撰文的《孙叔敖庙碑文》。

20世纪60年代至90年代，在古城遗址发现了铜鼎、铜壶，夹砂器；春秋时代铜剑、铜戈、铜矛、铜马衔、戈，陶鼎、陶壶、陶罐、陶豆（褐陶、泥质灰陶），"楚相孙公祠"横额石刻，记载"古寝丘地"的同治年间奶奶庙碑，明刘昌孙叔敖诗碑，重修孙叔敖庙志残碑石刻等大量文物。这些发现为研究淮河上中游的历史文明发展提供了珍贵的资料和参考实物，具有非常重要的意义。淮滨县在期思镇建立了文物遗址保护小组，加强了对遗址的保护。蒋国故城遗址出土的文物大多保存在淮滨县淮河博物馆内。

蒋国故城遗址是一处面积较大、延续年代较长的古文化遗址。遗址上限起于仰韶文化时期，包含有很丰富的文化内涵和文化遗物。它对于研究淮河中上游的历史文明发展、研究商周时期中原王朝对淮河中上游的封建和开发及研究这一时期的社会历史和文化都具有非常重要的价值。春秋至战国时期，楚期思邑在楚国发展史上占有很重要的位置，特别是孙叔敖治理期思邑期间，兴修了我国第一座可以自流灌溉的水利工程期思陂，至今期思一带仍保留多处古代水利工程遗址。鉴于期思作为地方性行政中心古城的连续性，通过对蒋国故城的科学发掘和保护，对于全面了解古代淮河中上游的社会、经济、文化等方面的发展和延续将获得一些全面真实的资料和参考实物。由于期思古城一直未经大规模科学主动发掘，蕴藏在蒋国故城遗址中的更多奥秘还有待于今后进一步的探索。

蒋国故城遗址1978年公布为县级文物保护单位，1986年公布为河南省文物保护单位，2013年3月6日年被国务院公布为全国第七批重点文物保护单位。

• 淮河千年独木舟 •

2009年夏天，淮河上游息县的河滩上，一队工人正在进行挖沙作业，挥汗劳作时忽然挖到了一个木制的东西，很像一只船。息县文物部门很快得知这一消息，迅速进行了发现现场保护，市、县文物部门组织专家赶赴现场。经初步调查，这应是一只古沉舟。

当时，独木舟露出于沙面之上只有1米多长，被判断为船尾，至于船体有多长多高是个谜，因为船尾是往上翘的，船头埋在沙子底下。由于独木舟上没有任何能够显示其制造年代的物证，考古人员最初认为这只独木舟可能是明清时期的，距今有几百年的历史。可随着挖掘工作的深入，考古调查人员有了更为大胆的推测。原来，20世纪60年代初，考古工作者在淮河北岸的孙砦村发现了西周早期遗址，在遗址西北部还发掘出了当时的养鱼池，出土了划船用的桨、橹及渔网等工具，为研究养鱼池的起源提供了珍贵的实物资料。考古人员联想到在孙砦村养鱼池遗址的发掘中只出现了桨和橹，却没有发现船，推测这只独木舟有可能是供养鱼人使用的。

经过半年时间的前期准备工作，并经省文物局同意后，2010年2月22日，市、县考古人员对独木舟实施抢救性发掘。经过认真研究，首先对独木舟周边泥沙进行清理。独木舟实际上深埋在6米多深的沙丘里面，泥沙清理完毕后仍没有发现其他的器物可以证明是什么时期的。考古人员都惊呆了：这么大！在河南竟然发现这么大的独木舟！如何将它运回是一个很大的问题。独木舟由于在地下面泡了两千年，整个船体含水都饱和了。为了确保其安全，考古人员首先考虑的是如何将独木舟加固。他们想了两套方案。第一套方案比较保险，就是做一个略大于独木舟的木箱，将独木舟整体装进箱内，再起运木箱。但是这个方案造价高，而且需要的时间长，不太可行。于是工作人员采用第二套方案，那就是对独木舟的舟体进行全方位加固，然后再将其运离现场。经过周密计划和抢救性发掘，独木舟最后得以顺利运到了信阳市博物馆。

经测量，息县发掘出土的这只独木舟长9.28米，最宽处0.78米，高0.60米。舟体两头略窄，呈方形，其中一头有一方孔，长0.13米，宽0.10米，由一根圆木整体加工而成，保存较为完整。经北京大学加速器质谱（AMS）碳十四测定，其年代为距今3 185±40年或3 170±35年，树轮校正后年代为距今3 500年，是我国迄今考古发现商代以前最大的独木舟。随后，信阳市文物局将该舟木质取样送到中国社会科学院考古研究所进行树种鉴定，鉴定其所用树种为现在分布于云南西双版纳和海南省一带的母生树。

该舟为中部地区首次发现，是河南省全国第三次文物普查中的重大发现，也是我国考古发现中最早、最大和保存现状最好的古沉舟之一，该舟所传递出来的考古、水利及历史文化信息非同寻常。该舟目前陈列于信阳市博物馆，被誉为镇馆之宝，进行脱水保护处理以使这只珍贵的独木舟能够长期保存。

淮河独木舟出土之后，信阳市文物部门加大了对该类文物的调查，陆续发现了多只古代独木舟的遗存。2012年10月、11月，2013年4月先后在息县淮河河滩上再次清理发掘出土三只古沉舟；第二只经测定为西周时期，树种为麻栗树，距今3 000年左右；第三只经测定为春秋时期，树种为麻栗树；第四只经测定为魏晋时期，树种为麻栗树。2015年息县又发现一只独木舟，经鉴定为二里头时期，树种为樟木。调查发现，信阳市还有多处古沉舟遗址。

信阳市淮河古沉舟的连续发现，为研究我国的航运史、科技史及淮河文化提供了不可多得的实物资料，具有重要的历史、艺术、科学价值。同时，信阳独特的气候及水利条件有利于出土古沉舟的文物保护和研究。目前，信阳市文物局、信阳市博物馆会同全国知名专家组织了针对出土古沉舟的初步研究和探讨。信阳市文物部门已经上报了“信阳淮河上游古沉舟调查考古”课题，并得到河南省文物局批准，各项准备工作已经开始。随着古沉舟专项研究工作的逐步展开，相信将为我们解开许多难解之谜，带来更多的惊喜。

• 世界第一美酒深埋信阳 •

古往今来，酒在中华民族传统文化中扮演了重要角色。世界上最早的酒出现在中国吗？它又出土于何时何地？这些问题可从信阳市罗山县后李商周墓地的一次考古发掘中得到答案。

后李商周墓地位于罗山县莽张乡天湖村竹竿河西岸的山坡上。墓地地表海拔70米，长约300米，宽约30米，距竹竿河主航道中心线约160米，水利灌渠自西向东横穿墓地。1979年8月27日至9月23日，文物部门在此进行了第一次抢救性发掘，清理和发掘了位于灌渠南部的6座商代墓，其中一号墓和六号墓保存完整，其余4座墓已遭严重破坏，只发现部分青铜器。1980年7月29日至11月28日，为配合水利灌渠扩建，省文物局经报国家文物局批准，进行了第二次抢救性发掘，在渠南又发现3座商代晚期墓，在渠北新发现13座商代晚期墓、20座周代晚期墓。该墓地两次共发掘商周墓葬40余座，出土大量青铜器、玉器、陶器、石器、漆木器、丝织品。其中八号墓出土的商代铜提梁卣内所封存的2千克液体，经北京大学化学系化验证明是3 300多年前的酒，它以世界最早的酒于1991年被列入

商代铜提梁卣

商代提梁卣与美酒

《吉尼斯世界记录大全》。

另外有两座墓中出土的木椁底板标本，经国家文物局文物保护科学技术研究所碳十四实验测定，树轮校正年代距今3 265±145年，所测年代与陈梦家《殷墟卜辞综述》一书中所推断的商王武丁所处年代接近。《中原文物》1981年特刊《豫南考古新发现的重要意义》一文指出：楚文化源于中原文化，春秋中期开始形成起来的楚文化是在这个基础上的继续发展和创造。商代武丁以后，南方的荆楚已经在中原商王朝的控制之下，这既有文献可考，又有罗山莽张商代墓地的考古实证。

罗山县莽张天湖后李商周墓地的发掘，是我国商周考古工作中的重大发现，填补了豫南商代考古的空白。出土的世界上迄今发现最陈的酒和铜提梁卣等大批珍贵文物及遗存，是我国迄今为止在殷墟以外发现的最完整、最重要的一批商周实物资料。综合分析这批墓葬的形制、随葬器物的特征、铜器铭文的含义，明确它们的分期、年代和族属，为研究商王朝淮河以南大别山地区的方国历史提供了极其重要的线索，也是对殷墟文化的重要补充。另外，上层的20座周代墓葬反映出不同于商族的葬俗和文化特征，代表着另一个时代、另一个族属的历史面貌，再现出商周更替时期豫南地区的民族变迁和南北文化交流的社会现象，证明了信阳作为中原文化与南方诸文化的纽带，在我国先秦考古工作中占有重要地位。罗山县莽张天湖后李商周墓地于2008年6月被省政府公布为河南省第五批文物保护单位。

• 浉河港西周青铜器 •

1986年8月，雨季后的信阳山清水秀，一片葱茏，生机盎然。这一天，在位于豫南信阳南部山区浉河港乡的一个大坝工地上，人声沸腾，热火朝天，数千农民正在辛勤劳动着。同往常一样，一农民在位于乡政府前的浉河滩主航道上取土，忽然，他感觉手中的铁锹像是碰撞到了淤泥中的硬物，便立即停了下来。在将硬物周围的泥土清理干净后，他放下铁锹，用手将它取了出来，仔细观看，只见是一件碧绿的青铜器，以前自己从未见过，便情不自禁地大喊一声：“我发现宝贝了！”周围的

「晨肇贮用作父乙」铜角

农民闻声后蜂拥而至，争相观看，整个工地一片沸腾。这时有人说：“这周围肯定还有古物。”于是，人们忘了近段时间的劳累，纷纷拿起铁锹，紧张地寻找他们心目中的“宝贝”。不大一会儿，又有几件器物重见天日，并分别被发现者带回家中。

浉河港大坝工地发现青铜器物的消息引起了文化、文物部门的高度重视。当天下午，信阳县（今信阳市平桥区）文化局局长徐长禄带领工作人员赶到现场，在浉河港乡政府和派出所的配合下，走访群众，做了大量耐心细致的工作，终于夜幕降临时将所有出土器物全部收缴，放入文物库房妥善保管。与此同时，信阳地区文物部门组织人员在发现器物的工地周围进行了抢救性发掘清理工作，又发现一批青铜器，与收缴的器物加在一起共13件。当将这13件器物清洗、整理放在一起后，看到这些精美绝伦的器物，文物部门的专家大为震撼。这些器物造型别致，纹饰繁缛，器物上大多有铭文，特别是一件铜提梁卣通体碧绿，不知多少年过去了，依然熠熠生辉，令人爱不释手。专家们当场鉴定，这批器物为西周时期的青铜器，价值极高。后来，经国家文物鉴定委员会专家鉴定，这批青铜器中的铜提梁卣和“角王”被定为国宝级文物，其余均被定为国家一级文物。令人遗憾的是，另一件铜角缺少一足（原为三足），尽管工作人员又去发现地收缴了几次，但一直未能如愿。是埋葬时就缺失还是当时收缴工作有遗漏？能否寻找它？这成了文物工作者一时难以解开的心结。功夫不负有心人，几年后的一天，河南省文物商店信阳分店的工作人员无意中从他人手中买到一只铜足。抱着试试看的心理，他们立即与那件铜角拼对，结果天如人愿，正好对上，正是遗失的那件铜角足！后来，这件铜角也被定为国家一级文物。

浉河港西周青铜器出土地点位于浉河港乡政府前

“父丁”提梁卣与“父乙”角

的浉河河滩上。经清理发掘，发现该地为古河道深水回流弯道，土层自上往下分五层，分别为鹅卵石层、黑淤泥层、黄淤土层、褐黄色层和沙石层。鹅卵石层厚约28厘米，黑淤泥层厚约50厘米。所有13件西周青铜器均处于黑淤泥层中，而且铜角、铜卣、铜觚、铜觯盖、铜尊等残缺部分均不见下落，断痕均是旧痕。因此，这批青铜器可能是早年被洪水冲垮墓葬后顺流而下沉落于此。由此往南40米以上是大面积的黄土台地，经勘察，没有发现墓葬活土，所以洪水冲垮墓葬的年代可能较为久远。

根据器物铭文，可将这批青铜器分为“父乙”“父丁”两组器物群。“父乙”组器物群共9件，其中“晨肇贮用作父乙”铜簋1件、“疒父乙”铜卣1件、“晨肇贮用作父乙”铜觚1件、“作乙父”铜尊1件（另一件仅剩残片）、“晨肇贮用作父乙”铜角2件、彝盖1件、觯盖1件、铜勺1件。在这9件器物中，两件铜角器物造型大同小异，通高28厘米，盖顶饰桥形纽，还有扉棱和饕餮纹（云雷纹衬底），腹饰扉棱和饕餮纹（云雷纹衬底），鋬饰兽首纹，足外饰蕉叶蚕纹；盖内壁及腹内各有一组铭文，铭文均三行12字：

晨肇贮用，

作父乙宝，

尊彝，即册。

“父丁”器物群共4件，计“作父丁”铜簋2件、“父丁”铜提梁卣1件、“父丁”铜觯1件。其中“父丁”铜提梁卣通体发亮，呈碧绿色，造型美观，口径10.2～12.4厘米、底径12～16厘米、通高24.7厘米，侈口，束颈，椭圆腹，圈足。提梁两端饰兽首，身饰单体夔纹。颈饰整牛纹，中部有牛头系纽。腹饰目纹和四瓣花纹，还有四个菱形凸起。圈足外饰夔龙纹，夔头在中部凸起。器底有铭文一行2字“父丁”。

“父乙”“父丁”器物群为西周青铜器群，与全国其他地方发现的同时期器物有相似之处。其中铜簋与陕西扶风父癸簋、宝鸡竹园沟一号墓2号饕餮纹簋、岐山贺家村史陪簋及凌源100号簋等都极为相似。铜尊的扉棱、圆口方座等与陕西扶风出土的商尊、折尊、1195号方尊风格一致；觯盖与扶风法门乡黄堆村出土的觯盖及折觯、1196号兕觥等大同小异。“晨肇贮用作父乙”带盖铜角两件，是西周早期罕见的礼器。“父丁”铜提梁卣造型优美，花纹清晰流畅，特别是颈部整牛纹图案，除北京故宫藏一件商代牛纹铜卣外，全国仅此一件西周牛纹提梁卣。通过将这批青铜器与全国出土的西周早期铜器进行比较，除陕西王畿之内的铜器可以媲美外，其他地区均相形见绌，从而说明这批铜器的墓主人与周王室关系密切。

浉河港乡位于豫南山区，与湖北省毗邻。两件“作父丁”铜簋铭文最后的“若”，即方国“鄀”（在今湖北宜城县），“南郡之浉，《汉志》作‘若’，楚昭王畏吴自郢徙此。南郡之鄀为本国，故称上……盖其初实一强盛之国，其地当跨今河南、湖北、陕西三省所接壤处也。”（郭沫若《两周金文辞大系图录考释》）此外，“鄀”“疒”和“若”一样，都是铸器者方国或族徽。“晨肇贮”应是墓主“父乙”的直系后裔。肇贮见于记载的有“肇贮父戊爵”（于省吾《商周金文遗录·四七六》）。浉河港西周早期铜礼器的发现，不仅填补了信阳地区的空白，而且在国内西周前期标准器群中增添了一批极为珍贵的实物资料。

（本文参考了欧潭生《河南信阳县浉河港出土西周早期铜器群》，特此致谢）

• 长台关楚墓编钟 •

1957年7月，用一套铜编钟演奏的《东方红》乐曲在中央人民广播电台第一次播送，1970年4月24日，我国第一颗人造地球卫星“东方红一号”升上太空时，悠扬悦耳的《东方红》乐曲又随着卫星周游世界，响彻寰宇。你知道这美妙动听的乐曲是什么乐器演奏的吗？它正是用1957年从河南省信阳市城阳城遗址楚墓出土的铜编钟演奏录制的。该编钟现藏中国国家博物馆。

城阳城遗址一号楚墓（也称长台关一号楚墓）是一座保存完整的大型木椁墓，出土文物近千件。其中这套编钟就是一号墓出土的重要随葬器物。钟共13枚，尺寸大小及重量依次递减，上铸铭文12字。该套编钟形制庄重古朴，经中央音乐学院民族音乐研究所测试，音律准确悠扬，一钟双音，这是中华人民共和国成立后发现的最早、最完整的古老乐器之一，是中国音乐研究史的重大收获。从1973年到1985年的12年间，这套编钟还随国家其他珍贵文物，分别赴法国、日本、英国、瑞典、墨

长台关楚墓编钟

西哥、加拿大、荷兰、美国、澳大利亚、西德、南斯拉夫等18个国家和地区巡回展出，参观人数共计1 000余万人次，轰动海内外。

• 河南省最长最大的古代联拱石桥——永济桥 •

永济桥又名万金桥，位于信阳光山县城南25千米的泼陂河镇老街北头，呈南北向横跨于泼陂河上，连接泼陂河南北两街。该桥始建于明代，为典型的联拱石桥，2000年被河南省人民政府公布为省级文物保护单位，2013年被国务院公布为全国第七批重点文物保护单位，是河南省最长最大的古代联拱石桥。

泼河镇地处南北通道，是楚豫相衔的要冲，历史上南北商旅络绎不绝。在建桥之前，泼陂河阔三十余丈，每逢春夏，河水猛涨，来往行人不敢渡河。明万历四十八年（1620），由境内绅士及殷实好施者捐资相助，始建此桥。但由于河面宽广，河沙淤漫，使得桥墩基础修建非常困难，后来御史毕佐周告老还乡，亲自主持修桥事宜并带头捐资，多方求助，历八载终于天启七年（1627）告成，并在桥岸头竖一牌坊名为“永济桥”。清康熙七年（1668）洪水暴涨，桥局部被冲毁。康熙九年，知县朱鼎振命典史赵德整修，绩成后，邑人张文炳有记。又过六十载，雍正五年（1727），山洪暴发，桥局部又被冲毁，二十多年间道路不通。清乾隆八年（1743），僧人如福恳求县侯徐公印发募簿，募捐修桥，终于在乾隆十六年（1751），再次修成此桥，因募捐款多，人们又称此桥为“万金桥”。

抗日战争时期，国民党一〇三师工兵营为抵御日寇，用炸药将此桥炸毁两孔。随后，泼陂河商人苏传荣带头捐款捐料，群众出工献料，将此桥毁孔补为平面，可通过轻型车辆。1955年，河南省交通厅第四工程处四队施工，将此桥被毁两孔用石料恢复了原貌。1975年，地、县两级公路段投资，将全桥桥面全部翻修，改为混凝土桥面。

永济桥选址于紫云山河流拐角点下游约500米处，此处水势的冲击力较缓，有利于桥梁的稳固。永济桥南北长101米，东西宽10米，桥下有9个拱形孔，长度不一，自6至12米不等，长度和高度由中间孔向两边递减，使整座桥呈“八”字形，既能使船顺利通过，又可以迅速排出桥面雨水。桥墩的东侧建有高大的分水尖，可分开洪水穿孔而泻，以减少山洪对桥身的冲击。桥面两侧建有栏杆，两边为人行道，中间为车道。据记载，过去两端桥头有华表，桥栏杆为望柱、栏板和石条组合，上刻有各种花纹，每个栏杆都雕刻有不同姿态的狮

如福募款重修永济桥

永济桥

子。桥面由台阶式柱头石条砌成，整座桥全部由花岗石构成。河两边河岸均有雁翅墙，雁翅墙上有古城墙，桥南头有跨桥桥头楼堡。桥头楼堡、华表在“文革”中被打碎，河岸雁翅墙、古城墙、水东门及部分桥墩仍保存完好。东20米处有水东门可进入河道至大桥底部。

永济桥为敞肩圆弧石拱桥，优美的圆弧如在平行的地面和水面之间悬挂的彩虹，避免了呆板和凝滞，给人以丰富的想象空间。永济桥桥身及出土构件雕刻精美，整座桥结构严谨，造型美观，秀丽庄重，其建筑风格具有典型的南方建筑特点和明显的时代特征，是研究我国桥梁建造、建筑艺术等门类的重要实物遗存。

豫南第一浮屠——崇福寺塔

崇福寺塔坐落在商城县旧城西北隅县第一中学（原崇福寺后院）校内，塔以寺名，俗称北塔、白塔，是寺院建筑群的重要组成部分。现崇福寺寺院不存，仅存此古塔。

崇福寺塔为七层楼阁式密檐砖塔，平面呈六边形，塔高22.3米，底边长3.05米，由塔基、塔身、塔刹三部分组成。塔基为六边形，边长3.36米，高1.2米，用赭红色料石砌筑成须弥座状。须弥座由上枋、上枭、束腰、下枭、下枋、圭角组成，上枋浮雕行龙、麒麟、游鱼、鹿等瑞兽及灵芝、松、竹、梅等图案，上枭雕刻宝相仰莲图案，束腰减地浮雕折枝牡丹等花卉图案，界柱和转角立柱刻“卍”字纹。下枋雕刻大部分已脱落，模糊不清，下枭雕刻宝相覆莲。整个须弥座雕刻图案精美，线条流畅，各种造型生动形象，各具神态，大有飘然脱壁而出之势。塔身雄伟高大，全用青灰色条砖平卧错缝砌筑，由下至上诸层高度递减，其平面逐层收敛，呈现出挺拔秀丽、舒展流畅的外轮廓，其整体设计构思与开封祐国寺塔类似，巧妙地处理建材、功能和外观等方面的关系，别具建筑艺术风格。

此塔是极其珍贵的古代雕刻艺术品，是研究我国古代雕刻艺术的重要实物例证。作为信阳地区最大最著名的古塔，有其独特的历史、艺术、科学价值，1986年11月21日被列为第二批省级文物保护单位。

1946年《商城县志稿》记载："崇福寺古塔，城内西北隅，寺有碑记，唐时重修。"今碑已失，不可考。明嘉靖《商城县志》则记载："崇福寺在县治西北，旧名龙泉寺，久废，寺基并浮屠犹存。成化十六年（1480），僧明铠修建，更名崇福寺。署僧会司。"时为商城寺庙之冠。县令李元调在《重修崇福寺碑记》中说："邑西北有古刹曰'崇福'，轩敞闳壮，备列诸庄严相。邑春秋祝厘，冠裳毕萃，岿然与金刚石佛并峙，为邑兰若冠，盖福地哉。"正德六年（1511）春，霸州绿林首领赵燧、邢虎、刘三率部破商城，"官师俱入塔内，火攻不克，师官册籍赖以保全"。万历二十年（1592），山洪暴发，"梵宇金身，颓毁于巨浸"。崇福寺被洪水冲毁，唯塔独存。为重修崇福寺，寺僧募化，"金积千百人而成资，工积十余年而成绪"，"寺貌乃灿然改观，戊申（万历三十六年，即1608年）夏八月，竭蹶焚修，以庆成功"。增其旧制，殿阁相连，亭塔交辉，斋舍齐备。有诗赞曰："古刹轩昂枕台隍，宝塔崔岿入云霄。"崇福寺成为众僧参禅念佛、官吏演礼祭祀、文人游览咏唱之处，朝钟暮鼓，蔚然极盛。时有吴凤仪《游崇福寺》诗：

道体无穷造化中，寻真深入梵王宫。
金光闪烁摇红日，塔影纵横倚碧空。
寂寞养成天地性，虚无流彻古今风。
斯文气味如相识，谁说当年饭后钟。

此后僧官常济等又于崇祯二年（1629）冬"督工增修崇福寺古塔"并刻石以志，此石今仍嵌于塔一层东外壁。及至明季清初，商城迭经战乱，崇福寺渐趋衰落。清末废科举、兴学堂，光绪三十二年（1906）八月，商城县师范传习所迁崇福寺。宣统二年（1910）秋，在此增办商城县中学堂，部分庙宇改为学校。1914年1月16日，白朗军陷商城，崇福寺及校舍半成灰烬，而塔幸存。后学校重建，残存庙宇仍为僧居，佛事依然。1933年，县民众教育馆设此，并以塔为中心，增建荷塘拱桥、茅亭碑碣、花木曲径，辟为北塔公园。抗日战争时期，商城于1938年、1943年两次沦陷，1941年陆军第八十四军驻防商城，军长莫树杰中将为纪念死者、警策来者，在此建方柱方尖形"抗战阵亡将士暨死难同胞纪念碑"，供人们凭吊。1942年秋，省立信阳师范商城分校迁此，附设小学、中学，大部分庙宇改作校舍，同时粉刷崇福寺塔，在塔壁书写、绘画抗日救亡标语、宣传画。1949年春，商城县初级中学复迁此寺，梵宇僧寮尽作校舍，僧侣星散，寺由此废。旧寺已瓦砾无存，唯崇福寺古塔犹如擎天巨柱，突兀凌空，巍然屹立。

崇福寺塔历经千百年漫长岁月，遭风灾、雨患、山洪、冰雹、地震和兵燹的侵袭，仅县志记载的就有百余次之多，迄今仍巍然挺立，充分显示了我国古代建筑匠师的高超技艺和聪明才智。它集佛教史迹、建筑造型、装饰和雕塑艺术于一身，是珍贵的文化遗产。

近年来，河南省文物局、古代建筑研究所有关专家都曾实地考察该塔的外轮廓形貌、建筑结构和工艺特征，鉴定该塔建于宋代或大修于明代初期，是豫南第一浮屠，也是河南省境内现存体积较大、建筑精美的砖塔之一。

胜景掠影

——五彩信阳的锦绣山水

信阳生态优美，山清水秀，风景名胜众多，是国家卫生城市、全国优秀旅游城市。信阳市森林覆盖率达到38%，商城等南部县区更是高达86%，拥有国家森林公园3处，国家地质公园1处，国家自然保护区3处，省级以上水利风景区6处，国家AAAA级景区8个、AAA级景区15个，以山文化、水文化、茶文化、红色文化、温泉文化、寺院文化和根亲文化七大组合为一体，形成了“红、绿、古”交相辉映的发展格局，构成了旅游业独特的优势，蕴涵着巨大的发展潜力。

信阳的自然景观兼具南北特色，以“青分豫楚，气压嵩衡”的鸡公山、如诗如画南湾湖、原始林海黄柏山、豫南高山峡谷第一漂金刚台西河景区、“中原第一温泉”汤泉池等为代表的山光水色，充分展现着人与自然的和谐。深厚的历史文化使得信阳的人文景观丰富多彩，灵山寺、净居寺和观音山的佛教、道教文化积淀丰厚、影响深远，历史名人黄歇、司马光、何景明、吴其濬等名人遗迹静静地供后人凭吊，根亲文化胜地遍布豫南大地，鄂豫皖苏区首府、许世友将军故里、邓颖超祖居、何家冲红二十五军长征出发地等400多处革命遗迹诉说着战争时期大别山烽火连天的岁月……

“江南北国、北国江南”的神韵、“山水信阳、休闲茶都”的茶香及“红色圣地”的激昂奋进，让信阳这一旅游地焕发出无穷的魅力。

• 鸡公山 •

——中国四大避暑胜地之一

鸡公山位于河南信阳市南部，处于豫、鄂两省交界处，东邻大别山，西接桐柏山，宛如二龙相拱的一颗明珠。鸡公山主峰名曰“报晓峰”，海拔767.5米，从东侧望去，像一只引颈长啼的雄鸡立于群峰之上，栩栩如生，突兀峥嵘；灵华山蜿蜒于主峰之西，长岭逶迤于主峰之东，酷似雄鸡挺身展翅，故而鸡公山又名“鸡翅山”。鸡公山景区面积27平方千米，外围保护区68平方千米，垂直性山体气候与自然、人文景观有机融合，使其具有集避暑、疗养、旅游观光、学习科研、生态保护为一体的功能，是首批国家AAAA级风景名胜区、全国四大避暑胜地之一。

鸡公山以避暑胜地闻名于世。鸡公山所处地带具有暖温带季风性半湿润气候向亚热带季风性湿润气候过渡的特性，冬长夏短，春秋相当，夏季气候凉爽宜人，年平均气温12.1℃，夏季平均气温22.7℃，日最高气温大于30℃的天数平均每年只有6天，即便在三伏盛夏季节，也是午前如春、午后如秋、夜如初冬。清末诗人刘景向在《鸡公山竹枝词》中有“三伏炎热人欲死，清凉到此顿疑仙”的赞誉。鸡公山山势不高，却以避暑胜地著称于世，其主要原因如下：鸡公山地处我国南北地理分

鸡公山日落

鸡公山总介绍篇

鸡公山第一篇：风韵·仙山茶源

鸡公山第二篇：风情·魅力洋山

鸡公山第三篇：风云·民国故梦

鸡公山云海

界线附近，且正是桐柏山和大别山首尾相接之处，此二山东西绵延千里，构成了我国南北方之间的一道天然屏障，是冷暖空气交汇区；山体两侧峡谷深平，似两条走廊，易于通风，常有风生风息，故有“无日不风”之说，在夏季带走了炎热；山上植被丰茂，能调节局部气候。宜人的气候使鸡公山极适于休闲度假、疗养避暑。现在，鸡公山又被亚太环境保护协会、中国城市竞争力研究会、香港中国城市研究院、亚太人文与生态价值评估中心等6个研究机构和组织评为“中国十大避暑名山”之一。

鸡公山属花岗岩低山地貌，突起于该山南北两侧的长江中下游平原和黄淮平原之上，从而显得山势高峻，自古有“青分楚豫，气压嵩衡”的雄伟气势。“佛光、云海、雾凇、雨凇、霞光、异国花草、奇峰怪石、瀑布流泉”被称为鸡公山八大自然景观。

鸡公山多奇峰怪石。报晓峰居奇峰之首，骆驼峰、狮子峰、宝剑峰等各具形态，雄伟俊俏。景区内怪石遍地皆是，比较典型的有颐庐景区的鹰蹬石，南岗景区的双立石、恋爱石、狼牙石，报晓峰景区的鹰嘴石、卧牛石、拴马桩（石），小鸡头景区的小鸡头、龟石、蛇石、鸳鸯石，东沟游览线上的将军石、小将军石、旗杆石；前山游览线上的虎头石、弥勒佛石等。特别是五怪岭，岭脊起伏，岩体裸露，怪石嶙峋，千姿百态，以五怪石最为有名。五怪石中有的像正在顶礼膜拜的道人，有的像坐待捕食的山鹰，有的如顺坡上爬的乌龟，有的似用嘴巴拱地的猪猡，

鸡公山别墅群

有的若欲跳捕食的青蛙，形象逼真，生动活泼。

鸡公山以秀丽著称。鸡公山南北居中的地理位置和过渡性气候，适宜南北方植物在此生长。据1983年7月科考专家统计，这里有高等植物205科1 773种，具有亚热带和暖温带两大植物区系的特点。鸡公山的植被覆盖率达到83%，素有“天然植物园”的美称。在此生长的草木花卉四季交替开放，把鸡公山点缀得多姿多彩。鸡公山泉溪众多，瀑布集中，共有瀑布3群22处，其中东沟就有2群19处之多。山因水而秀，水因山而活，多泉、多溪、多瀑又多雨，把鸡公山装扮得格外秀丽。

鸡公山有“豫南的云中公园”之称。其著名的十二景中，有六景与云雾有关，即“晓峰朝晖”“云海浮鸡”“鹃山红云”“晚霞夕照”“坳雾疾飞”和“云头观雨”。云雾分布广泛时，整个山峰在云雾中若隐若现，犹如仙境中的岛屿。云雾还与天象、地形等自然因素配合默契，“佛光”奇观时有发生，1985年7月31日在报晓峰之西出现32分钟佛光，8月1日再度出现。

鸡公山被誉为“万国建筑博物馆”。20世纪初到二三十年代，美、英、法、德、俄、瑞典、丹麦、挪威等24个国家的外交官、传教士及国内的军阀商贾在鸡公山兴建别墅500余幢，使这里出现了内陆少有的“十里风飘九国旗”的景象。鸡公山今仍存212幢别墅，这些风

鸡公山的传说

格殊异、错落有致的别墅把各国不同的建筑、绘画、雕塑、园艺、宗教等文化元素融汇一山，浓缩万国风情。在民国避暑鼎盛时，住山中的中外人士多达两三千人，鸡公山一时成了繁华的山城。蒋介石曾两次上山，张学良、杨虎城、冯玉祥、吴佩孚、马鸿奎、马福祥等将领亦曾登山避暑。中华人民共和国成立前后，叶剑英、贺龙、林伯渠、洪学智、陈再道、刘子厚等革命领导人曾下榻居住。鸡公山现存基督教的大、小教堂，佛教的活佛寺、天福宫、龙泉寺和龙华寺，道教的金鼎道观和灵化寺，荟萃中西宗教于一山，各类宗教和谐共生。

鸡公山具有千年历史遗存。早在1 400多年前的北魏时期，《水经注》就对鸡公山进行了记录。现有皇姑坟、龙泉寺、千年古银杏、兴安寨、旗杆石和将军石等遗迹。人文始祖轩辕黄帝曾统领部落子民在这里“筑城定边”，有现存中国最古南长城。境内存有中国九大名关之一的武胜关，千百年来为兵家必争之地。此外，红九军标语、新五师医院、兵工厂旧址、碉堡等众多的革命遗址尚存。

• 南湾湖 •

——中原第一湖

南湾湖，又称南湖，位于河南省信阳市，素有“豫南明珠”之称，被誉为“中原第一湖”。南湾湖风景区由南湾湖和南湾国家森林公园组成，以南湾湖为中心，以山林、岛屿为风景内涵，具有丰富的自然景观和人文景观，是国家森林公园、国

南湾湖风光

家水利风景区、国家AAAA级旅游景区。

南湾湖风景区以植被茂密的森林、浩瀚碧绿的湖水、众多的岛屿港湾、齐鸣斗艳的珍禽异兽、四季多变的植物景观、源远悠久的历史遗产、浓郁丰厚的民俗风情著称，以“幽、朴、秀、奇”为特点，以“山、水、林、岛”和谐一致而闻名，是融自然景观、人文景观、森林保健于一体，具有旅游、休闲、度假、养生、文化、科研、教学等多种功能的生态型旅游区。

南湾湖浩瀚无垠，湖面东西宽20千米，南北长50千米，面积75平方千米，水域面积是杭州西湖面积的12倍。湖面时而烟波浩渺，时而水光潋滟，时而水禽翔集、锦鳞游泳，时而湖光跃金、静影沉璧，真是“欲把南湖比西子，淡妆浓抹总相宜”。湖的上游有黑龙潭、白龙潭，黑龙潭大潭套小潭、小潭连清泉；白龙潭两山对峙、一水中涵，相传为豫南第一泉。湖内有61个岛屿，大小不一，形态各异，错落有致地散落于清澈的湖中，犹如碧珠洒盘，美不胜收，被称为“翡翠群岛”。众岛之中，鸟岛处处见鸟影，时时闻鸟鸣，每年春夏季节有近27种约10万只候鸟在此繁衍栖息，其中以鹭鸶为主。猴岛上生活着数十只野生太行猕猴。它们个个聪明伶俐，调皮活泼，深受游人喜爱。消夏岛上的民族歌舞表演具有独特的地域色彩，蛇技表演等也别具一格。百鸟园里众多鸟类及狮子、猴子、野猪、骆驼等动物，姿态各异，令游人大饱眼福……

南湾湖大坝长816.5米，坝顶宽8米，坝高38.3米，最大拦蓄水量为16.3亿立方

南湾湖鸟瞰

米，大坝正面有毛泽东所题的“一定要把淮河修好”八个大字。南湾水库除险加固工程项目于2006年9月得到国家发改委、水利部批准，工程总投资11 873万元，2007年11月开工，分三期实施。除险加固后的大坝实施了美化亮化，气势恢宏，山水相融，美轮美奂，流光溢彩，体现了人与自然的和谐之美。

南湾湖风景旅游区年平均气温为15℃，夏季林内最高温度仅29℃，大气质量优于国家一级质量标准，是名副其实的天然“氧吧”。区内森林面积7 146.2万平方米，林木总蓄积量49.1万立方米，森林覆盖率96%，形成了以马尾松、杉木为主的人工林和以栎类为主的天然次生林。种子植物有116科525种，中草药种类占全国药用植物种类的76%，有国家规定的保护植物野生杜仲等，动物种类达700余种，其中脊椎动物200余种，属国家级保护动物的有猕猴、大鲵、小灵猫、白冠长尾雉等。

南湾湖上游耸立着李先念战斗过的四

南湖渔歌

望山，下游连着历史文化悠久的贤隐山。贤隐山上有迄今1 400多年的梁王垒遗址，有与嵩山少林寺、洛阳白马寺、开封相国寺、南阳玄观庙齐名的贤隐寺，有奇异的仙人床、丈人石、动人神奇的平顶松传说。登此山，东可眺信阳城貌，西可观南湖烟波，有“山外青山楼外楼，南湖风光未尽头”的壮观景象。

南湾湖上游的车云山、集云山、云雾山、连云山、天云山等“五云”茶山和黑龙潭、白龙潭是荣获国家金奖的信阳毛尖茶的正宗生产地。南湖中的茶岛已形成产茶、采茶、制茶、销茶、茶艺表演一体化的茶文化链条，为成南湾湖的一张名片。

• 灵山寺 •

——千年古刹、明朝国庙

灵山风景名胜区位于豫、鄂两省交界的罗山县境内，总面积61.5平方千米，是

灵山寺

国家AAAA级旅游区、国家级生态示范区、国家级鸟类自然保护区。灵山古称霸山，又名八山，因其山脉走向、峰峦气势极似释迦牟尼成佛的印度天竺灵鹫山，又因史书记载灵山“有求必应，每云必雨，验之信然”，前来感受灵山道法的人都能沾些灵气，因而被传颂为神奇仙山、灵验之山。

灵山自古香火繁盛，高僧辈出，名播海外。灵山旧有“七寺三庵”，其中灵山寺建于北魏孝文帝延兴四年（474），为中原四大古寺之一。千百年来，“灵山三奇”——庙门东开、僧尼同寺、带发修行在佛教界独树一帜。唐明皇之女建宁公主曾在此出家为尼。明太祖朱元璋三上灵山，敕封灵山为“皇山”、灵山寺为“国庙”、住持僧陈大用为“金碧峰禅师”，御赐半副銮驾、金瓜、斧钺，亲笔御题“圣寿禅寺”匾额。清康熙五十一年（1712），灵山寺住持杲英赴印度研究佛

灵山朱鹮

学，成为印度佛教界一代宗师。1954年，印度总理尼赫鲁专程拜谒灵山寺杲英墓。

灵山寺现有大殿7间，分别为天王殿、祖师殿、大雄宝殿、法堂、念佛堂、祭仙宫、五星殿。1997年11月，国际佛教协会赠给灵山寺大型汉白玉佛像五尊：卧佛、释迦牟尼、观音菩萨、文殊菩萨、普贤菩萨，分别安放在祖师殿、大雄宝殿、法堂、念佛堂等处。灵山寺现有僧尼30人，寺内尚存圣井、莲塔等多处历史人文景点。每年来此朝拜、旅游者多达30余万人次。

灵山年平均气温13～15℃，夏季山上山下日温差7℃、夜温差15℃。森林覆盖率达90%，共有植物7个类型组，122个群系，200多个群丛，高等植物1 879种，随季节而多彩，随山势而赋形，堪为“植物王国”。灵山的山水与寺庙、林木浑然一体，九里落雁湖碧波荡漾，秀色迷人。灵山是鸟类的王国、蝴蝶的世界，与灵山紧紧相连的鸟类乐园——董寨国家级自然保护区，是全国仅有的两个鸟类自然保护区之一。灵山的鸟种类繁多，珍贵稀奇，达245种，其中国家级重点保护鸟类39种，列入《中日候鸟保护协定名录》95种，占河南省的79%，占全国的20%，在同一纬度或同一经度保护区中是最多的。蝶类有99个品种，色彩斑斓，群起群飞，是真正的蝴蝶谷。

灵山也是一块红色的土地，老一辈无

灵山垛住乌江口

千年古刹灵山寺

灵山九里落雁湖

产阶级革命家刘伯承、邓小平、李先念、贺龙、徐海东、程子华、陈少敏等都在此留下了战斗的足迹，千年古刹灵山寺是新四军“灵山会议”旧址，灵山脚下的何家冲是红二十五军长征出发地。

• 黄柏山国家森林公园 •

黄柏山旅游区位于河南省商城县南50千米处，地处大别山腹地，淮河南岸，鄂、豫、皖三省交界处，素有“鸡鸣闻三省”之称，因生产中药材黄檗得名，占地134平方千米，分为法眼寺佛教文化区、大峡谷生态游览区、滴翠湖森林沐浴区、大瀑布天然醉氧区四大功能分区，目前为国家AAAA级旅游景区，国家级森林公园，首批“中国森林氧吧”之一。这里青山绿水、飞瀑流泉，翠竹秀林，幽寺古塔，人文历史与自然景观交相辉映，相得益彰。

黄柏山历史悠久，有享有“楚豫禅宗”之称的法眼寺、河南省重点保护文物息影塔、李贽讲学布道的花潭书院等。法眼寺位于海拔780米的高山盆地，为明代高僧无念禅师于明万历二十八年（1600）所建。相传高僧无念因看中此处的幽远古清，就向属主讨要一块一件袈裟所能盖住的山地修佛栖身，属主应允，他便脱下袈裟望空一祭，竟罩住了这整片的灵山宝地，遂在此建造寺院。法眼寺四周青山环抱，北依蛇山，南屏龟山，前对莲花峰，后靠东峰尖，寺前百米为金盆跳鲤之地，现已筑坝成湖，名曰“无念湖”。当时明朝名臣邹元标、邓文洁、梅国桢，大学者焦闳，以及明代后期文坛上最有影响力的公安派“三袁”（袁宏道、袁宗道、袁中道）、七省经略梅之焕等都与无念禅师交往甚密，往来于此。蛇山之首处为云雾香茶产地，龟山之首处隔小河为古茶园，寺左有古书院，为明清学子就读处。古寺最盛时占地4 000平方米，共五重，房屋130余间，寺僧200余名。大思想家李贽曾寄居黄柏山花潭书院讲学，与无念禅师讲学著书。梅之焕在无念禅师圆寂后在法眼寺附近为其修建墓塔，取名“息影塔”，至今保存完整。塔高8.45米，占地面积602.4平方米，均为精雕细琢的料石镶砌。每层檐下有石雕斗拱，斗拱以上每个转角处均嵌一石雕龙头。据说当年龙嘴衔环，环系风铃，风动铃摇，铃声清脆悦耳，非常动听。第一层正面刻“息影塔”三字，两侧有一正联“白棒藤条明见性，萝卜白菜悟真经”。塔后平台突起，相传为无念禅师安葬处。在息影塔四周近300米范围内，还有7个高1～3米不等的小塔，相传是为无念禅师的弟子护卫息影塔而修建的。

黄柏山自然风光独特，有小林海原始森林、大牛山千亩竹海、小黄山杜鹃林、前河红叶林、黄柏山大峡谷、万丈崖瀑布等景点。

黄柏山大峡谷位于景区的中部，由将军岭和滴水峡两部分构成，全程约5千米，迂回曲折，沟谷幽深，是盛传于商城民间的北宋时期杨腊红与黄花天子故事的发生地之一。将军岭以奇松怪石取胜，黄山松生长在嶙峋的顽石中，于崖石之间横空而出，如美女、如醉汉、如苍龙、如飘云，姿态万千。独特的巨型花岗岩地貌在河流千万年的冲刷下形成了滴水峡令人难忘的景观，瀑布群集，深潭星罗，有饮马涧、梳妆潭、铜锣潭、桃花潭……其中以铜锣潭、将军石最为有名。这里也是动植物的王国，据统计，峡谷中分布有乔木树种140余种，野生动物20多种，国家二级保护动物白冠长尾雉、商城肥鲵（娃娃鱼）亦在其中。

距法眼寺2千米处的搁脚河峡谷就是黄柏山大瀑布景区所在地。这里悬崖崖壁巍峨，峡谷幽深，峭壁嶙峋，飞瀑流泉，

黄柏山法眼寺

黄柏山将军石

震撼人心，全长1.5千米，内有三大瀑布，每瀑相隔约30米，均匀分布，三瀑各有千秋。第一瀑为万丈崖瀑布，从百余米的石壁上垂直而下，如银河倒泻，卷起寒风万道，击起战鼓震天，气势壮观，暴雨季节声震十余里。第二瀑为锁龙瀑，在宽阔的岩壁上蜿蜒而下，突然跌下深潭，形成三十余米高的瀑布。在下落入潭处，一巨石挡立岩壁中央，巨石至北岸的岩壁上有六个等距离的圆柱形石洞，相传当年为锁龙固定铁锁而用。第三瀑黑龙瀑从石壁涓涓而下，恬静而优美。

滴翠湖（又名“天池”）位于大牛山，海拔735米，因“黄柏苍翠滴清露，汇成天池翡翠湖”而得名。湖畔茂竹绵延，苍翠欲滴，水杉耸立，高大伟岸，松枝起伏，涛声阵阵。湖中水波粼粼，碧若翡翠，浮山掠影，尽收池底。四时之景不同，最美是那云雾起时，丝丝缕缕洁白如絮，远山近水时隐时现，置身其中，如临仙境。

九峰尖奇峰海拔1 352.6米，是仅次于大别山主峰金刚台的第二高峰。它统领九峰，峰峰各异，错落有致，直插云端，比肩而立，“九峰尖”由此而得名。其山势险峻，崖壑深邃。极目远眺，万木峥嵘，葱郁苍翠，千峰万壑，皖豫之风景尽收眼底，“会当凌绝顶，一览众山小”“凭崖览八极，目尽长空闲”之豪情于胸顿生！第一峰处有一洞，20余平方米，前方有一巨石，如僧人躬身，即“老和尚进洞”。传说东面黄花岭上黄花天子逃走后，殿宇被毁，其一员大将藏身此洞，听说黄花天子已死，悲痛万分，遂削发为僧，后化身为石，即成此景。山中另有一洞，常年风势不衰，嗡嗡作响，内可容4人对坐。据说当年曾有红军藏身此洞，后人们称之为“红军洞”。山中还有一块巨石，传说是当年龙王与油榨斗法时，遣山中众石压油榨，仅剩此一石，人们称之为“金牌石”。

九潭谷位于磨盘山南，沟谷幽深，长约5千米，两面为悬崖绝壁，急流而下，尤以三潭著称。传说天上有龙欲落此地，山石太硬，龙尾连戳三次不能入。三戳处遂成三潭。自下而上，第三潭在两座高山俯首低语形成的峡谷之中，潭宽12米、长15米，水深10米，两面石壁如欲合的莲瓣，高50多米，水流从交合处奔腾而下，声响震天，落入潭内，绿水茵茵，十分清澈。由三潭攀岩至壁顶，峡谷豁然开朗，山体环绕如一巨瓮，形成第二潭，直径达10余米，圆形，周围巨石林立，形态各异，其中一石上尖顶圆如象牙。瀑布从峭壁之上直泻，落差40余米，潭面宽、深均在10米左右，潭水幽深，寒气透骨，于石隙间涌泉而出，如串串珍珠坠于潭中，溅起圈圈涟漪。继续向上攀登，峡谷变窄，见第一潭，亦为一瀑一潭，瀑高5米，水流悠缓，潭面宽15米，深3米，清可见底，周围山树掩映，十分清幽，入潭之水从潭中缓缓流出，几经回折，注入二潭和三潭。

原始林海——黄柏山国家森林公园

置身黄柏山茫茫林海，寻梦怀古，便可真正领悟到黄柏山法眼寺门口那意味深长的楹联之意："三十里隔断红尘看茂竹修林别有风情殊世事，五百年重开绿野听飞泉鸣鸟另出境界异人寰。"

• 金刚台国家地质公园 •

金刚台国家地质公园位于大别山北部腹地，鄂豫皖三省交汇处，景区总面积138平方千米，其地质地貌、自然生态和人文景观丰富多彩，是集科学价值与美学价值于一身的综合型地质公园。

奇异的地质造就了金刚台灵秀山水。金刚台地质公园完整保存着火山活动的流动构造和罕见的冲刷地貌，它清晰地呈现了金刚台区域地质发展和地貌演变的历史。经受了数亿年的沧桑巨变，其间无数次的裂山断海和风侵水蚀形成了现今令人叹为观止的灵山秀水。金刚台国家地质公园保存着稀有、典型、系统完整、自然优美和极具地学价值的地质遗迹。保存完好的逆冲推覆、走滑剪切、超高压变质、岩浆活动及沉积建造等形态，是研究中国大陆地地壳演化与形成的重要区域。

金刚台群峰林立，峻秀奇伟，千米以

金刚台风光

金刚台国家地质公园

金刚台上妇女排

上山峰有十余座，主峰海拔1 584米，为大别山系河南境内最高峰，因形似金刚而得名。登临此峰可北俯中原，南阅楚天，千山万壑，尽收眼底。金刚台重峦叠嶂，峡谷幽深，怪石奇洞数不胜数，瀑布深潭随处可见，真是“奇松怪石神斧凿，云遮雾绕天上来”。猫耳石巨石孤峰，高耸云端，百里外可见；月亮口如仰天卧镰，明月彀入，众峰披纱；仙人桥悬空而架，乱云飞渡；太阳尖酷似金塔，绝壁如削；龙贯柱擎天而立，刺破苍穹；朝阳洞宽敞幽深，曾藏帅屯兵；水帘洞珠帘常挂，烟尘缭绕；龙头岩昂首啸天，云雨之时如吞云锁雾，栩栩如生。黄泥寨高山茶园碧波万顷，松林苍茫，竹林摇曳。还有绝壁潭等几十处奇境异处，不胜枚举。

自然生态造就了金刚台生物宝库。这里动植物种类为全省之最，是中原腹地“原始处女地”。主要动物有肥鲵、石化鱼、隆肛蛙、金钱豹、野羊、白冠长尾雉、猫头鹰等370余种。其中商城肥鲵是国家二级重点保护野生动物，成体全长1米以上，主要生长在海拔800～1 200米水流湍急而清凉的溪流之中，成鲵常栖息在深潭内的岩洞或石穴内，一般夜出晨归，夏秋季有时白天上岸觅食或晒太阳，溪潭内经常能发现它们的踪影。这是还有奇特的原始森林，千亩竹海，万顷松涛。珍稀植物有2 000多种，号称“植物的王国”。属国家保护植物的有珍珠黄杨、水杉、古银杏、金钱柳、鹅掌楸、大别山五针松、香果树、杜仲等。茶叶、桔梗、天麻、茯苓、生漆、板栗、木耳、猕猴桃、桐油、乌桕更是这里驰名中外的十大名优特产。中草药有天麻、黄檗、茯苓、灵芝、桔梗、蕨菜，其中天麻、桔梗、蕨菜、茯苓得到原产地认证。这里所产的生态茶——“信阳毛尖”更是茶中上品。

“金刚台上好风光，犹忆当年作战场。巾帼舍身驱虎豹，工农仗险待朝阳。斗争岂惧将流血，革命非关不纳粮。只为迎来新世界，神州处处桂花香。”1934年11月，红二十五军长征后，鄂豫皖苏区进入艰苦的三年游击战争时期。商南游击大队便衣队和妇女排一直在金刚台英勇机智地同敌人斗争。红军战士和伤病员经常居住在豹虎洞、凉子洞、水帘洞、朝阳洞、女人洞、蝙蝠洞等70余个山洞中。正是这些天然洞穴掩护和保存了革命力量，被后人亲切地称为“红军洞”。金刚台现有以“红军棚”、朝阳洞等为主的红军洞群78个。其中朝阳洞位于金刚台主峰西南，海拔1 145米，是天然岩洞构造，洞深12米，宽8米，高5米，能容纳百人，洞口草木掩映，仅有一小路可以接近。工农红军在金刚台坚持了艰苦的游击战争，赢得“三年红旗不倒”的赞誉。金刚台红军洞群现已被列入全国红色旅游发展规划纲要和省、市红色旅游经典景区。

金刚台西河景区

与金刚台国家地质公园相邻的是金刚台西河景区。西河景区是集飞瀑流泉、红色遗迹、高山茶园、科普教育、度假疗养于一体的休闲旅游区，有华佗庙、雁鸣关瀑布、亲水栈道、高山茶园、万亩杜鹃花等。关于西河的自然山水，自古多有文人墨客记述，其中以明万历年间陈五典所撰《苏仙市庙碑记》所述最为著名，碑载：“有青峦以峙其雄障，有绿水以绕其萦环。”金刚台西河景区峡谷漂流全长5.8千米，总落差175米，1米以上落差30余处，其中9米以上落差至少6处，并有景色各异的十八怪潭。峡谷溪水清澈见底，漂流地段跌宕起伏，是豫南水位落差最大、最具刺激和挑战性的自然山水型峡谷漂流，被誉为“豫南高山峡谷第一漂”。

• 汤泉池——神水温泉美名扬 •

汤泉池风景区位于商城县城西南20千米处，景区面积5平方千米，因泉水有药物疗效，又称“药泉”。汤泉池与西安华清池齐名，兼有漓江之秀、太湖之美。

据传汤泉池古代是一洼热水塘，唐李吉甫《元和郡县图志》记载：“温汤，在县南山中，其汤绿色。”清乾隆帝巡游过此沐浴，立碑赐名“汤坑”。清道光年间重修，据当时碑文记载，此地修建有官池、民池。清嘉庆年间（1796—1820），官府在此创办“温泉书院”。后修建官池、男池、女池、洗衣池、温水井。民国时期又修过“官池子”。因温泉周围层峦叠嶂、怪石嶙峋、湖光山色、景色宜人，文人墨客在此留下了不少脍炙人口的诗篇。明代思想家、文学家李贽携众僧沐浴游览后赋诗《温泉酬唱》：“大都天下士，已在此山中。爱客能同调，相随亦向东。洗

心千涧水，濯足温泉宫。老亦无余弃，愿师卫武公。”清代邑人王佑、王调等临泉赋诗，写下了“雷山暗脉通温泉，浑似华清别有天”“共和池底春风暖，浴罢游人慢咏归”等著名诗句。

汤泉池以温泉水的医疗效果而闻名。温泉大约形成于一亿年以前，现有三个泉眼，日出水量650吨，水质清亮洁净，水温56～58℃，经光谱定量分析，泉水中含锶、钛、硼、铬、铜、铅、钙、钠、镁、钾、氟等元素，按医疗矿泉分类属于淡温泉、硅酸泉和氟泉。温泉的热力学效应和药物化学作用对皮肤病、风湿病、肠胃病及神经系统疾病、呼吸系统疾病、妇科疾病均有显著疗效，特别是皮肤病、风湿病治愈率很高；健康人常用汤泉池温泉水沐浴，亦能护肤美容、增食催眠、延年益寿。人洗浴后头发蓬松、满身洁润、肤清肺爽、心情舒畅，吸引了无数游客慕名来此疗养、旅游。

泉区背靠满目苍翠的大雷山，面临碧波荡漾的温泉湖，融山、水、泉于一体。清人王佑有一首诗：“郁浮地面拟蒸烟，乱石穿流别一天。气绕火云疑赤壁，风来暖玉起蓝田。扬汤灌顶休嫌热，汲水烹茶不费煎。自是天南多懊苦，故教沸沸涌山泉。”生动描绘了温泉的秀美景色。这里三面环水，一面靠山，山因水而秀，水因山而清，山水互衬，绚丽多姿。区内山势逶迤，小丘连绵，松竹掩映。20多家

汤泉池（一）

汤泉池（二）

风格各异的疗养院依山傍水，鳞次栉比。一座座颇具现代色彩的各式楼房，或倚抱山势，或凭借水色，将汤泉池装点成了玲珑别致的画舫。金色的“神水阁”雕梁画栋，点缀着湖光山色；古朴典雅的李贽亭掩映在万绿丛中。周围石船竞渡、石箱藏宝、石鸡啼晓、石人观月、石猴戏子、黄陂古寨等景观栩栩如生，充满美丽的传说。著名的响水潭雨时声如击鼓，晴日响似敲磬，景象神秘奇妙。登高远眺，青山如黛，水天一色，群山倒映山浮水，无山无水不入诗。泛舟湖上，波光粼粼，绿水、白云、青山融为一体，令人心旷神怡。

• 西九华山——寻根问祖圆梦地 •

西九华山位于固始县南部山区陈淋子镇境内，属大别山的绵延带，景区面积40平方千米，森林覆盖率达95%，平均海拔500米以上。相传，新罗国（今朝鲜）王子金乔觉（金地藏）在卓锡安徽九华山之前，曾在西九华山妙高寺传经布道多年。因此，佛门把安徽的九华山与河南的九华山相提并论，故世人有“东九华、西九华”之说。

西九华山以佛教文化为内涵，以自然山水为基调，形成禅、茶、竹三位一体的景观特色，尤以妙高禅寺、唐人寻根楼出名。

妙高禅寺就坐落在西九华山的半山腰。妙高禅寺始建于隋，距今已有1 400余年的历史，系佛教临济宗大悟山派开山祖庭。禅寺占地14余平方千米，原房114间半，由南天门、东西耳房、大雄宝殿、地藏王府、配殿等建筑组成，后有观音殿、地藏殿、天王殿。华岩寺、鹿鸣庵相辅左右两翼，隐于竹林，与妙高禅寺巧妙地构成一处“三院一体，僧尼合寺”的独特的佛门圣地。

妙高禅寺内的大雄宝殿，建筑面积近3 000平方米，层高达23.64米，是豫皖交界处最雄伟壮观的佛教圣堂。寺内供奉的三尊大佛，通体高度达16.66米。鹿鸣庵历史可追溯到600年前，申氏夫妇入寺入庵约在1500年前后，自此开创了僧尼合寺的佛门新篇。妙高禅寺附近还有一些充满传奇故事的饮马池、望丫台、得儿窝、塔林、放生池、迎佛台等人文景观。

唐人寻根楼位于西九华山风景区老虎头山上，以固始人文历史故事和陈元光、王审知英雄事迹为内容，以历史材料为背景，以书法、绘画为表现形式，全方位地诠释了寻根文化的内涵。楼内陈列有百家姓宗谱和百家姓代表人物塑像。固始县作为历史上中原地区豫、皖、苏、闽、粤、浙、赣，尤其是闽、台一带移民肇始地，在上自秦汉、下至明清的漫长岁月里，移民不计其数。因为有了历代移民南国之举，闽、台一带对固始多怀“祖地”之尊。因此，固始被誉为“中原第一侨乡”。

此外，西九华山还有千百亩竹林、

佛门圣地西九华山，寻根问祖圆梦地

西九华山风光

西九华山妙高禅寺

万亩茶园、西九华云海等三大奇观。千百亩竹林，竹子种类多达数十种，皆各自成林，跟周围的环境融合协调，组成一种天然画卷。九华山茶园面积约2.8平方千米。茶园平均海拔760米以上，昼夜温差大，无病虫害，无农药和工业污染，是很有观赏价值的天然生态茶园。西九华山为云雾多发区，山腰、山顶常有云海，所以众多山头有时又像大海上的波浪和岛屿，空阔浩渺。西九华山产名茶，跟多雾也有关系。

造化钟神秀，身临其境方知其美、其幽。西九华山旅游风景区是参禅、拜佛、听竹、品茗的绝佳处。

• 红色圣地——鄂豫皖苏区首府 •

鄂豫皖苏区首府包括鄂豫皖苏区首府革命博物馆、鄂豫皖苏区首府烈士陵园和中共中央鄂豫皖分局及红四方面军总部旧址，为国家AAAA级景区。

鄂豫皖革命根据地是土地革命时期中国共产党领导创建的规模较大的根据地之一，新集（今新县县城）是鄂豫皖苏区首府所在地。在这里先后诞生了红四方面军、红二十五军、红二十八军三支主力红军，根据地发展到26个县，人口发展到350万，主力红军发展到45 000余人。在血与火的斗争中，鄂豫皖苏区共走出了349位将军，留下了董必武、徐向前、刘伯承、邓小平、李先念等老一辈无产阶级革命家的战斗足迹，谱写了一曲曲气壮山河的动人诗篇，为中国革命的胜利做出了不朽的贡献。当时新县全县人口不足10万人，就有5.5万人献出了生命，其中革命烈士3.5万余人。

鄂豫皖苏区首府革命博物馆是河南省规模最大的县级革命博物馆，坐落在新县城关首府路，建筑面积9 589平方米，均为仿古式现代建筑，主体为徽式风格。该馆以土地革命战争时期鄂豫皖革命根据地的历史事件及人物简介为主要内容，以纪念新县大别山革命志士为主导，集游览、纪念、休闲、爱国主义教育为一体，是全国爱国主义教育示范基地、全国红色旅游经典景区及国家重点博物馆。

鄂豫皖苏区首府革命博物馆现有文物1 629件，其中一级文物19件、二级文物73件、三级文物662件、未定级文物875件，包括文献、徽章、证件、武器装备等近现代文物和瓷器、陶器等历史类文物，具有极高的文化、研究、教育价值。馆内设7个展厅，分为基本陈列和专题陈列两部分，展出面积828平方米。基本陈列《风云大别山》共分为四个部分：奋起斗争，鄂豫皖苏区初步形成；空前发展，新集成为鄂豫皖苏区首府；重组红军，坚持大别山的斗争；红旗不倒，迎接全国革命的胜利。馆内专题陈列分两个部分：一是《将军的摇篮》，共2个展厅，将军一厅是许世友、李德生、郑维山、高厚良等43位新县籍授衔将军的事迹陈列；将军二厅是吴焕先、高敬亭、张体学、张治银等50位省军级以

鄂豫皖苏区首府革命博物馆内景

鄂豫皖苏区首府革命博物馆将帅馆

上领导人的生平事迹陈列；二是《今日新县》，反映了新县人民在中国共产党的领导下，继承革命传统，艰苦创业，实现社会经济各项事业的快速发展，城乡面貌焕然一新。馆内还陈列有中国工农红军的第一架飞机“列宁”号和全国唯一保存下来的当年书写在青砖墙上的《中华苏维埃第一次全国代表大会土地法令草案》等珍贵文物。

鄂豫皖苏区首府烈士陵园坐落在新县城南白马山东麓，始建于1957年，占地面积22万平方米，建筑面积6 000余平方米。景区内苏式建筑古朴独特，现代广场别具一格。经过两次大规模的改建，目前主要建筑物有大门、浮雕墙、烈士纪念碑、烈士纪念堂、烈士事迹陈列室、英烈广场、流芳园、红星亭、桂园、大别山魂纪念碑。园内陈列和珍藏着朱德、邓小平、李先念、徐向前、许世友、李德生、刘华清、迟浩田等党和国家领导人的亲笔题词及珍贵的烈士遗物4 500余件，安葬着近百位革命烈士、老红军和红军将领，纪念着鄂豫皖苏区13万多名革命烈士的丰功伟绩，是全国重点烈士纪念建筑物保护单位和全国爱国主义教育示范基地。

中共中央鄂豫皖分局、鄂豫皖省委旧址位于新县县城首府路旧址一条街，是鄂豫皖革命根据地旧址群的重要组成部分，1988年被国务院公布为全国重点文物保护单位。旧址第一排房屋南侧三间为成仿吾办公室兼住室，北侧为陈昌浩办公室兼住室。第二排南侧三间为沈泽民办公室兼住室，北侧三间为郭述申办公室兼住室。

1931年2月新集解放。5月12日中共中央鄂豫皖分局在新集正式成立。分局直隶于中央政治局，其职权代表中央而高于省委。分局委员共十一人，其中中央指定八人，即张国焘、陈昌浩、沈泽民、曾中生、王平章、蔡申熙、舒传贤、邝继勋，另补选三人，即周纯全、郭述申、高敬亭。候补分局委员有甘元景等十五人。分局是中央代表机构，又是鄂豫皖地区党组织的最高领导机构。鉴于这种做法不便于工作，遂根据《中央关于鄂豫皖省委的决议》又组成了鄂豫皖省委，书记沈泽民，组织部长高敬亭，宣传部长成仿吾，省委常委还有郑位三、汪友清（女）、耿显义等七人。

分局、省委成立后，领导了鄂豫皖人民在军事斗争中取得节节胜利，连续粉碎了敌人第一、二、三次“围剿”，同时苏区的政权建设、经济文化建设和土地革命运动也广泛开展起来。1932年夏，国民党调集重兵对鄂豫皖革命根据地发动第四次的大规模“围剿”。在反“围剿”斗争中，由于张国焘“左”倾冒险，我军第四次反“围剿”斗争失利，新集于1932年9月9日沦陷。鄂豫皖分局机关随红四方面军撤离。

1979年省文物局拨专款对旧址进行全面维修，恢复其原貌。分局旧址内部复原陈列有当年的省委会议室、组织部、宣传

鄂豫皖苏区首府烈士陵园

部、妇女部、少共分局、警卫处、伙房及陈昌浩、沈泽民、郭述申、成仿吾等领导人的办公室及住室。红四方面军总部有两进大院，三栋老式阁楼，共有房屋一百余间。红四方面军总部旧址内复原陈列有当年的参谋部、政治部、秘书处及徐向前等领导人的办公室及住室。

•浉河新八景——申城风貌新乐章•

1747年正值乾隆盛世，时任信阳知州的诗人张钺有感于信阳风光之美，赋诗八首，为信阳修建了八处美景（信阳古八景），这八景分别是贤岭松风、浉河泛月、申塔朝晖、奎楼晚照、龙潭瀑布、雷沼喷云、龟山晴雪、长台古渡。2010年前后重修信阳新八景：望湖轩、聚贤祠、茗阳阁、申伯楼、龟山亭、琵琶台、浉河洲榭、平山塔。

望湖轩

望湖轩位于南湾大坝东隅，西与茶岛、鸟岛隔湖相望，一楼有南湾湖发展历史展示，二楼有工程自动化监控设备。最是娴雅望湖轩，正所谓“清风明月无人管，谁人不识望湖轩”。

聚贤祠

聚贤祠建于贤山之巅，古时曾有贤士隐居于此，所以贤山又名贤隐山，为古八景“贤岭松风”所在地。古诗有云：“昔贤高隐处，遗岭檀清幽。松密烟速望，风翻翠欲流。梵间多宝刹，坐爱满林秋。疑是蓬莱地，申南作胜游。”正是对当时场景的完美写照。聚贤祠布局类似于四合院，整个建筑占地1.6亩，总建筑面积865平方米，是登高望远的好去处。贤山的古风随聚贤祠远播他乡。

茗阳阁

茗阳阁位于信阳市浉河区茶韵路1号，建成于2007年4月29日，是一栋汇集了雕梁画栋、飞檐斗拱等多种中国古建筑元素的建筑。该阁五层，海拔150米，宝顶高度47米，占地面积637平方米，总建筑面积2 800平方米，被称为中原第一大阁。“茗阳阁”三个字由原国家主席华国锋题写。既是茶文化的代表建筑，也是信阳市的标志

浉河水清绕信阳

茗阳阁

性建筑。

茗阳阁南揽贤山，北抱浉河，下坐山丘，上擎天宇，它的雄浑大气与浉河的蜿蜒灵秀相互衬托。虽然没有江南三大名楼历史悠久，但其建筑之精巧、气势之宏伟，可以与江南的名阁名楼相媲美。其外观形状、高低大小与黄鹤楼极为相似，并称姊妹楼不为过。

申伯楼

周宣王的舅舅申伯的封地在信阳，信阳又称申城，故而在浉河公园内立申伯楼以彰其名、以缅其德。设计沿用古八景之一“奎楼晚照”中奎楼的基本形制，楼体硕大，风格朴素。

龟山亭

龟山位于浉河与界河交汇处，因山形似龟，故有此名。龟山有晴雪亭和龟山亭二亭，白墙，绿瓦，回廊，亭台，绿色的草地，成为信阳人的又一假日休闲好去处。

雪映龟山亭　摄影：易明岩

琵琶台　摄影：金森山

琵琶台

琵琶台的前身是信阳古八景之一的“长台古渡”。长台古渡，古称“长台渡”，是明清时代重要的淮河渡口，是盐、粮及其他物资的集散地。张钺赞曰：“临淮呼野渡，桐柏发源长。涨急篙能没，波平苇可航。烟光通夹岸，云影泛中央。四牡津常问，溯洄意不忘。”

浉河洲榭　摄影：金森山

浉河洲榭

一半是河水，一半是楼榭，浉河水中夜可泛舟赏月，浉河洲榭内听戏品茗。有道是：“两河相会双桨荡，蟾光散暮烟苍苍。孤道遗珠天山满，桂席飞杯斝琼浆。石舟靠斜背宜岸，飞榭兰言胜管弦。长淮张良画可赋，涛声依旧对清莲。”

平山塔

平山塔，从远处观看，似黛青山一点红。它就像独立河边的护卫，单薄却硬朗。此塔总建筑面积1 853平方米，与平桥区总面积1 853平方千米相呼应；塔高26米，寓意平桥2 600多年的建筑历史；塔身合暗层计9层，取久久之意。在浉河新八

浉河平山塔 摄影：王悦

景中，相对龟山亭、琵琶台、聚贤祠等建筑，它是登高观浉河看城区的最佳处。

• 平桥郝堂村——美丽乡村新典范 •

乡村旅游看信阳。近年来，信阳乡村旅游蓬勃发展，平桥区郝堂村被中央电视台《新闻联播》连续报道，成为全国推广的新农村建设和乡村旅游发展的典范。

郝堂村位于河南省信阳市平桥区五里店办事处东南部，西邻浉河区，南与罗山县接壤，距信阳主城区20千米，约半小时车程。交通便捷和区位优越为郝堂的发展提供了得天独厚的条件。

郝堂村是豫南山区一个典型的山村。2011年，中共平桥区区委、区政府将郝堂村列为可持续发展实验村，探索新农村建设。2013年，郝堂村被住建部列入全国第一批12个“美丽宜居示范村庄”名单，被农业部确定为全国“美丽乡村”首批创建试点乡村。

郝堂宏伟小学

郝堂宏伟小学由中国乡村规划院的孙君设计，整体白墙青瓦，较好地体现了豫南建筑特色。学校建设资金来自政府筹资和社会捐资，其中许昌某企业捐资50万元。学校西侧是幼儿园，中间是小学教学楼，东侧是教师宿舍楼。教学楼设计有钟表，白天为整个村报时。

学校硬件设施不断改善，软环境也越来越好。学校选配了一些优秀教师，并按市区学校标准开设课程，部分课程还突出了当地乡村小学的特色，如环保课、茶艺课、陶艺课、劳动课和艺术课，为当地小学生的素质教育提供了良好的平台。正因为学校教学质量不断提高，周边村子的孩子来此上学的也越来越多，学生人数也由之前的87增至205。

校内房前屋后的空地被改造为菜园，这些蔬菜地分为多片畦地，每小畦由一个学生和其家长认领，并由家长带孩子一起耕作。师生食用的都是有机蔬菜。学校还与首都营养师协会的专家和志愿者联合开办了食育教育课程，成为河南省第一所农村“食育”教育学校。

叶楠白桦文学馆

叶楠原名陈佐华，白桦原名陈佑华，平桥区五里店中山铺人，两人是出生于1930年的一对孪生兄弟，均为我国当代著名文学家。叶楠创作了《甲午风云》《巴山夜雨》等作品。白桦创作了《孔雀》《今夜星光灿烂》等，拍成电影的有《苦

央视网
画里郝堂

郝堂 摄影：徐其良

恋》《芙蓉镇》等。叶楠白桦文学馆展示他们的文学作品和有关活动的照片，还放映他们的电影作品。这里成为郝堂村的一个文化活动场所，既提高了郝堂乡村建设的文化品位，又为广大村民提供了一个学习教育的平台。

■ 岸芷轩

岸芷轩由台湾地区著名设计师谢英俊设计建造。它采用轻质钢架及木材、泥土、芦苇等这些农村随处可见的材料建成，取材方便，造价低廉，抗震性能好。由于减少了混凝土的使用，所以也极大降低了对环境的污染，体现了保护生态、可持续发展的特点，而且施工技术简单，易操作，易整修。它的屋顶以芦苇席为材料，四周墙体是塑钢玻璃窗，内外通透，坐在里面看书品茶，可以360º观赏青山、绿水、小桥、民居，体会置身大自然中的悠闲宁静的心情。

“岸边带有香气的长廊，这个香气是茶香更是书香”。岸芷轩现在是村里的一处公共空间——一个可以免费阅读的书吧，也是开展青年公益教育的好地方。

■ 生态厕所

生态厕所由台湾地区著名设计师谢英俊设计，是全国第一所公共式的尿粪分集式厕所。这是一个轻钢结构建筑，不会对土壤产生二次污染，还能节约用水，收集的粪便可以制作有机肥料，用于菜地施肥，更重要的是从小培养了孩子们的生态

郝堂一景

环保意识。

郝堂公益站

郝堂公益站是由当地的公益组织信阳乡村建设协作者中心联合平桥区民政局、邮政局开办的一个志愿服务的场所。这里既是乡村的慈善超市，也是生态村邮站。村里的老人可以用自己的手工产品在这里兑换生活必需品，年轻人通过努力开发的农副产品可以在这里展示和寄卖；而城市人富余出来的二手物品可以捐赠到这里或用于旧物交换，也实现了城乡之间的对接。

山美，水美，郝堂更美。古朴纯净的乡村成了每个人的梦中老家。旅游业带动了村民茶叶、板栗、莲藕的销售，郝堂走上了生态效益、经济效益、景观效益、文化效益等多重效益丰收的良性发展之路。

名品荟萃

——丰饶信阳的风物特产

信阳地跨淮河，位于中国暖温带和亚热带的地理分界秦岭—淮河一线，属暖温带向亚热带过渡区，日照充足，无霜期长，降雨丰沛，空气湿润。过渡性气候造成淮河南北差异：淮南山清水秀，水田盈野，稻香鱼跃，一派江南风光；淮北平原舒展，一望无垠，盛产小麦、杂粮、棉花，北国情调浓厚。信阳素称“鱼米之乡”，这里的大米、鱼类在河南省堪称一绝，水稻、油菜、红黄麻、板栗、银杏、茶叶年产量均居河南之首，特别是信阳毛尖饮誉海内外，屡获国内、国际金奖，是全国十大名茶之一。

• 信阳毛尖 •

信阳毛尖，亦称“豫毛峰”，因条索紧、直锋尖、茸毛显露，又产于河南信阳，故名“信阳毛尖”。

1987年，考古学家在固始县出土的古墓中发现了茶叶，考证距今已有2 300多年，可见信阳种茶历史之悠久。唐代，信阳茶已成为朝廷贡品。宋代，信阳为全国重点产茶区，茶叶交易总量占全国的1/5。清代信阳种茶面积扩大到2万余亩，年产量约300吨，光绪末年，信阳先后成立了龙潭、元贞、广益、裕申、宏济、博厚、万寿、广生等八大茶社，茶市兴隆。1915年，信阳毛尖获得巴拿马国际博览会金奖，这是信阳毛尖首次在世界人民面前精彩亮相。自此，信阳毛尖开始饮誉海内外。1958年，龙潭牌特级、一级信阳毛尖获国家银质奖；1988年，荣获中国首届食品博览会金奖；1990年，龙潭牌特级信阳毛尖在全国名茶评比中以“形美、色翠、香高、味浓”夺得总分第一名，荣获国家金奖。全国名茶仅两枚金牌，“龙潭牌”信阳毛尖不仅与“西湖龙井”并驾齐驱，且在色、香、味上更胜一筹。多年来，信阳毛尖漂洋过海，远销日本、美国、德国、马来西亚、新加坡、香港等10多个国家和地区。

1994年，信阳地区行署组织国内专家论证，将同纬度、同地区、同工艺、同质量生产的茶叶统称为信阳毛尖。2003年，信阳市人民政府将信阳毛尖茶的产地界定为北到淮河、南到大别山北坡的谭家河、李家寨、苏河、卡房、箭厂河、田铺、周

信阳毛尖

河、长竹园、伏山、苏仙石、陈淋子等乡镇沿线，西到桐柏山与大别山连接处的王岗、高梁店、吴家店、游河、董家河、浉河港等乡镇沿线，东到固始县泉河流域的陈集、泉河铺、张广庙、黎集等乡镇，具体包括地处北纬31° 23′ ～32° 27′ ，东经113° 45′ ～115° 55′ 之间的信阳市浉河区、平桥区、罗山县、光山县、新县、商城县、固始县、潢川县所管辖的133个产茶乡镇。

信阳茶区属高纬度茶区，四季分明，年平均气温为15.1℃，夏天不太炎热，冬天不过于寒冷。降雨量充沛，且多集中在茶季，茶园比南方开采晚、封园早。每年隆冬季节，茶树傲寒而立，青枝绿叶，茶花次第怒放，浓香怡人，煞有春意。茶农每年都及时对茶园进行封根培土，增施有机肥，茶树储存了大量的养分，满足了翌年的生长需要。信阳山区的土壤多为黄、黑沙壤土，深厚疏松，腐殖质含量较多，肥力较高，酸碱度适中。历来茶农多选择在海拔300～800米的高山区种茶。这里山势起伏多变，森林密布，植被丰富，雨量充沛，云雾弥漫，空气湿润，太阳迟来早去，光照不强，日夜温差较大，茶树芽叶生长缓慢，持嫩性强，肥厚多毫，有效物质积累较多。这里茶叶内含物丰富，特别是氨基酸、儿茶素、咖啡碱、芳香物质、水浸出物等含量均优于南方茶区。

信阳毛尖十大公用品牌奖牌

信阳毛尖以“五云（车云山、集云山、连云山、天云山、云雾山）、两潭（黑龙潭、白龙潭）、一寨（何家寨）、一山（震雷山）、一寺（灵山寺）”等地最为有名，所采制的茶叶极受消费者喜爱。

央视网

湖畔采茶忙
信阳毛尖香

• 息县香稻丸 •

息县香稻丸又称珍珠玉，形状呈椭圆形，色泽洁白，煮食时味道鲜美。据史料记载，息县香稻丸早在宋朝就有栽培，明清两代被列为贡品。民间传说清朝慈禧太后非常喜食用这种香稻丸熬的粥，称之为“珍珠汤”，宫廷里采用香稻丸酿造的酒名曰“珍珠玉液酒”。

香稻属晚熟粳型香稻，生长期为140～150天，分蘖力和成熟率中等；株高1.2米左右；叶片宽长，呈黄绿色；穗长23厘米，有长芒；每穗着粒85～100个，谷色棕红，千粒重27克；米粒短圆，无心白，腹白小，色清如玉，有浓郁的蒲香。

香稻丸香气馥郁，素有“一块稻香满坡，一撮米香满锅，一家做饭香四邻，一盅香酒香满桌”的说法。煮粥蒸米饭时只需加少许“香稻丸”便沁人心脾，诱人食欲。香稻丸含有多种对身体有益的营养物质，能增强人体的抵抗力，对老年人和患病之人大有裨益。用香稻丸、粳米、莲米加红枣熬成的“三米汤”为极好的滋补品。以香稻丸为原料制成的香米贡酒浊而醇厚，芳香可口。

息县香稻丸具有很强的区域性，只有在息县项店镇至夏庄镇之间8个行政村总面积50平方千米的区域内种植，才能保持其原有的香味和品质，超出其范围，即便是香稻丸的种子，种出的稻子也没有香稻丸原有的品质。故香稻丸的产量十分有限，极其珍贵，所以很少为世人所了解。直至21世纪初，香稻丸种植面积才有8 000平方米，一度濒临绝种。经多方抢救，目前息县已建立千余亩香稻丸生产基地，以提高其产量、保护其特性，使这种绝世精品生生不息。

信阳板栗

信阳板栗的历史极为悠久，在平桥区长台关楚王城出土的战国初期祭盘内就有板栗的残骸。信阳板栗的产地分布在新县、光山、罗山、潢川等县。信阳板栗果肉含糖量高、品质优良，不仅含有大量淀粉，而且含有蛋白质、脂肪、维生素B等多种营养成分，有很好的食疗保健功能，在中医养生上一直很受重视。

信阳板栗

板栗味甜性温，有和胃健脾之功效，还具有活血散瘀的作用。《名医别录》中说栗子“主益气，厚肠胃，补肾气”，民间用板栗补养、治病的方法很多。生食板栗有止血功效。将生板栗去壳、捣烂如泥，涂于患处，可以治疗跌打损伤、淤血肿痛等，中医临床证实有一定疗效。板栗可炒可煮可生吃，常见吃法有干板栗、糖炒栗子、煮栗子等，还可以制成板栗罐头、板栗果汁。

新县银杏

新县银杏

银杏树，俗称“白果树”，是我国特有的一种古老的珍奇树种。新县位于豫南大别山腹地，地跨江淮两大流域，属亚热带季风气候，独特的地理位置和适宜的气候条件为银杏生长提供了良好的外部环境。新县银杏资源丰富，银杏栽培历史悠久，素有“银杏之乡”的美称，是全国四大银杏基地县之一。河南银杏产量居全国第一，而新县所产银杏又占河南总产量的80%以上。新县所产银杏个大实满，颜色纯正，是银杏中的上等佳品。

• 潢川花卉 •

潢川花卉种植始于唐，兴于宋，盛于明清。该县位于河南南部、信阳中部，兼南北气候之优，聚南北物种之秀，独特的生态条件使潢川成为“南花北移、北花南移”的重要驯化地和过渡带。潢川的花卉品种齐全，而且十分珍贵，有200多个属2 400多个品种。潢川县1999年被全国花卉协会和国家林业局命名为“全国花卉生产示范基地”，2000年被评为“中国花木之乡”。潢川花木、潢川花工、潢川盆景的品牌享誉中原、驰名全国，花卉产业已成为潢川最具活力的特色生态富民产业。

潢川县主要种植各类园林绿化、观赏木及中州盆景，所产花卉苗木在香港国际花卉展、上海国际花卉展、昆明世界园艺博览会和成都中国花卉博览会上都取得了好成绩，先后获得国家级、世界级奖项24个。特别是在昆明世界园艺博览会上，参展展品获得了1枚金牌、2枚银牌、3枚铜牌，充分展示了潢川花卉苗木独有的魅力和深厚的文化内涵。

• 南湾鱼 •

南湾鱼体格健硕，头大腹肥，重十数斤者比比皆是，以花鲢鱼居多，兼有鳜鱼、鲶鱼、乌鳢，青鱼尤为肥硕，因产自信阳南湾湖，故统一被称为“南湾鱼”。

南湾鱼体侧扁而厚，体长为体高的3～3.4倍、头长的3.1～3.54倍。头部、背部黑色，体两侧布满黑色斑点，自腹部向背部斑点重叠增加。南湾鱼之所以能让大家交口称赞，还得益于它的养殖方式，即从不喂任何人工饲料，每年11月开始投放鱼苗，至少要经过两年野生状态下的生长才被捕捞上来。

南湾湖水质好，无污染，因此所产南湾鱼不仅肉鲜味美，而且营养价值高，含有蛋白质、脂肪和人体必需的多种维生素及微量元素，其中有“抗癌元素”之称的

品尝汤鲜味美的南湾鱼

南湾鱼

硒含量是普通鱼类的3～5倍。尤其是南湾白花鲢，不仅肉质细嫩、肥美可口，而且头部富含二十二碳六烯酸（DHA），是备受欢迎的保健珍品，素有“花鲢美在腹，味在头”之说。

目前南湾鱼已在国家工商总局注册商标，是省内外知名品牌。为了保护这一品牌，信阳还专门建立了南湾鱼专卖店，凡是南湾出产的鱼都统一在专卖店销售，实行南湾鱼挂牌销售、带商标销售、均衡销售。这样不仅保护了品牌，也很好地保证了养殖户的利益。同是鲢鱼，在专卖店就比普通菜市场的价格翻番。信阳针对南湾鱼还逐步形成了集良种繁育、鱼苗投放、科学捕捞、专卖销售为一体的产业集团，带动了渔业经济的快速发展。南湾鱼的品牌知名度在全国日益提高，水产养殖业已成为南湾水库水利经营的支柱之一。

• 光山青虾 •

光山青虾是信阳市特有的水产资源，它以晶莹剔透的外观、丰富的营养、独特的品质享誉海内外。

光山青虾体形粗短，体色青蓝，呈半透明状，生长于塘、坝、河流、水库之中，食用天然生物饵料、植物碎屑及杂草，饮用流溪水，不仅无刺、无腥、肉质鲜美，而且营养丰富，蛋白质含量高达16.4%，还含有磷、铁、钙等重要营养成分。

2009年，光山被农业部批准为国家级水产种质资源保护区，成为我省获得批复的三个国家级水产种质资源保护区之一。光山青虾在中国国际农业博览会上被评为国家名牌产品，并通过了国家进出口质量监督检验检疫总局原产地标记注册认证。省政府已将光山青虾作为河南省三大名优水产品（黄河鲤鱼、淇河鲫鱼、光山青虾）之一向全省推广养殖。

光山青虾

固始土鸡

固始土鸡也叫草鸡、笨鸡，是中国著名的优质肉蛋兼用型地方鸡种，有“中国土鸡之王”之美誉。由于其肉质鲜美，营养丰富，无公害、无污染，肉、蛋属绿色食品，所以近年来颇受人们青睐。

20世纪50年代，固始土鸡由当地农民精心培育出来，其特点就是喂养方式为散养，白天天一亮土鸡就出窝在田野里、山坡上吃草、虫子，村民早上、傍晚分两次给其喂食稻谷，然后晚上鸡自己进窝，有别于笼养的肉鸡、蛋鸡。

固始土鸡身体小巧玲珑，身体呈明显的“U”形，腿短脚细，羽毛鲜艳、紧凑、有光泽，色彩各异，外貌秀气高贵，性情活泼，透着一种灵性。成年公鸡重3～4斤，单冠，冠鲜红肥厚，呈直立状；两耳朵下各有一个小的冠垂，嘴下有两个肥大的冠垂；扑羽发达。成年母鸡重约3斤，单冠，冠薄且小，有时倒向一侧；冠垂小，为鲜红色。固始土鸡嘴为黄黑色，腿的颜色各有不同，有黄色、青色、黑色、

固始土鸡

白色，腿部小腿分无羽毛附着与有羽毛附着两种；均为四爪（前面三个，后面一个），成年公鸡脚上会再长一个爪（这样有五爪）。母鸡年产蛋量为130～150枚。固始土鸡肉质鲜嫩细腻，煮食香气满屋，汤面油层较厚且呈金黄色，营养价值极高，为滋补珍品，适合不同年龄、性别的人群进补。固始当地人常将固始土鸡给孕妇、产妇、老人、小孩食用。

固始土鸡生的蛋称为“土鸡蛋”“笨鸡蛋”。固始土鸡蛋品质特好，蛋壳颜色较淡，光滑有色泽，因所吃食物不同，有的红润，有的白色略带浅红。一般固始土鸡蛋个体较小，正常重量在每枚50克左右，蛋黄颜色深且大，蛋清稠且富含人体所需的多种元素，谷氨酸含量高出其他品种鸡蛋，口感特别好。辨别纯固始土鸡蛋最有效的方法是先买一个打开，若是土鸡蛋，蛋黄呈金黄色，而吃饲料的鸡产的蛋黄色泽浅黄。

• 淮南麻鸭 •

淮南麻鸭具有皮薄、骨细、肉嫩、味美的特点。信阳市是淮南麻鸭的原产地和主产地，主要包括平桥、光山、商城、罗山、固始、新县等县区。淮南麻鸭形成历史悠久，在《光山县志》中，清朝乾隆年间（1736—1795）就已经有关于淮南麻鸭养殖与加工的详细记载。

信阳市的生态环境及养殖习惯是形成这一优良品种的主要因素。信阳境内水田棋布，河塘纵横，水面辽阔，水生动植物饲料资源十分丰富，加之气候温和，四季分明，光照充足，雨量充沛，是水禽繁衍的理想场所。水稻收割后，大面积的水田和大量的稻田遗谷也为发展养鸭生产提供了丰富的饲料。在信阳，农民历来有放牧群鸭的习惯，在长期的农业生产实践中，探索出将养鸭与水稻种植密切结合的方法，形成了“鸭稻共生”的农业生态链条，在充分利用天然饲料资源的同时，

淮南麻鸭

也能有效地防治水稻虫害。由于长期的野外放牧，淮南麻鸭具有体质健壮，结实紧凑，行动敏捷，善于潜水，抗逆性、觅食力强，产蛋较多，肉质、肉味好等优良特性。

成年淮南麻鸭母鸭全身多为麻褐色，其中浅麻色较多，颈部大部分有白颈圈。成年公鸭黑头，白颈圈，褐白花背，颈和尾羽黑色，白胸腹，少数全身麻褐色。成年鸭体躯呈狭长方形，喙与喙豆颜色为青黄色，趾黄红色，胫蹼趾颜色为橘红，翅尖白色，尾羽向上。

• 淮南猪 •

淮南猪的形成历史悠久，是在信阳自然生态条件下，经过劳动人民的长期选择和精心培育而不断演变出的品种，主产地于淮河上游靠南地区，中心产区在信阳市的浉河、商城、固始、光山、罗山、新县、潢川等县区。淮南猪性情温驯，耐粗饲，抗病力强，适应当地的饲养环境。

淮南猪体形中等，分为两种：一种齐嘴、大耳，单脊，背腰较平直，腹大下垂但不拖地，臀部倾斜，后躯欠丰满；一种嘴尖而长、面直，单脊，背腰平直，腹稍大下垂，胸较浅，臀部倾斜。在农村偏远地区两类头型区分较明显，现在大部分已成为混合型，齐嘴大耳型已很少见，特别是经过保种和专业养猪场的淮南猪选育后，已不再区分头型。淮南猪体质体格有了较大变化，主要表现为背腰平直、腹下垂明显减轻、毛变稀疏、皮变薄等。

淮南猪具有产仔多、繁殖力强、性温驯、母性好、瘦肉率较高、肉质优良等特性，是我省唯一保存下来且连续开展育种工作的地方优良猪种之一，是宝贵的基因库。

• 潢川空心贡面 •

潢川贡面，历史上称“光州贡面”，为潢川传统工艺食品。潢川贡面以精粉和芝麻香油为主料，下适量食盐、明矾等辅料，经过拌、揉、发酵、盘条、上架、拉扯、晾晒、截切等10多道工序制成。制成的贡面细如丝，光泽如银，清香袭人。

潢川光州贡面

贡面的绝妙之处是每根贡面虽细但皆为空心，呈细管状，工艺之精巧令人赞叹不已。若以鸡汤煮面，配以其他作料，则滑润爽口，鲜美无比。

据《光州志》载，唐代潢川已生产挂面，当时“风销华夏，夺魁九州”，被人们称为“光州魁面”。到宋朝时，光州州官令人将这种面去其头尾、取其中间，匀截成20厘米左右的长度，用红绿纸卷成圆筒形，每筒250克，作为贡品进献给宫廷。宋仁宗食后，大赞：“美哉，光州贡面！”从此潢川精制的筒装挂面以“贡面”之称闻名于世。

固始皮丝

固始县制作猪皮丝的历史已有100多年，皮丝早在清咸丰年间就成为贡品，属宫廷御膳佳肴，名扬京城、天津、济南等地。

皮丝的制作方法：用大肥猪之皮刮尽皮上肥肉，趁鲜制作，先将其切成纸一样的薄片，然后切成细丝，在通风处阴干，不能暴晒。固始皮丝松散，富有弹性，放下起堆，翻炒不会粘边搅条，其味松嫩爽香，含有蛋白质和多种维生素，可做“松花皮丝”“肉松皮丝”“凉拌皮丝”“皮丝圆子”等名菜。皮丝不仅享誉国内，在美国唐人街数家餐馆也享有盛名，被视为珍品。

信阳菜

信阳菜是河南省的一个地方菜种，或者说是豫菜的一个流派。信阳地处鄂、豫、皖三省交界，又处于黄河、长江两大文化体系之间，是南北两大文化相互渗透、交流、融合之地。约从春秋时期开始，信阳长期属于楚文化的范畴，信阳饮食文化也被深深地打上了楚文化的烙印。于是，信阳菜与楚菜大体一致，喜欢食羹（汤）、合烧（数种肉拼合在一起）、野味和辛辣酸甜、芳香清洁的饮料，以及腌腊冷膳等制作，继承了楚菜的优良传统，并最终形成了目前独具特色的菜肴风格。

信阳菜以咸、香、微辣、醇厚为主味，菜色微重，口感爽滑。与川菜的辣比较，辣微而不麻，似香辣范畴；与湘菜的腊味相比，咸香而不含烟熏；与鄂菜相比，胡椒的用量小；与豫菜相比，口味稍咸、偏重、偏辣。这大约与信阳人饭后饮茶的习惯有关。饭后饮茶，及时地调整了口味，又能提神开胃，还可以看成茶菜相辅相成的一个明显例证。

信阳菜民间烹饪方法以炒、炖、煮、焖为主，还有蒸、煎、炸、熘、卤等方法。在原料保存上采用了腌、腊、风干等方法，如腌制的蔬菜有雪里蕻、箭杆白、臭豆腐干、豇豆、榨菜（大头菜）等，鲜香可口，刺激食欲，是佐酒助兴的风味食品。在烹饪技法上，“炖”法占有突出的地位，如遍布省会郑州的炖菜馆，以罗山炖菜、潢川甲鱼汤泡馍、固始纯鸡汤、商城家常风味炖菜等为代表，集中了信阳炖菜精华。

信阳菜倡导绿色食品，大量使用野生原料，这是信阳菜显著的特点。信阳是全国污染较轻的无公害生态农业区，拥有丰富的野生、绿色动植物资源，如实用菌有何首乌、蘑菇、香菇、黑木耳、竹笋、草菇等；药食两用食物有信阳灵芝、天麻、野山楂、八角莲等；蔬菜瓜果有信阳黄心菜、商城黄花菜、潢川州姜、固始嫩头青萝卜、罗山箭杆白、固始雪里蕻、新县山野菜、商城葛粉、信阳拳菜等，此外还有板栗、银杏、南湾鱼、固始土鸡、淮南麻鸭等原料，其品种之多、产量之高、质量之优，都是其他地方菜系所不能相比的。

作为一个地方菜系，信阳菜形成较晚。但作为信阳饮食文化，却是古已有之，始终伴随着勤劳、智慧、勇敢的信阳人的脚步走到大江南北。特别是“开漳圣王”陈元光和“闽王”王审知，为福建等地带去大批信阳人和先进的淮上文化，对福建民俗和台湾民俗产生了巨大的影响。例如，固始一带的糍粑、挂面、鱼丸等传到福建并得到了发展。糍粑变成了白色，挂面改成线面，鱼丸里面加进了肉馅，但做法都一样。无论婚丧嫁娶还是逢年过节，固始与福建饮食习俗都有许多共同之处。

南湾鱼头汤

信阳炖菜大致可分为清炖、蒸炖、奶汤炖、浑炖等几种。信阳炖菜根据不同的炖法采取不同的加热方式。清炖加热的时间较长，一般原料需要焯水，维持小火，冷水下锅更易使营养成分溶解，汤色清澈见底，如清炖母鸡、清炖鸭汤等。蒸炖加水最好用沸水，中火，密封以保证主料酥烂而不失其形，口味鲜美，如鲜人参翅唇炖母鸡等。奶汤炖用旺火加热，汤色乳白，浓厚沾唇，如炖南湾鱼、奶汤鲫鱼等。浑炖所用主料都需要煸炒、煎炸后炖制，汤色和调味丰富多彩，不拘一格，如腊肉炖鳝鱼等。

信阳菜的代表菜如下：

罗山大肠汤：肥而不腻、入口柔和，是信阳罗山县的一种传统小吃，主要由淮南猪大肠、豆腐、猪血辅以各种秘制调料炖制而成。大肠汤做法考究，吃起来别有一番滋味，配上香甜可口的信阳米饭，让人一吃就忘不掉。

焖罐肉：肉香浓郁、肉皮酥软。焖罐肉是信阳的特色名菜，是早年腊月的时候信阳人用来储存猪肉的一种方式。焖罐肉选择的食材是当地的淮南黑猪，它是信阳特有的品种，不仅营养丰富，而且肉质浓香。

固始鹅块：肉嫩汤鲜、口味偏辣。固始鹅块是信阳固始县的一道地方特色菜，以鹅为原材料，在制作的过程中要将滚烫的汤浇在鹅块上，鹅块表面会出现一层汗斑，故又称“熯鹅块”，肉质鲜嫩，汤清亮醇厚，口感极佳。在寒冷的冬天来一份分量十足的鹅块火锅，不仅解馋，而且十分进补。

板栗焖仔鸡：咸中带甜、肉嫩味香。板栗焖仔鸡本是山东传统名菜，但信阳板栗焖仔鸡却独有一番风味。信阳板栗甘甜、清香，可糖炒，可腌制，还可做出《舌尖上的中国》推荐的板栗焖仔鸡。板栗糯而不松，加上正宗的散养土鸡肉，是美味并且做法简单的一道信阳菜。

红焖甲鱼：肉嫩汤鲜、风味独特。红焖甲鱼由甲鱼和鸡制作而成，因“姬”同“鸡”谐音，甲鱼又叫“鳖”，与“别”谐音，故又名“霸王别姬”。正宗的信阳“霸王别姬”由潢川鳖和固始三黄鸡制成，味道十分鲜美，是冬季和初春的上等佳肴。

老鸭汤：汤汁清润、鸭肉细嫩。选用产于河南省信阳潢川、商城、固始等县区的散养麻鸭。麻鸭易饲养、生长快、肉质好，配上信阳当地小萝卜（也可根据季节选择瓠子、冬瓜、竹笋）用井水温火炖出的鸭汤，清香、味甜、可口，且有清热泻火之功效。

腊肉焖鳝鱼：腊肉酥烂、鳝鱼细嫩。腊肉焖鳝鱼讲究火候，腊肉肥而不腻，黄鳝肉质爽口，柔韧劲道，鲜香可口，喝一口汤，咸淡适宜，拌米饭或配面条，几勺汤几块肉很是下饭。黄鳝不仅为席上佳肴，其肉、血、头、皮均有一定的药用价值。据《本草纲目》记载，黄鳝有补血、补气、消炎、消毒、除风湿等功效。

清炖牛肚绷：汤汁浓厚、口味甘醇。清炖的牛肚绷，入口易嚼而又不失劲道；汤汁浓厚，口味甘醇，喝完满口留香。牛肉含有丰富的蛋白质，氨基酸组成比猪肉更接近人体需要，能提高机体抗病能力，对生长发育及手术后、病后调养的人在补充失血、修复组织等方面特别有益。尤其是寒冬食牛肉，有暖胃作用，为寒冬补益佳品。

小白菜炕豆腐：入口爽滑、豆香四溢。炕豆腐是比较经济实惠的家常菜，一道色香味俱全的炕豆腐是信阳人饭桌上不可或缺的营养美食。小白菜在秋天吃来特别好，因为秋天是补肺的最好季节，而小白菜的功效是清肺止咳，养阴生津、解毒。豆腐具有丰富的植物蛋白，有生津润燥的功效。小白菜炕豆腐具有绿白相衬、清素鲜嫩的特点，味道清爽可口，有健脾开胃的作用。

『非遗』概览

——文明信阳的丰厚遗产

信阳是文化资源大市，非物质文化遗产种类齐全、项目众多，生动地反映了信阳人民的生产生活方式、独特个性和审美习惯，既有中原的豪放气势，又有南国的婉约风情，展示出信阳豫风楚韵的文化特征和风貌。

近年来，在各级党委、政府部门的共同努力下，信阳市按照“保护为主、抢救第一、合理利用、传承发展”的方针，深入开展非物质文化遗产资源普查，建立名录体系和传承人体系，推行整体保护和动态保护相结合，全面推进非物质文化遗产的保护与传承。截至目前，全市共有4个项目被国务院公布为国家级非物质文化遗产，1人被命名为国家级代表性传承人；25个项目被河南省政府公布为省级非物质文化遗产，19人被命名为省级非物质文化遗产代表性传承人；此外还拥有市级非物质文化遗产183项，市级代表性传承人230人。一大批濒危项目得到及时抢救和有力保护。各级传承人得到相应的扶持和奖励，传承基地、研究基地等作用也逐渐体现，“非遗”保护工作也在如火如荼地开展。

信阳民歌

信阳民歌是信阳人民口头创作的韵文作品，它包括民歌、民谣两大类，也包括少量流传至今的长篇民间叙事诗，人们习惯将其统称为民歌。

信阳民歌属于典型的有着古老传统文化的汉民族民歌，深受楚文化和中原文化双重熏陶，既有北方民歌的粗犷、豪迈，又有南方民歌的细腻、婉转，既有中州戏曲的特色、皖腔苏调的余音，又有吴歌楚辞的韵味、湖广南音的风格，加上本地方言土语、音韵节奏，形成了大量风味独特的具有典型特征的信阳民歌。

信阳民歌的种类

中国民歌的分类法主要有三种，即题材分类法、体裁分类法和交叉分类法（混合分类法）。如果按体裁分类，信阳民歌主要有四类，即号子、田歌、山歌和小调。另外尚有一种颇具地方特色的歌舞小戏——地灯（多一戏一曲、一丑一旦表演），依其音乐唱腔，我们称之为“灯歌”。在地理分布上，山歌多流传于南部山区，田歌多流传于北部平原，小调多流传于城镇，号子、地灯等则流传于全境。

号子，或称劳动号子，它产生于劳动并依附于劳动，其旋律性随着劳动的强

信阳民歌

信阳民歌

度、节奏、动作的快慢增强或减弱。它的音乐结构比较原始简单，演唱形式为一唱众和或一个领唱众人帮腔，歌词具有即兴性。信阳民歌中号子主要有商城县的打夯号子、石碱号子，潢川县的架包号子、搬运号子，固始县的拉纤号子、摇橹号子、撑篙号子等。

田歌，是农人从事田间劳动集体演唱的民歌。演唱形式为一人领唱众人帮腔，其歌词多半具有即兴性，部分为当地流传的五句式歌谣，少量歌词有叙事性。田歌曲调优美，节奏较为舒缓。比较典型的有平桥区（原信阳县）、罗山县一带的《打刘海》，潢川县、光山县一带的《车水歌》《秧歌》，固始县的《单呀油》《双呀油》《打丫头》，商城县的《呀呀哟》《干嫂子》等。田歌在演唱形式上具有号子的特征，在旋律音调和曲式结构上又有山歌的特性，它既不同于号子，又不同于山歌。从本质上看，它仍旧依附于劳动而存在，还没有完全从劳动中独立出来。从民歌的发展角度讲，它应该是介于号子和山歌之间的一种民歌体裁。

山歌，伴随劳动而存在，或者说它基本上已从劳动的制约中解脱出来。信阳山歌，我们多称之为“五句山歌”，罗山县称为“五句联”，光山县称为“隔山应”。它的歌词通常为五句，前四句有起承转合的韵味，最后一句多半点题。五句山歌音乐结构自成体系，是信阳独特的民歌种类。除五句山歌外，还有其他形式的山歌，如潢川县的“盘歌”、商城县的“对山歌”等。

小调，已经脱离劳动的制约而趋于独立和完整。信阳民歌中的小调数量众多，分布面广，旋律细腻婉约，流畅优美，多运用衬字衬词，部分有拖腔。一般流行的城市小调有乐器伴奏，故有间奏和过门，旋律清秀委婉；农村小调则质朴平实，显得更为亲切。信阳地处南北交通要道，小调数量较多，较具当地特色的有《砍柴调》《十把扇子》《十绣》《虞美郎》《幺姑娘》等。

地灯，也是信阳颇具特色的民间艺术，多在元宵节期间表演。四周花灯高照，中间画地为台，因此有人称为“地花灯”。就其性质而言，地灯属歌舞小戏，有完整的故事情节，一丑一旦或一生一旦，众人帮腔，锣鼓击节，载歌载舞，其唱腔部分称为“灯歌”，主要有《夫妻观灯》《打六望》《卖桃子》《打桑叶》《勾鸡》等。

若以题材分类，信阳民歌主要有农事歌、节气歌、哭丧歌、情歌、革命历史民歌、中华人民共和国成立后产生的新民歌等。其中反映土地革命战争的民歌不仅数量多，而且影响大，如《八月桂花遍地开》《送郎当红军》《三大纪律八项注意》等。

信阳民歌的音乐特点

五声音阶在信阳地区民歌中占着主导地位。完全的七声音阶尚未发现。在少数几首民歌中，如《穿心调》《卖柴调》等，虽有清角变宫音，但这些五声外音时值短，多数出现在弱拍上，或作为经过音使用，在很大程度上只是起到装饰和陪衬作用，其旋律的基本骨架不失五声音阶的本质和特色。

从调式上看，最多的是五声徵调式，其次是宫调式、商调式、羽调式。角调式仅见《月亮出来照楼梢》一曲，但这首民歌又在外省广泛流传。此外，调式交替情况较多，转调比较少见。

旋律特点是一个较复杂的问题。信阳市地处中原南部边缘，又与鄂、皖交界，这就形成了信阳地区语言上既有湖北韵味、又有中州语成分这一独特的语言特点，从而使信阳地区民歌音乐语言上具有刚柔并济的风格。从旋律线条上看，流行在南部山区一带的民歌，以同音重复和四、五、七、八甚至十度大跳者较多，音域较宽，情绪奔放激昂，清新明亮，可以感受到那种粗犷、刚健的特点，同时也塑造了山区人民勤劳勇敢、不畏艰险、敢于斗争的英雄形象，如《十二月点点》《石磙络号子》《下盘棋调》等。淮河流域及中部丘陵地区民歌旋律以级进与旋律线的较大起伏并用者较多。它的特点是节奏平稳、语气平滑、速度迟缓、优美感人，散发着浓郁的乡土气息，有时加以别有风趣的衬词进行夸张渲染，可使那些生活小调显得更加朴实、诙谐、情趣横生，如《六仙歌》《花轿到门前》《锦绣山河美如画》等。还有一些是以分解和弦式进行的，表现出欢乐的情绪，如《抢八句子》《慢赶牛》《张先生讨学钱》等。从节拍上看有以下几种类型：一般生活小调多为四分之二拍；风格典雅的叙事性民歌多为四分之四拍；在一些劳动歌曲或儿歌中也出现散拍或八分之五拍的混合拍子。

信阳民歌的曲体一般比较短小，多为一段式。有上下句式、三句式乃至四句式、五句式……还有的根据内容情绪需要，采用乐句扩充、曲尾扩充等手法，而形成结构较长的异端体等。

信阳民歌曾五次进京、八次赴省、数十次赴市演出，进京演员受到刘少奇、周恩来、朱德、彭真、彭德怀等中央领导人接见并合影。信阳民歌手金旭功在第五届“五洲杯”大赛中获优秀演员奖，尹本禹获全国商业系统民歌演唱银奖，李扬获全国十佳民歌手。先后有5人获信阳民歌演唱家称号。

20世纪60年代中期是信阳民歌兴盛时期，20世纪70年代以后，由于多种原因，信阳原生态民歌受到严峻挑战，不少民歌演唱队停演。现存的仅有双铺镇八月桂花遍地开演唱队、平桥区夕阳红演唱队、信阳映山红演唱队等。作为艺术瑰宝的信阳民歌，是老祖宗留下的一份遗产，是经过历代人民口头创作的精品。抢救保护信阳民歌，通过它更好地了解信阳人的今夕生活、精神面貌及斗争历史，更好地欣赏借鉴吸收人民精华，弘扬历代信阳人民优秀文化传统，进一步发展社会主义新文化，为建设社会主义新农村奠定坚实的基础。

信阳民歌2008年被国务院列入第二批国家级非物质文化遗产名录。

• 罗山皮影戏 •

罗山皮影戏始于北宋景祐年间（1034—1038），是我国宋代皮影戏的主要传承支流之一，明清时期是罗山皮影戏的兴盛时期，距今已有1 000余年历史，经过皮影戏艺人的代代相传，至20世纪七八十年代，罗山皮影戏成为活跃在江淮地区深受广大民众喜爱的民间剧种之一。

罗山皮影戏有着自身鲜明的艺术特色。它原生态地集民间音乐、舞蹈、戏曲、曲艺、手工艺、绘画于一身，融豫南、鄂北、皖西文化风韵为一体；唱词、道白具有豫南民歌、民俗语言特点，颇具豫南人性特征，雅俗共赏，通俗易懂；音乐唱腔高亢、激昂，艺人表演戏路丰富，文武并唱，旋律明快，节奏感强，地方特色突出，兼具“阳春白雪”与“下里巴人”之韵味，在传统皮影戏艺苑中独树一帜。

罗山皮影戏演唱内容十分丰富，代代相传的有430多个剧目，经常演出有49本

罗山皮影　摄影：石文涛

231个剧目。罗山皮影戏以叙述故事为主，多取材自历史、传统大型戏曲，如《封神榜》《隋唐演义》等，中华人民共和国成立后也移植、改编了一些现代剧目，如《刘胡兰》《江姐》等。罗山皮影戏的音乐和当地的民歌、小调有密切的联系，有浓厚的地方特色，唱腔音乐是以板腔体为主、曲牌体为辅的综合唱腔，多为一板一眼、四分之二拍，快慢适中，其特点是高亢激昂，善于从唱腔中刻画剧中人的各种形象。

表演罗山皮影戏的演员双手操持支撑影人的3根小棍，使影人的形象映于帐上，其行、止、动、静、喜、怒、哀、乐全靠演员操持影人的基本功，几百年来沿袭至今，业内人士说得好："皮影戏好学，三根棍难戳。"一是小动作操作多用于文场戏，有起、坐、走、观、饮、叩首、指责、接奉、整冠、捋髯、束带等。二是大动作多用于武场戏，如腾云驾雾、打虎擒龙、带兵叫阵、校场比武等。无论是大动作还是小动作，都力求表现剧中人物的神与情，这就要求表演者既要有高超的操影艺术，又要对剧情深刻理解。

罗山皮影戏的影人制作，造型粗犷，风格迥异，用料讲究，工艺精湛。因其古朴厚拙，色彩亮丽，乡土气息浓郁，近年来广为京、沪、皖、鄂、赣及海外爱好者所收藏，成为馈赠亲友、厅堂装饰的工艺美术品。

2004年，罗山皮影戏被公布为河南省民族民间文化保护工程首批试点项目，2007年被河南省人民政府批准为第一批河南省省级非物质文化遗产保护项目，2008年被国务院公布为国家级非物质文化遗产保护项目，正式成为"国保"。2008年北京奥运会期间罗山皮影戏影人被指定参加"奥运文化展示"活动。2009年3月，罗山皮影戏代表信阳市参加由河南省人民政府组织的"农民工风采展"在北京的展演活动。这些活动既宣传了罗山，又使罗山皮影戏逐渐被社会认知和肯定。

目前，罗山皮影戏演出戏班有100余担（箱），从艺人员760余人，其中有国家级传承人1人、省级传承人1人、市级传承人

15人，中国民协会员3人，省级工艺美术大师3人，省级民协会员8人。他们中代表性传承人有岳义成、陈光辉、陈秀训、李世宏、黄从信、陈雨伦、王晓丽（女）等。

• 光山花鼓戏 •

光山花鼓戏由当地民歌小调和花会舞蹈逐步演变而成，是板腔体和曲牌体结合的剧种，比较成熟且具有地方特色。花鼓戏主要活动区域在河南、湖北、安徽三省，多在农村民间演出。

宋代苏东坡贬谪黄州途经光山，在《仇池笔记》中说“光、黄人二三月群聚讴歌”，记录了光山人爱歌舞的风俗。据清乾隆《光山志》记载，当时已形成光山花鼓戏，至今有200多年的历史。光山花鼓戏的形成分为五个阶段：一是花会玩灯阶段，演出龙舞、船舞、车舞并演各种典故；二是打五件，又叫“打龙船”，一人打五件乐器，走乡串户即兴表演；三是二三对阶段，二人分工打三件乐器，一唱一和进行表演，可演情节简单的小戏；四是地灯班阶段，每班五至七人，有角色分工，有唱腔曲牌，演折子戏和地方小戏；五是花鼓戏阶段，行当、音乐唱腔等趋于成熟，成为世代相传的特色剧种。

光山花鼓戏剧目共有200多个，可分为四大门类，即连台戏、本戏、垫台戏、饶戏。本戏是光山花鼓戏的主要剧目。垫台戏是正戏开演前的演唱。饶戏又叫灯曲子，多半是唱了正戏后再搭演一曲。光山花鼓戏的道白使用的是光山方言，光山方言既不属中原语系，又有别于湖广语系，俚语方言有其地方风味。光山花鼓戏音乐主要由唱腔和打击乐两大部分组成，很少使用管弦乐。音乐唱腔源自当地民歌、小调，多五声、六声、七声音阶，以宫调式、徵调式、羽调式为主，又受“高腔”的影响，唱词中多加进“啊”“哎”“咧”“哟”“喂”等衬词，既丰富了表现力又有地方色彩。一些场合中，一人独唱，众人帮腔或接腔，形成台上台下共鸣。打击乐源于当地民间锣鼓曲。光山花鼓戏以演生活小戏见长，每班七八个人，一人多角，演唱剧目是活口词，要记戏多，并懂韵识辙。不论男女演员，都要熟悉武场（锣、鼓、钹等打击乐），讲究唱、念、做、舞和体现行当特征。舞台装置因陋就简，便于流动演出，通常一块布幕、一桌二椅便能开戏，搭台或就地演出均可。

花鼓戏演出对社会风尚和经济发展有良好的影响。光山县十几个花鼓戏班和60多个地灯班融为一体，500余人直接参加演出，增加了经济收入。光山花鼓戏自形成以来，在当地一直是广大群众一种重要的娱乐活动方式，深受群众的喜爱，形成了民间婚丧嫁娶、子女升学、盖屋上梁、节庆庙会等场合请唱花鼓戏的习俗。

光山花鼓戏2014年被国务院列入第四批国家级非物质文化遗产代表性项目名录扩展项目名录。

• 信阳毛尖茶制作技艺 •

信阳毛尖茶制作技艺就是将信阳毛尖经过鲜叶采摘、鲜叶摊晾、茶叶炒制、茶叶储藏等工序制成茶叶的采茶制茶方法，属我国传统制茶技艺，已有2 300多年的历史。该技艺中的炒制过程能够保持茶叶本身的有益成分，利于饮用者的身体健康。用该技艺制出的茶叶外形细圆挺秀，满毫匀齐，色泽翠绿，泡出的茶水汤清色绿，滋味醇香。

信阳毛尖茶一般于每年4月上中旬开采，以清明前为最佳，气温掌握在10～22℃，随山势高低略有不同，以在晴天上午10时以前采摘为宜。

信阳毛尖茶制作技艺基本内容如下：

1.鲜叶采摘：①特级茶鲜叶选脱完苞的1芽1叶，采苞芽部分；②一级茶采1芽1叶；③二级茶采1芽2～3叶。

2.鲜叶摊晾：温度高时，摊晾1～2小时；温度低时，则摊晾7～8小时。

3.茶叶炒制：①旺火将生锅烧至120～160℃；②将500克左右鲜叶倒入生锅“杀青”，用炒把挑动鲜叶沿锅边滚下形成条状，再改用揉捻使茶叶呈条状紧缩；③茶叶转入熟锅。用手抓茶叶向锅的上边沿甩动，在滚落中成条索，“熟锅”甩条手法和大茶把炒“熟锅”方法是该技艺的一大特色；④初烘：将茶叶均匀摊在“烘头”上，放在炭火上烘干茶叶里的水分；⑤摊凉：使茶叶温度下降；⑥复烘：同初烘；⑦挑剔：拣去茶叶里的杂物；⑧再复烘。

4.茶叶储藏：将茶叶装入陶罐，放一

央视网

千挑百选的信阳毛尖

信阳毛尖茶制作技艺之炒制

层木炭放一层茶叶（茶叶用纸包装），装满封口。

信阳毛尖茶制作技艺是传统手工采制，主要靠家族、师徒传承。掌握信阳毛尖茶制作技艺的传承人文化有限，现存的文字、音像资料极少。现在，随着茶产业的发展和茶叶需求量的增加，茶叶采制方式逐渐由机械完成，生产效率远高于传统采制方式。

传统手工采制茶叶耗工耗时耗力，虽不断开展技艺培训，但年轻人大多不愿学习，掌握传统手工采制技艺的传承人越来越少，呈现断层趋势。截至2013年，掌握并能娴熟运用信阳毛尖茶制作技艺的传承人不足10人，且年龄大多在60岁以上。信阳毛尖茶制作技艺面临失传的危险。

信阳毛尖制作技艺2014年被国务院列入第四批国家级非物质文化遗产代表性项目名录扩展项目名录。

• 汉民族叙事长诗《郭丁香》 •

《郭丁香》是固始县珍贵的民间口头文学，也是河南省乃至全国为数不多历史悠久的原生态汉民族叙事长诗。长篇叙事诗《郭丁香》是通过灶书艺人以灶书表演形式代代传承、传唱下来的，至今近300年历史。

据传说，张万良和郭丁香原本是天上的金童玉女，因违犯天规，被王母娘娘贬下人间，演绎了一桩爱情婚姻悲剧的故事，后来二人重返天界，被玉皇大帝封为

发表『郭丁香』的『民间文学』书影

灶王爷灶王奶奶的传说

灶王爷、灶王奶奶。《郭丁香》主要内容以郭丁香与丈夫张万良婚姻生活为主线，着意歌颂了郭丁香勤劳、善良、正直等做人的美德，无情地鞭挞了懒惰、奸诈、负义等恶行，表现了朴实善良的人民群众所追求的道德规范。

《郭丁香》语言朴素无华，情节曲折感人，有着无穷的精神魅力和文化内涵，是一篇富有中原古典文化特色的优秀作品，集中体现了民间文学对传统道德的具体态度，塑造了郭丁香这一在我国民间文学史上具有独特性格的形象。

固始县文化工作者在灶书《郭丁香》基础上搜集整理出长诗《郭丁香》1 370行，发表于国家级刊物《民间文学》1981年第10期，当时在全国文学艺术界和学术界引起极大的反响，被专家学者称为“填补了汉族地区没有民间叙事长诗的空白，丰富了汉族民间叙事诗的宝库”。1983年，长诗《郭丁香》荣获全国民间文学（1979～1982）优秀作品二等奖；1985年，又荣获河南省首届民间文学（1975～1985）优秀作品一等奖。全诗被载入《中国新文艺大系》。

据调查了解，《郭丁香》唱词近万句，如一串珍珠散落在民间。原搜集发表的《郭丁香》受当时条件限制，只是原生态唱本《郭丁香》的一部分。

汉民族叙事长诗《郭丁香》2008年被列入第一批河南省省级非物质文化遗产名录。

• “亡羊补牢”的历史传说 •

“亡羊补牢”传说发生于战国时期的城阳城，城阳城为春秋早期所筑，距今有2 700多年的历史，是当时楚国的军事重镇。城阳城秦汉魏晋时为城阳县、郡，前后历时1 000多年，是当时信阳的政治经济文化中心。当地形成了“亡羊补牢”的成语，在全球华人中广为流传。

《战国策·楚策四》中对“亡羊补牢”的始末有详细记载。前281年（顷襄王十八年），楚顷襄王荒淫无度，庄辛对楚顷襄王说：“君王左州侯，右夏侯，辇从鄢陵君与寿陵君，专淫逸侈靡，不顾国政，郢都必危矣。”楚襄王执迷不悟，怒斥庄辛为“老悖”，随后庄辛流亡赵国。前278年，秦国大将白起攻破楚国郢都（湖北江陵），“襄王流掩于城阳”。在楚生死存亡的关头，顷襄王派骑士把庄辛从赵国请回。庄辛到城阳城后，顷襄王问：“寡人不能用先生之言，今事至于此，为之奈何？”庄辛回答道：“臣闻鄙语曰：‘见兔而顾犬，未为晚也，亡羊而补牢，未为迟也。’”庄辛帮助楚王分析了问题，把握了时机，稳定了大局。“亡羊补牢”作为楚国上下的一种精神和信念，被付诸实践。楚国用“申息之师”，据义阳三关，借淮河天险，挡住了秦军的进攻，收复淮北失地，使楚国延续了55年。在这之后，当地人就用“亡羊补牢”教育后人，亡羊补牢的故事在当地流传开来，成为著名的历史典故。

亡羊补牢传说的主要价值表现在三个方面：历史价值，战国时期发生在城阳城的故事而形成的成语“亡羊补牢”流传2 000多年，家喻户晓、代代相传；文学艺术价值，从古代到现在，人们利用讲说唱艺术、文学艺术、课本形式、音像形式等，使亡羊补牢的故事在全球华人中广为流传；社会价值，本故事及成语知错即改、时不为晚的寓意从古至今警醒着人们、鼓励着人们，在社会上产生了重大的历史意义和现实意义。

“亡羊补牢”传说2015年被河南省人民政府列入第四批河南省省级非物质文化遗产代表性项目名录。

亡羊补牢

淮滨泥塑

淮滨泥塑俗名“小叫吹”，其原型可追溯到淮滨县域5 000年前的龙山文化遗址沙冢遗址，以淮河之滨数百年肖营泥塑传承人为代表。

制作“小叫吹”的泥土取自淮河沿岸冲积平原，土质细腻，黏合性高，不开裂。“小叫吹”形制尺寸有大有小，形象生动传神，个个都能吹响，其主要品种有十二生肖系列、龙腾虎跃系列、卧虎藏龙系列、吉祥动物系列、百兽之王系列、戏曲人物系列、八仙过海系列等十余项系列作品。

“小叫吹”以生活为基础，通过概括集中，提炼出具体生动的艺术形象，属于彩绘泥塑，其造型一是直接模仿，二是间接模仿，三是戏曲人物模仿，是写实与写意的统一。它在情感上体现一种纯朴天真之情，在装饰里宣泄自由率真之性，在文化中表达一种吉祥之意，在造型上注重“感觉真实”，视觉上真实、生动，注重艺术形象的写实性。

淮滨泥叫吹——布谷鸟组合

“小叫吹”可以同淮阳泥泥狗、浚县泥咕咕并列为河南省的三大泥彩塑，填补了淮河流域泥彩塑的空白，是非物质文化遗产抢救工程的重大发现，具有一定的代表性、特殊性及考古价值。特别是作为非物质文化遗产文化产业，“小叫吹”对于当地农民批量生产销售、脱贫致富有一定的现实意义。

淮滨泥塑（“小叫吹”）2011年被河南省人民政府列入第三批河南省省级非物质文化遗产名录扩展项目名录。

• 信阳剪纸 •

信阳剪纸历史悠久，风格鲜明，题材广泛，影响深远。它既有北方剪纸的粗犷，又有南方剪纸的细腻，构图新颖、疏密有序、造型典雅、线条流畅、栩栩如生，不论是乡间老艺人剪的乡土气息极浓的剪纸作品，还是青年艺人升华创新的佳作，无不展示出信阳民间剪纸独有的艺术风采。

民间剪纸以红色剪纸为主，还根据需要创作黑色剪纸、白色剪纸、剪纸染色、套色剪纸等，尺幅有大有小，有寓意的作品比比皆是，形成“凡图必有意，有意必吉祥”的文化特征。从技法上讲，剪纸实际也就是在纸上镂空剪刻，使其呈现出所要表现的形象。劳动人民凭借自己的聪明才智，在长期的艺术实践和生活实践中，将这一艺术形式锤炼得日趋完善，形成了以剪刻、镂空为主的多种技法，如撕纸、烧烫、拼色、衬色、染色、勾描等，使剪纸的表现力有了无限的深度和广度。细可如春蚕吐丝，粗可如大笔挥抹，可粘贴摆衬，亦可悬空吊挂。由于工具材料简单易普及，技法易于上手，虽难于求精，但并不影响群众的喜爱和临习，因此剪纸有着

信阳剪纸『大吉大利』

信阳剪纸『吉祥如意』

信阳剪纸《富裕图》（许煦）

其他艺术门类不可替代的特性，1949年以前，剪纸在信阳几乎遍及城镇乡村，深受人民群众的喜爱。

信阳剪纸的工具主要是剪刀、刻刀，蜡盘、磨石、粉袋、砖。信阳剪纸题材上以人物、动物和植物为主，人物以“十二金钗”、伟人、圣人、佛像和戏剧人物为代表，动物以十二生肖、猫、鱼为代表，植物以四季花草为代表，还有一些生活场景、历史画面等。信阳剪纸主要在民间传统节日和婚庆、小孩满月时装饰用，这类剪纸主要有喜花、团花、灯笼花、棚顶花、门窗花、鞋垫花、鞋面花、衣袖花等，所以民间又把剪纸称为“剪花”。

信阳剪纸的代表性人物有许煦、朱华梅等。许煦从事剪纸艺术创作近30年，在继承传统的基础上，融会了南北剪纸艺术的精华，又从其他艺术门类中汲取营养，创作出了大量题材多样、生动形象、独具特色的精美剪纸作品，曾获河南省工艺美术最高奖项“金鼎奖”、中国民间工艺美术最高奖项“山花奖”及全国民间工艺美术书法大展金奖等，被誉为“海峡两岸德艺双馨艺术家”。朱华梅剪纸作品曾获河南省第二届剪纸大赛二等奖、中国首届“中华巧女”工艺品大赛中华巧女奖、河南民间工艺精品博览会银奖、第三届中华（天津）民间艺术精品博览会精品展银奖等奖项。

信阳剪纸2015年被河南省人民政府列入第四批河南省省级非物质文化遗产代表性项目名录。

• 商城丝弦锣鼓 •

商城丝弦锣鼓是以打击乐为主的民间音乐，演奏时由管乐、丝乐、弦乐、打击乐四位一体的配套乐队组成，吹、拉、弹、打。其表现形式有两种，一种是编排有丝弦的锣鼓，叫坐场锣鼓，主要用于祭祀、庙会、堂会；一种是行路锣鼓，主要用于贺新年、花灯会、婚丧嫁娶。商城丝弦锣鼓现存29种曲牌，或优美抒情，或潇洒诙谐，或庄严肃穆，或隆重威武。丝弦锣鼓演奏以撑鼓板人为指挥，马锣领奏，其他乐器按固定锣经打法演奏。最有特色的是娇号，也叫长号，俗称小号子。它是一种特制的铜质号，共三节，长五尺左右，状如放大的唢呐，音尖噪，无固定音高，凭演奏者的气力大小掌握音高，在吹奏中起承上启下、烘托气氛的作用。

商城丝弦锣鼓以热闹为主，曲牌多样，能够表达多种情绪，适应各种民间庆典场合，流传于大别山北麓的商城和光山、新县、金寨、麻城（俗称三省五县）一带，深受广大山乡农民的喜爱。山民每逢红白喜事和集会庆典，均以能演奏丝弦锣鼓为荣，凡有大庙会、堂会、祭祀、传统节日或庆典等都有丝弦锣鼓助兴演出。至今音乐一起，十里可闻，人们驻足探望，出户打听，竞相趋之。

据传，清朝道光年间，吴老二（一说为到大埠河帮工的外乡人）与大户张家合作，置办乐器，组建演奏班并世代沿袭，到清咸丰年间最为兴盛，仅大埠河一村就有9个演奏班，又流传到伏山乡千金山一带，后因战乱和风俗移易衰微。中华人民共和国成立后，商城丝弦锣鼓作为独特的民间艺术形式受到重视，近年来曾多次参加市、县级文艺汇演，1985年中央电视台对台广播中播放了丝弦锣鼓。商城丝弦锣鼓具有在群众中世代传承的特点，有很高的艺术价值和民俗文化价值。

商城丝弦锣鼓2015年被河南省人民政府列入第四批河南省省级非物质文化遗产代表性项目名录。

• 潢川锣鼓十八番 •

潢川锣鼓十八番亦名“十八翻”“欢庆锣鼓”，俗称鼓面子或鼓牌子。潢川锣鼓十八番有大番与小番之分，小番亦名“龙灯会”；大番分为鼓头、鼓面、鼓牌子三部分，共有曲牌60多个。锣鼓十八番常用的打击乐器分别为司小堂鼓、中音大鼓、手镲、小马锣、大堂鼓、边鼓、高音锣、低音锣、低音钹、大叶子、小丝锣、云锣、彩锣、大云鼓。演奏时演员位置很重要，通常司鼓居中，左边手镲，右边是中音大锣和小马锣。司鼓是乐队的总指挥，大锣是“主将”，手镲是“副将”，起填空作用。小马锣起着掌握节奏的作用。早在清康熙年间，河南潢川县就有不少专业锣鼓班子从事锣鼓十八番演奏，距今已有200多年的历史。它在中国民间打击乐中已成为独具一格的艺术风格，并具有较强的民间艺术特色。

潢川锣鼓十八番的演奏节奏变化大，表现力丰富。它的旋律时而轻盈跳跃，时而强劲有力。鲜明的节奏、铿锵有力的艺术感染力，特别是演变和充实后的音乐配制，锣与堂鼓清脆悦耳的音乐对接和多面大鼓低音与大叶子高音的碰撞，显示了锣鼓十八番的内在魅力。锣鼓十八番之所以受到人民群众的欢迎而广泛流传，是因为它的演奏烘托出欢腾喜庆的气氛，威武雄壮的声势充分展示出一个地方优秀民间打击乐鼓的艺术风采。

锣鼓十八番

潢川锣鼓十八番主要在民间盛大节日集会、宗教活动演奏，但演奏最多的场合还数婚嫁喜事的暖房、迎亲。暖房时多演奏表示喜庆的曲牌，如“双幺二三”“龙灯会”“狮子嗑牙”等；迎亲时到女方家门前必奏“双喜地”，表示双喜临门，接着用“八哥洗澡”催促新娘快梳妆、快上轿；在迎亲回来的路上则用“牛糙痒”“反中糙痒”来表示新人的惬意。

20世纪60年代，潢川锣鼓十八番多次参加国家、省、市文艺会演，得到了较多的殊荣。1998年潢川县根据锣鼓十八番编创的“锣鼓闹秧”舞蹈节目参加全国第十届“群星杯”广场舞蹈大赛获银奖。2008年锣鼓十八番参加全国首届农民文艺会演获“银穗杯”奖。2009年，根据锣鼓十八番排练的大型器乐舞蹈“鼓娃闹花乡”参加全国第三届少儿才艺展演暨2009年和谐春晚的开幕式和比赛，获得大赛最高奖“国星奖”。2015年6月，锣鼓十八番代表队赴澳门参加文化交流。

潢川锣鼓十八番2011年被河南省人民政府列入第二批河南省省级非物质文化遗产项目名录。

• 固始花挑舞 •

花挑舞俗称“花挑子”，是信阳市流行范围很广的民间舞蹈，因其道具是一根两头各系一个花筐细而软的竹制扁担，一位姑娘担着它起舞，因此名为花挑舞。花挑舞历史悠久，在固始流传已达2 500多年。

“花挑子”是由花筐灯演变而成的，道具主要有花筐、扇子、手绢等。花挑舞的表演形式较多，但基本动作相同。有六人表演的（两副花挑、两个丫鬟、一个丑婆、一个小丑，一副花挑即一个花挑姑娘），有五个人表演的（一副花挑、一个丑婆、两个丫鬟、一个小丑），有四人表演的（一副花挑、一个丫鬟、一个丑婆、一个小丑），还有三人表演的（一副花挑、一个丫鬟、一个小丑）。其中最受群众喜爱的是三人花挑舞，它场面多变，动作形象，舞蹈语汇丰富，形成了一套完整的表演程式和独特的艺术风格。

花挑舞系抒情性舞蹈，主要表现男女之间的爱慕之情，通过舞蹈表现他们对美好生活的向往和追求。三人花挑舞分为三个段落：第一段是独舞，也叫“踩场”，姑娘不挑花挑，通过身段配合手绢、扇子进行技巧表演；第二段是双人舞，姑娘担着花挑与小丑同舞；第三段是三人舞，姑娘、丫鬟、小丑同舞，姑娘、丫鬟动作优美细腻，小丑动作刚健，表演诙谐，即兴抒发感情，三个人以喜悦、欢快的情绪把舞蹈推向高潮。整个舞蹈结构严谨，层次清楚，三人的动作及人物形象既有个性又和谐统一，配合默契，相映成趣。花挑舞的步伐轻盈大方，动作富有弹性，腿、腰、肩的动作协调，连贯自由轻松，给人一种挑担子闪悠悠的感觉。老艺人在传授花挑舞时，要求演员做到“担花挑闪悠悠，玩花挑先靠腰扭，耸肩膀，擅腰抖，传眼神，莫下流”。

固始花挑舞2007年被河南省人民政府列入第一批河南省省级非物质文化遗产项目名录。

花挑舞

• 商城火绫子 •

火绫子是一种热烈欢快、幽默风趣的情趣舞，是豫南民间舞蹈的一种独特形式，广泛流行于豫南地区，特别是潢川和商城，因以杈伞为主道具，又叫“杈伞舞”。关于火绫子的起源有两种说法。一种传说是火绫子源自宫中戏耍，产生于唐朝，唐明皇李隆基退朝后在后宫持朝王伞，领着宫女和太监边舞边唱，戏耍逗乐，创立了这种歌舞形式。后安史之乱，流离失所的大臣将该舞引入闭塞的商城县，逐渐演变为一种民间舞蹈艺术形式。另一种传说是火绫子是古代祭礼，雩娄是历史上某个祭祀天地、求神拜佛而修建的祭坛，而商城古称雩娄，火绫子至今流传于商城、潢川一带，也契合了这个传说。

火绫子比较成熟的表演形式于清初形成，并且流行至今。该舞一般为9人表演，5男4女：舞灯老者手撑杈伞，因为杈伞中间燃的是蜡烛，所以叫“蜡杆”，后来人们习惯称其为“老杆儿”，“老杆儿”的原型为唐王，所撑杈伞为朝王伞；女角四人，称“四梳”，俗称“蜡花”“花鼓娘子”，左手执手绢，右手持扇；男角四人，称“四挎”“花架子”，手持双鼓槌。另有二把手1～2人，替换“老杆儿”，兼打场子。

商城火绫子

火绫子唱腔是花鼓灯调，唱词有花鼓唱、锣鼓唱及灯歌、山歌的传统段子，余者自编自演。舞蹈分大场小场两种。大场为两段式结构，由“老杆儿”引“蜡花”出场，领舞以“踢四场门”“拜四方”等近20种名目组成各种队形图案。小场是表演具有简单故事情节的小舞蹈，有抢手巾、抢扇子、抢板凳、逮“蜡花”等。“老杆儿”是火绫子的灵魂人物，他手中的伞可撑、可转、可摆、可抖，脚下的功夫和某些身手与京剧武生相类。“蜡花”手中的扇子，有飞扇露喜、开扇遮羞、推扇传情、点扇发怒、瞅扇思情、摇扇不闲、背扇怀愁、打扇戏谑等扇功。舞步有踩搓步、颤步、碎步等。传统的调度有圆场、半圆场、龙摇尾等。名目繁多，套式成熟，玩家只需说清哪个接哪个即可随机变化，因此可长可短、收放自如。旧时主人的赏钱大就多玩，赏钱小就少玩，但都有头有尾、不露破绽。

火绫子亦舞亦唱，有说有逗，以打击乐（乐器有大锣、鼓、响镲、抛锣、鞭鼓、小锣、梆子）相伴奏，有看头，有听头。所到之处，锣鼓喧天，歌声悠扬，舞姿风趣，道板诙谐，引人入胜，出场虽然只有9人，但是效果可比一台大戏。

“老杆儿”手中的杈伞高1.2米，伞沿缝有2米长的黄绫，伞面为莲花瓣框架，上有70朵纸花和1朵大花扎上配鲜，形状似皇冠。灯舞有多种，像火绫子这样以杈伞为主道具的，在其他地区不曾见到。

河南歌舞在信阳，信阳歌舞在商城。商城是著名的歌舞之乡，火绫子是商城民间歌舞中最具地方特色的一种。它保留了农民古朴的表演艺术形式，热闹、风趣、喜庆，适应性强；唱腔是多种原生态民歌和戏曲的集成；唱词内容丰富，语言生动机灵、亦庄亦谐，有很强的表现力与感染力；动作源于生活又高于生活，融刚劲舒张、质朴优美、风趣诙谐于一炉。在诸多灯舞中，火绫子具有较高的艺术性。

商城火绫子（商城杈伞舞）2007年被河南省人民政府列入第一批河南省省级非物质文化遗产项目名录。

商城花伞舞

商城花伞舞为豫南地区的民间舞蹈，深受人民群众喜爱，至今在商城县盛行，遍及城镇、乡村，是当地最具代表性的民间舞蹈。

花伞舞在民间叫“花伞”“刘二姐赶会”。所谓“花伞”，一是持伞者装扮的是旦角，人称“灯心子”，戏中唤为“小花”；二是主要道具是伞，伞上面装饰着许多用竹篾扎制的蝴蝶、金瓜、珠子和纸花等各种彩灯，故得名“花伞”。所谓“刘二姐赶会”，传说有一刘姓夫妻领着小女儿赶庙会时打把雨伞遮阳，途中有人问他们去哪儿，刘老头边笑边回答：“领二姐去赶会。”谁知乡里的调皮鬼把这句话当成笑谈，给传开了，正合了“花伞”这一舞蹈形式。久而久之，“花伞”的别名就叫“刘二姐赶会”了。

据有关资料和老艺人的回忆，明代商城就兴起元宵灯会风俗。明嘉靖《商城县志》记载，“宵作灯市，自十三日起至十六日止，街市之民，各结棚张灯，放花游鼓乐达旦。”又据清嘉庆《商城县志》记载，商城县康熙十五年建县署，“斯时也，有歌诗以颂者，有舞抃以庆者，山农野叟扶杖而至，乐观其有成”。可见当时的盛况。老艺人张益回忆，商城一带最流行玩灯，组织者常把各地好手请来，想出各种玩法，灯会往往从农历正月初七开始，一直办到二月初二，又从清明朝山（古庙会）起办到端阳节，断断续续四五

商城花伞舞

个月。老艺人温天赐回忆，当年元宵灯会，街口要道搭一架松枝排楼，上面布满纸花、红灯和彩灯。街市上农家户户挂着灯，备齐鞭炮、火花、对子（用红纸画着果品或钱等物，待花灯玩毕后酬谢各位玩友），喜迎各式花灯到来。夜晚更加热闹，店面里里外外、上上下下点燃蜡烛，耀眼夺目，直到天明。后来，灯会在商城民间形成了风俗，逢年过节也好，乡间办庙会也好，地方上有爱好者自荐为会首，由他从群众中筹钱或自己捐款，聘请各地著名花灯艺人、琴师，组成一支支花灯舞队，少者一两支灯，多者十几支灯。

早期的花伞舞由三人表演，都是男青年扮装，一个扮成旦角，一个扮成老头，一个扮成老婆婆。演出非常简单，谁家放炮接灯，就在谁家门口唱几段小调，说上几句俏皮话，逗人哈哈一笑。后由于灯会的鼓励，花伞舞表演形式和内容越来越丰富，表演水平也逐渐提高，于是脱离了灯会而单独在民间活动，突出的表现是演出班子增多、涌现出许多优秀的“花伞”艺人。如在鄂豫皖边区较有名声的徐文烯、洪少山（绰号“洪裂袖子”）、殷霞明（绰号“殷六姐”）及能歌善舞的赵香九、温天赐等。舞蹈语言丰富了，由原来仅扭扭唱唱，增添了表现身段“踩八板”，以及二人、三人表演的具有简单情节的小歌舞《抢手巾》《抢板凳》《秧大麦》等。灯歌的曲调丰富了，不仅对原有曲调有所发展，而且吸收了不少当地和外地的民歌小调，由原来的几首增加到几十首，不同人物有了不同的唱腔。服饰由清装改为时装，道具制作上也比过去美观精巧许多。

花伞舞的舞蹈动作大多是从生产、生活中提炼演变而来的。如伞是平时遮阳挡雨的用具，舞时“持伞”作为主要道具并加以美化，为舞蹈增添了色彩。“转伞”是用伞滚动模拟车轮旋转，逼真而又增添了美感。有的舞蹈动作借鉴了汉族古典舞蹈，如“小碎步”“小踮步”及“灯心子”手势的动作，进一步丰富了花伞舞的舞姿。

花伞舞具有朴实、抒情、优美、活泼的基本风格，这也是商城民间舞的一个共同特点。花伞舞的基本艺术风格可总结为稳、轻、颤、正、神、情六个字。按照艺人们的说法就是“身子平衡，脚步轻盈，上下颤动，不歪不倾，眼里有神，动里有情”。它的特点是有舞蹈有表演，有说有唱，但因为流行地区较广，艺人特点个性不同，群众喜好不同，在表演上自然就形成了不同的流派。东南部山区，艺人善于唱，舞姿讲究美，动作幅度小；西北部平原地带以舞为主，举止行动大方简练，节奏较快，变化多，朴实粗犷；中部地区是县城所在地，也是花伞舞发源和盛行的地区，讲究动唱并重，“灯心子”舞姿优美，行如风摆杨柳，舞如燕子试水，唱腔优美动听且多变化，表演风流、洒脱、有风趣，俗而不伤大雅。

中华人民共和国成立以后，群众性的花伞舞活动在广大城乡蓬勃开展起来，姑娘、媳妇甚至老婆婆也打破陈规陋习的束缚参加表演，改变了长期以来男扮女装的状况，花伞舞也由广场演出搬上了舞台，呈现一派喜人景象。不少演出班子把花伞舞中的老头、老婆婆换成两个或四个少女，手持彩绸、绸花或莲花灯，编唱新的唱词庆祝翻身解放、歌颂党的领袖、歌颂党的方针政策、歌颂解放军，极大鼓舞了人民的劳动热情。1955年群众性的文艺活动形成了一个新的高潮，城乡各地纷纷组织起业余文艺宣传队、文工团、歌舞团，他们除排演一些表演唱、小戏曲等节目配合中心工作外，还大量学习当地的民间艺术形式，于是，花伞舞这一民间舞蹈大放光彩，在新老艺人的合作下，相继发展、创作出《三把伞》《六把伞》。《三把伞》表现的是由三个男女青年装扮成的姑娘、老婆婆和老头，手持花伞去赶会，由于老婆婆年迈脚小难行走，姑娘手中的伞便变成车轮，请老婆婆坐在车上，一家人推的推、拉的拉，欢欢喜喜去赶会的情景。后来《三把伞》又被改编成《送代表》。1958年，商城城关镇业余红旗歌舞团芦苇、何强等人合作，把花伞舞改编成《六把伞》，通过六个姑娘手持花伞、手巾，结伴到郊外游春，来展示农村的新面貌，赞颂祖国的锦绣河山。同年，文化部钱俊瑞副部长来商城开钢铁现场会时观看了《六把伞》并大加赞扬，继而通知中央歌舞团来商城采风。当年冬天，《六把伞》参加信阳地区民间音乐舞蹈会演，引起各地文艺工作者的重视，中央歌舞团、海政歌舞团、空政歌舞团、战友文工团、武汉军区胜利歌舞团、河南省民间歌舞团等十几个文艺团体先后加工整理改编出《花伞舞》。1959年《花伞舞》参加维也纳世界青年联欢节演出，荣获银质奖杯。从此，花伞舞这一艺术形式在全国流传开来。

商城素称歌舞之乡，歌舞的种类多，

而且很有艺术特色。其中商城花伞舞的表现形式，代表着大别山民间舞蹈的风格，展示了广泛的内容，因此在河南歌舞中占有很重要的位置。

商城花伞舞2011年被河南省人民政府列入第三批河南省省级非物质文化遗产项目名录。

• 息县板凳龙 •

板凳龙在河南省息县是深受广大人民群众喜爱且广为流传的一种优秀的民间舞蹈，也是河南省独有的一个舞种。

板凳龙道具由板凳龙头、龙身、龙尾、绣球组成，龙头、龙身、龙尾的骨架均采用竹篾做成，再糊上白纸和彩纸，饰以龙须、龙眼、龙眉、龙角、龙珠，画上龙鳞、龙鳍和彩云等花纹图案。板凳龙就是在一条家用板凳上扎制一条龙，每条龙由3人舞，少则两条，多则七条（七条龙每条一种颜色，包括红、黄、蓝、白、黑、青、紫）或几十条龙，另外由一人或多人舞绣球者领着舞。舞的过程中配上欢快而激昂的锣鼓，整个舞蹈热烈壮观，每当喜庆丰收、欢度佳节，不论地边场院、街头广场还是舞台，都可以舞。

板凳龙在息县流传了近200年。清朝道光年间，息县城北关外的土地庙里，居住着一群被人们称作“十八穷爷”的贫汉，他们苦于生计，讨来一条板凳，两头各系

息县板凳龙

牛笼头和破芭蕉扇，两人一前一后举着凳腿作为乞讨工具舞了起来。后来，艺人将凳子两头扎成了龙头和龙尾，再用竹条捆扎，经裱糊彩绘制成龙身，由四个人各举板凳的一条腿舞，就这样成了板凳龙。随着时间的流逝和艺人在不断演出中技艺的提高和发挥，板凳龙逐渐演化成由三个人玩的（一条板凳三条腿），同时总结出“头要稳、尾要活、脚要轻、紧密配合步子匀”的要领，在舞的技艺上，进一步模拟出龙的翻、滚、跳、跃，配上舞绣球和欢快的锣鼓，成了今天人们喜爱的板凳龙。

板凳龙先后经过四代艺人的不断创造革新。1957年为迎接全省民间文艺会演，在县文化馆任新铭的组织和带领下，该舞蹈由艺人吴家超、李德厚、丁乐宝等进一步做了加工和提高，增加了绣球，并在原有舞蹈动作的基础上设计出“二龙出水”“二龙戏珠”“二龙纹尾”“二龙滚身”等舞蹈组合，于同年3月在郑州参加了全省民间文艺会演，获得演出奖，受到了领导和专家的好评，《河南日报》对该舞做了专题报道。期间板凳龙曾多次参加区、市赛演获奖，1986年被河南省评为中国文化艺术学科重点科研项目一等奖，并被收入《中国民族民间舞蹈集成·河南省卷》。1992年是板凳龙发展的鼎盛时期，同年5月，为了迎接首届信阳茶叶节，按照地区的要求和安排，息县组成了有100人参加的板凳龙文艺大方阵，在服装设计、道具制作、音乐编排等方面都做了大胆尝试。这一方阵共出动了20条鳞光闪闪的青色板凳龙，舞龙者全部着黄色古代武士服装，还增加了20人组成了大型打击乐队伍，打击乐者全部着蓝色古代武士服装，另外还增加了5面“龙”字帅旗，执旗者着红色古代武士服装，为了适应广场舞蹈的表演特点，共设计了“龙出水”“龙盘柱”“龙滚身”“龙戏珠”“龙文身”等舞蹈组合和舞蹈画面，演出受到了各界的好评。2011年板凳龙参加中央电视台《欢乐中国行》栏目演出并向全国展播。

息县板凳龙2015年被河南省人民政府列入第四批河南省省级非物质文化遗产代表性项目名录。

• 商城花篮戏 •

商城花篮戏源于唐代宫廷，在明朝嘉靖年间（1522—1566）传入光州（现商城、固始、潢川、光山一带），继而流行于豫南、皖西一带。商城花篮戏在民国期间渐趋成熟，由最初一人舞发展为“二小戏”“三小戏”（小生、小旦、小丑），后逐渐发展成为生、旦、净、丑齐全的戏曲，剧目也由表演剧情简单的小戏逐步发展为能演袍带、公案、史事等题材的大戏。花篮戏在《中国戏曲曲艺词典》中有较为详细的记载。

商城花篮戏的剧目大致可分为小戏、折子戏、木头戏和大部头戏四种。其唱腔包括唱腔、帮腔、杂调等部分，靠打击乐伴奏，因此具有唱、帮、打三结合的艺术特点，即“一人开口唱，众人齐帮腔，板眼三点头，锣鼓打满场”。商城花篮戏唱腔有由上下句组成的基本腔和由此发展出的变化腔两种。这些唱腔以当地的山歌、小调、灯歌为基础，吸收其他剧种中与本剧种音乐语言相近的音调，经艺人多年的加工锤炼逐渐形成。它在结构上又可分为板腔体结构和单曲体结构两大类。板腔体结构唱腔有“苦嗨子”“喜嗨子”“平海子”“西柳子”“东柳子”“寒腔”“甜腔”7种，是花篮戏唱腔的主体部分。单曲体结构的唱腔俗称“杂调”，或叫“花调”，是将当地灯歌、小调稍加变化而成的。商城花篮戏基本上是一戏一曲，也有一戏多曲连缀、一曲多用，常出现在“二小戏”“三小戏”里面。曲目的名称以剧目名或身段名而定，其曲牌多为两句体、四句体，也有三句体、五句体结构的。主要曲目有“开门调”“卖花”“打长工”“勾鸡”“彩调”“三番”“劝小姑”“讨学钱”等30多种。多为一段体曲式结构，加上锣鼓伴奏，帮腔伴唱，情绪活泼欢快。

商城花篮戏的伴奏主要依靠锣鼓。它大致可分为开台锣鼓、唱腔锣鼓、身段锣鼓三部分。开台锣鼓俗称打闹台，在开

商城花篮戏

演前打奏联套锣鼓牌子以招揽观众，有“三番”“步步高”“开台锣鼓”三种。唱腔锣鼓是唱腔中间使用的过门，亦是剧中的主要锣鼓点，有带板起腔和叫板锣鼓过门两种。其中又包括上簧、下簧锣鼓等20多个牌子。身段锣鼓是配合演员表演的锣经，有“走场”“一笼蜂”“硬三锤”“死板”等近20个牌子。

中华人民共和国成立后，党和政府开始对商城花篮戏戏班登记整顿，建立管理制度，充实青年演员，还挖掘整理一批优秀剧目，于农闲季节巡回乡下演出，传统剧目《小书馆》参加了信阳地区会演，花篮戏从此登上了大舞台。这一时期是商城花篮戏发展鼎盛时期。“文革”中，花篮戏戏班全部被解散，大量服装道具被没收销毁。十一届三中全会后，花篮戏发展重新出现高潮。花篮戏剧团试行男女合班，培养一批女演员，使演出效果更趋完美。但20世纪80年至今，只有民间6个花篮戏活动于全县，一些年老的传承人仍然传承着花篮戏事业。

商城花篮戏2011年被河南省人民政府列入第二批河南省省级非物质文化遗产项目名录。

• 固始灶书 •

灶书是固始县特有的一个民间曲艺形式，也是河南省乃至全国的稀有曲艺之一，流传至今已有300年历史。

关于灶书的来源，说法有二：一说是因为灶书的内容多系孤孀之怨、弃妇之愤、深闺幽情及村野爱情故事，听众又多属不出门的“锅前锅后人”，故名曰“唱灶”，唱的内容则称“灶书”；另一说则因它最早的唱段是《郭丁香》，人称郭丁香为“灶王奶奶”，称她丈夫张万良为“灶王爷”，所以唱他们的故事就叫“唱灶”，这段唱词就叫“灶书”。灶书艺人过去在演唱任何一段书目前，总爱加上几句开场引子，引子内容千篇一律：“盘古开天至如今，一人唱书万人听；听罢好书莫谢俺，谢俺祖师杨玉彬……”杨玉彬何许人也？多数艺人说不清楚。这个唱法都是从师父那里代代相传的。少数艺人从师父那里获知：杨玉彬是固始县东乡清河一带的人，生前虽不识字却聪颖过人，精通百业，尤以木工为最。因为木工手艺精湛，每遇一家东家，他一做便是月余。杨玉彬还兼有口齿伶俐、话语生动的特长，肚里装着各色各样的民间故事。每跟东家混熟后，白天做活，晚间说故事，常常通宵达旦。久而久之，杨玉彬不仅手艺闻名四方，而且讲故事“磨白话”也远近有名。这么一来，有些缙绅大户不拘工钱、伙食，一半是请他做活，一半则是请他为不出三门四户的老太太、少夫人、大姑娘、小媳妇及公子、小姐讲故事，以图享乐逗趣。杨玉彬在这样的抬捧下，不断提高说故事的技巧，由平铺直叙发展为半说半唱，继而干脆把说得滚瓜烂熟的故事全编成了唱词。这很可能就是灶书的雏形。

灶书早期、中期演唱时无固定伴奏，演唱者往往顺手拿木工用具来敲打衬应节拍，后期灶书才有一种手柄灶鼓为伴器，唱腔与鼓书、地方咳子戏相近。

灶书具体起源于何时，各类文化资料均不见记载，故无从查考。但从民间口头资料推算，它于清咸丰年间在固始城郊及东乡、北乡的罗集、分水、蒋集、往流等地产生并逐渐形成，而后很快便向同固始县毗邻的安徽省霍邱、阜南、金寨，河南省商城、潢川、淮滨、光山、新县，湖北省黄安、麻城等县农村流传。

固始灶书2007年被河南省人民政府列入第一批河南省省级非物质文化遗产项目名录。

• 平桥区大鼓书 •

平桥区大鼓书俗称犁铧大鼓、梅花大鼓等，起源于民间灯会、庙会，是人们喜闻乐见的一种说唱艺术形式，分布在平桥大部分乡镇（长台关乡、五里镇、洋河镇、肖店乡、龙井乡等）及湖北大悟，安徽临泉，河南郑州、驻马店、南阳等省、市、县。

平桥区大鼓书有近千年的历史，据老艺人叙述，早在几百年前，境内农民在田间耕地，不慎打破了犁铧，被迫停歇，此时农民手持破犁铧边敲边唱，实感有趣，又配一民间车水鼓增添气氛，后逐渐发展为职业演唱，作为穷人谋生之道。1957年，信阳市长台关楚王城出土的数十件乐器，其中虎皮大鼓、木磬、木毖等打击乐器是信阳早期有发达的音乐的实物证据。

平桥区大鼓书

平桥区大鼓书由演唱和乐器伴奏两部分组成。主要乐器有大鼓、钢镰等，调门、板式繁多，音乐丰富多彩，优美动听，加上其特殊的风格，特别是曲调和语言的紧密结合，有着强烈的地方色彩和浓厚的乡土气息。演唱时，艺人一手持钢镰，一手击鼓，或边敲边唱，或敲而不唱，时起时坐，时扭时跳，以手势、眼神、声调、表情、走场等表现剧中的角色，活灵活现，妙趣横生，尤其是其曲目丰富，唱词通俗易懂，适于表现现代生活及民间风土人情。

平桥区大鼓书繁荣于明清及民国时期，从艺者众多，分四大流派，即东南口、东北口、西北口、南口，20世纪60年代，又形成花口流派。今天，传承大鼓书的艺人不足10人，其传承形势十分严峻。

平桥区大鼓书鼓词多劝世人修德养性、扬善惩恶、多做善事，自产生以来起到了很大的宣教作用，其叙述的历史剧情多是使人明大理、辨是非、为老尽孝、为国尽忠。结合今天的实际，平桥区大鼓书对青少年的法制教育、道德教育、爱国教育能够产生良好的作用。

平桥区大鼓书2009年被河南省人民政府列入第二批河南省省级非物质文化遗产项目名录。

城市名片

——魅力信阳的金字招牌

信阳，是淮上文明和楚文化的摇篮，拥有悠久的历史文化传统，物华天宝，人杰地灵，社会和谐，民风淳朴，哺育了无数仁人志士和英雄豪杰，融合了多种生存状态和生活方式，素有“北国江南、江南北国”之称。

茶山

中国茶都

好山好水产好茶。信阳作为中国著名茶都，是我国古老的八大茶区之一。信阳毛尖是在山水的滋养与呵护下自然生成的全国十大名茶之一，其外形条索细、圆、紧、直，色泽翠绿，白毫显露，香气高鲜，汤色嫩绿明亮，滋味鲜浓，叶底嫩绿、匀整明亮，备受世人青睐。中国传统产茶区的最北端的地理位置，水、光、热同步的独特优势共同造就了信阳茶的优良品质。从唐代起信阳所产茶叶就被选为贡品。茶圣陆羽在《茶经》中把光州茶（信阳毛尖）列为茶中上品。宋代著名文学家苏东坡评价信阳毛尖："淮南茶，信阳第一。"

早在商代，信阳人就开始种茶。信阳毛尖久负盛名，名扬天下。大凡品尝过正宗信阳毛尖的人，无不赞不绝口，为之折服。1915年，举世瞩目的巴拿马运河开通，在这一年举办的巴拿马万国博览会上，信阳毛尖一举夺得金奖，由此享誉中外。1958年和1982年，在全国名茶评比会上，信阳毛尖两次被评为全国名优茶之一。1985年，信阳毛尖被国家评为优质食品银质奖。1990年，信阳毛尖在全国绿茶

信阳毛尖荣获巴拿马万国博览会金奖

评比中获得金奖。1998年、1999年，信阳毛尖在杭州国际茶业博览会和昆明世博会上又连夺两块金牌。信阳毛尖不仅驰名国内，而且远销北美、西欧、东南亚一些国家和地区。目前，信阳毛尖已获原产地认证。

传统的信阳毛尖属于绿茶。2009年，信阳人成功研制信阳红茶，改写了长江以北不产红茶的历史，开创了中国红茶新品类。如今，信阳拥有一红一绿两大茶叶品类和5个中国驰名商标，催生了信阳毛尖集团、文新茶叶公司等一大批茶产业龙头企业。2012年，浙江大学CARD中国农业品牌研究中心联合相关部门，对93个茶业区域品牌进行价值评估，信阳毛尖以46.06亿元位居品牌价值排行榜前列。

茶是信阳最美、最靓的名片。在信阳，无论是城市建设还是文化建设，都突出茶特色，擦亮茶名片，用茶为城市打造鲜明的个性魅力。在城市规划建设上，从建筑物、构筑物到广告、路牌等，或具以茶状，或冠以茶名；在城市绿化美化上，广植各种茶树，其中在羊山新区内规划了三个绿环，每一环内都建有茶园；在市民素质教育上，从小学起开设茶文化课程，传授茶道、茶艺，讲授茶礼，培养茶文化人才；在城市生活中，茶肆、茶苑、茶馆、茶楼遍布信阳城市的各个角落，“饮茶休闲、喝茶健康”的观念深入人心，形成了人人爱茶、人人饮茶的浓厚氛围。在旅游推介上，信阳立足独具特色的红色旅游和绿色旅游，大力发展茶旅游，形成茶、旅游、经济的良性互动。信阳建设了环南湾湖百里茶廊，并在全市建设3个茶旅游生态观光团，推出10条采茶体验游、茶乡风情游精品线路。信阳开发建设占地1 000亩的南湾湖大型茶岛景点，让游客现场体验采茶、制茶、品茶，得到茶旅游

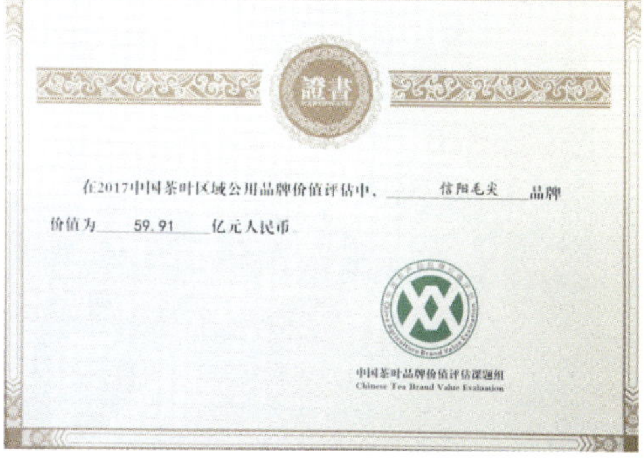
證書

在2017中国茶叶区域公用品牌价值评估中，信阳毛尖 品牌

价值为 59.91 亿元人民币

中国茶叶品牌价值评估课题组

Chinese Tea Brand Value Evaluation

信阳毛尖 2017 年品牌价值证书

的超值享受。在文化宣传上，从1992年5月初，首届中国信阳茶叶节（现已更名为中国茶都——信阳茶文化节）举办以来，信阳连续举办了25届茶文化节。从茶叶节到茶文化节，再到现在的国际茶文化节，节会的名称越来越大气，影响也越来越深远，使信阳因茶魅力彰显，美名远扬，茶与茶文化已逐渐成为信阳这座城市的灵魂，融入每个信阳人的血脉中。

信阳毛尖的传说

百年金奖 溢彩流香

• 革命红城 •

在20世纪中国波澜壮阔的革命历史中，信阳始终是一个浸染鲜血、写满忠诚的地方。因28年红旗不倒的传奇、刘邓大军千里跃进的精彩，大别山得以与井冈山、太行山并称为中国革命的三大历史名山。2005年，“大别山红色旅游区”被国家有关部门确定为全国12个重点红色旅游区之一。

这里是革命的圣地。从土地革命时期创建河南省第一支红军和革命根据地，到抗日战争、解放战争胜利，革命烽火始终在这里熊熊燃烧，商城起义、红四方面军第三次反“围剿”胜利、红二十五军长征、中原突围、刘邓大军千里跃进大别山等中国革命史上的大事件先后上演。土地革命时期，信阳革命老区是鄂豫皖革命根据地和红军的发源地之一，是仅次于中央苏区的第二大革命根据地，信阳的新县（当时为光山县新集）是鄂豫皖苏区的首府所在地。抗日战争时期，信阳人金振中在卢沟桥打响了抗击日寇的第一枪，他们在家乡或全国各地英勇抗击日寇，谱写了气壮山河的民族英雄赞歌。解放战争时期，信阳发生了中原突围和刘邓大军挺进大别山两个震惊中外的重大事件，加快了全国解放的历史进程，信阳人民在血与火

红二十五军连旗

石磨盘见证军民情

央视网

红色记忆——大别山深处

红军第三十二师成立旧址

的洗礼中迎来了中华人民共和国。

这里是红军的摇篮。在这块红色的土地上，先后诞生红四方面军、红二十五军、红二十八军三支主力红军。1934年11月，红二十五军从罗山县何家冲出发长征，次年9月胜利完成长征，成为第一支到达陕北的红军队伍。在革命战争时期，满怀赤诚的信阳儿女前仆后继，有100多万人参军作战，30多万人献出了宝贵生命，为中国革命胜利做出了不朽的贡献。

这里是将军的故乡。在血与火的斗争中，无数优秀信阳儿女以鲜血和忠诚，为共和国的诞生浇铸了坚定的基座，也诞生了一批叱咤风云、赫赫有名的将军。

郑维山

尤太忠

新县、商城都是全国有名的将军县。许世友、李德生、郑维山、尤太忠、万海峰、洪学智等100多名将军，皆是信阳人。他们为国家为部队，鞠躬尽瘁，死而后已，令世人景仰。

• 闽台祖地 •

信阳是华夏文明的发祥地之一，具有悠久的历史和厚重的文化，是姓氏之根。据史料记载和初步考证，在当今汉族100个大姓中，就有10多个姓氏源于信阳或有一支源头在信阳。

上至两汉，下至明清，在2 000多年的漫长岁月里，信阳固始因其独特的地理位置、自然条件、历史因缘而成为向闽台移民的肇始地，成为众多闽粤台同胞和海外华人华侨的祖根地，同时也是客家先民南迁之根。历史上中原人向东南地区大规模迁徙的高潮共有三次。一是西晋末年的移民潮。当时固始林、黄、陈、郑、詹、邱、何、胡等8姓的一部分人南迁进入福建，昭示着中原先进文化开发福建的开始。二是唐代初期移民。陈元光开漳就在这个时期。陈政、陈元光父子开漳为固始在福建及整个东南地区树起第一个丰碑。三是唐代末期的移民潮。唐代末年，天下大乱，人口迁移的幅度极大。五代十国中，王氏闽国是在中国历史上公认的有一定实力的地方政权之一。而闽国的建立者

根亲文化活动

为固始人。以固始为主体的唐代中原人的两次南迁活动，在福建、台湾地区及海内外华人中的影响是巨大的。陈氏父子、王氏兄弟及其移民带去了以固始为主体的中原文化、语言、风俗，带去了中原人吃苦耐劳、诗书传家的风气。信阳固始成了东南亚地区移民后裔心目中永远的根脉所在。在他们眼中，固始是中原的代名词，是他们永远的祖地。

固始县素有“中原第一侨乡”之美誉，固始寻根是一个在海内外有广泛影响的大课题，是河南省极为罕见的知名品牌。近年来，闽台同胞、海外侨胞不远万里，回到信阳寻根访祖，据统计，至今已有海内外宗亲超过10万人次回固始拜谒先祖遗存、倾情捐资助学、创业反哺家园、感受故土亲人的至爱深情。固始因此被评为“海峡两岸交流基地”和“全球华人最向往的十大根亲文化圣地”之一，已成为东南亚乃至全球华人日思夜盼的根亲家园。

固始县依托闽粤港台同胞和海外侨胞祖根地的优势，突出“根亲”主题，成功打造了“唐人故里 闽台祖地——中国固始根亲文化节”，举办固始与闽台渊源关系研讨会、海内外姓氏宗亲联谊会等经贸、文化交流活动，发展了旅游业，增强了固始县的知名度，为固始的发展注入了新的活力。由中国侨联、河南省政协、中国台联主办，固始县承办的中国固始根亲文化节已连续举办了八届。

近年来，固始县加快推进根亲文化建设，把根亲文化建设与招商引资、城市建设、旅游开发紧密结合起来，统筹推进，分期分批对古迹进行了修复和扩建，对陈元光祖祠、番国故城遗址等国家级重点文物单位进行保护和整修，修建了陈元光广场、成功广场、王审知大道和成功大道，兴建了省内唯一的以姓氏寻根为主题的固始根亲博物馆，建设开发以根亲博物馆、唐人寻根楼为主体的根亲纪念场所，为海内外宗亲寻根谒祖、联根联谊提供祭奠场所和交流平台。

目前，固始县采取政府投资和鼓励民间资本参与的办法，累计融资2亿多元，对国家级和省级文物保护单位进行了保护性开发和利用，形成以西九华山千年古刹妙高寺为亮点，以寻根文化、宗教文化和茶文化为主题的黄金旅游线路，开发出“东部寻根一日游”和“城关寻根休闲游”两条线路。

· 宜居之城 ·

信阳连续八届荣获“中国十佳宜居城市”，连续六届上榜“中国最具幸福感城市”，获得“全国双拥模范城”五连冠，得天独厚的自然地理环境，加上信阳近年来践行发展新理念，抢抓机遇，开拓创新，使得信阳成为人与自然、城与自然相互融合的宜居城市。

信阳生态良好。信阳位于河南省南部，处于大别山北麓与淮河上游之间，地处暖温带向亚热带过渡地带，在中国地理南北分界线上，境内气候温暖，四季分明。信阳地势南高北低，由西向东倾斜。桐柏山脉逶迤西来，大别山脉蜿蜒东去。虽然峰不甚高，但层峦竞秀，林壑尤美。山外丘陵起伏，垄岗相接，梯田层层，水网密布。垄岗下是扇状的淮河支流，曲曲折折，跌宕多姿。淮河以北为一片波状平原，缓缓舒展，辽阔无垠。境内山区和丘陵面积占到全市总面积的3/4以上，森林覆盖率达34.4%，远远高于全国、全省平均水平。信阳境内有530多种野生动物和2 000多种植物，动植物种类及国家和省级保护动植物数量居全省之冠。信阳境内河流湖泊众多，仅各类水库就有923座，总库容达到

大别秋韵　摄影：谢新江

美丽乡村里罗城 摄影：廖煜

40多亿立方米，是中国水库密度最大的地区之一，全市平均水资源总量占全省总量的22%，人均占有水资源是全省平均水平的近3倍，且水质洁净、富含对人体有益的矿物质。信阳水环境质量和空气环境质量都是河南省最好的城市之一。

信阳风景优美。信阳是中国优秀旅游城市。秀美的山川、优越的生态，造就了多处融山水风光与人文景观于一体的旅游胜地。这里有以“清凉世界”“云中公园”“万国建筑博物馆”三大特色而驰名中外的鸡公山，夏季平均气温只有22.7℃，“午前如春，午后如秋，夜如初冬”，与庐山、北戴河、莫干山并称中国四大避暑胜地，是中国少有的海拔低于1 000米的避暑名山。这里有被誉为“豫南名珠”“高峡宝镜”的南湾湖，有以“僧尼同寺”“庙门东开”“蓄发修行”三绝著称的灵山寺，有天然温泉疗养胜地汤泉池。还有大别山第一峰、国家级地质公园金刚台、吞云吐雾的黑白二龙潭、扼守豫楚的“义阳三关”等。特别是近年来，中共信阳市委、信阳市政府抓住信阳被确定为国家生态建设示范区试点市的机遇，坚定不移地走环境保护与经济发展“双赢”之路，“生态信阳”“绿色信阳”已成为信阳对外开放、招商引资的靓丽名片。目前，全市有国家级重点风景名胜区1处、国家级自然保护区3处（全省共8处）、国家级森林公园2处、省级风景名胜区多处。有4个县已通过国家生态示范县考核验收，新县县城还分别被国家环保总局和建设部授

申城夜色美　摄影：石文涛

予“全国环境优美小城镇”“中国人居环境范例奖”的荣誉。

信阳交通便捷。信阳东临沿海发达地区，西居中西部地区的前沿，是西安、郑州、武汉、合肥的腹心地带，承东启西，联南贯北，自古就是江淮河汉的战略要地和东西南北经济文化交流的重要通道。“两纵一横”国铁网（京广、京九、宁西）和京广高铁四条铁路纵贯全境，“两纵一横”国道网（106、107、312）、“二纵二横”高速网（京珠、阿深、上武和拟建中的罗阜）交会于此，在境内形成信阳市区和潢川县两个交通枢纽。全市铁路通车里程462千米，位居全省第一；公路通车里程7 100千米。河南省唯一的港口淮滨港航运可直达上海，被称为河南的出海口。明港机场正在建设，南距武汉天河机场180千米，北距新郑机场250千米，航空运输与铁路、公路、水路相配套，使信阳“立中原而通八方，居腹地而达九州”，成为我省继郑州之后的又一区域性交通枢纽。

近年来，信阳在城市建设中，始终坚持以人为本、生态优先，进一步促进山、水、林、城一体融合发展，加大投入，加强管理，基础设施不断完善，城市功能不断增强，市民素质不断提升，文明程度不断提高，由量变到质变，由形变到实变，呈现出“环境优美、社会安全、文明进步、生活舒适、经济和谐、美誉度高”的显著特征。